EDUCATIONAL DATA MINING:

THEORY, METHOD AND PRACTICE

教育数据挖掘的
理论、方法与实践

董　伟　陶金虎◎著

中国财经出版传媒集团

经济科学出版社
Economic Science Press

图书在版编目（CIP）数据

教育数据挖掘的理论、方法与实践/董伟，陶金虎
著 . -- 北京：经济科学出版社，2022.4
ISBN 978 - 7 - 5218 - 3650 - 9

Ⅰ . ①教… Ⅱ . ①董…②陶… Ⅲ . ①教育研究 - 数
据采集 - 研究 Ⅳ . ①G40 - 059.9

中国版本图书馆 CIP 数据核字（2022）第 074846 号

责任编辑：杜 鹏 张立莉 常家凤
责任校对：李 建
责任印制：邱 天

教育数据挖掘的理论、方法与实践

董 伟 陶金虎 著
经济科学出版社出版、发行 新华书店经销
社址：北京市海淀区阜成路甲 28 号 邮编：100142
总编部电话：010 - 88191217 发行部电话：010 - 88191522
网址：www. esp. com. cn
电子邮箱：esp@ esp. com. cn
天猫网店：经济科学出版社旗舰店
网址：http://jjkxcbs. tmall. com
固安华明印业有限公司印装
710 × 1000 16 开 20.25 印张 330000 字
2022 年 4 月第 1 版 2022 年 4 月第 1 次印刷
ISBN 978 - 7 - 5218 - 3650 - 9 定价：96.00 元
（图书出现印装问题，本社负责调换。电话：010 - 88191510）
（版权所有 侵权必究 打击盗版 举报热线：010 - 88191661
QQ：2242791300 营销中心电话：010 - 88191537
电子邮箱：dbts@ esp. com. cn）

前　　言

在当今网络数字媒体时代，大数据直接影响着教育学科相关领域中的理论研究与实践应用，因而无论是高等教育、职业教育还是基础教育，都非常关注教育大数据的价值与挖掘。在数据大爆炸和数据处理能力不断提高的新背景下，教育学科及其相关研究领域中的研究方法体系和研究范式也在经历着不断的拓展与变革。然而，从当前教育研究的现实来看，在大数据环境下探索教育研究与实践中的问题，对于尝试探索从数据驱动的视角解决相应问题的研究者也提出了较大的挑战，这不仅要求其通晓教育领域的研究范式、掌握教育学科的一般规律，也要求其必须具备跨学科素质、了解计算机科学和数据科学等相关领域的方法和技术。本书作者拥有不同学科的交叉研究背景，并且研究团队已经积累了丰富的跨学科相关研究成果和科研经验，鉴于此，本书探索性地将计算机科学和数据科学等领域中应用较为广泛的数据挖掘相关方法引入教育科学研究之中，试图从理论、方法以及具体案例视角对教育数据挖掘的具体内容做深入系统的分析与介绍，期望有利于拓展其在教育科学研究中应用的广度与深度。

理论部分是全书的基础支撑，介绍了大数据热潮带给教育学科相关领域中研究范式与研究方法的机遇与挑战。当前，教学实践中所产生的数据的海量化趋势与增长速度已经大大超过人们获取、处理与分析的能力，这必然会产生教育研究需求与数据处理能力的矛盾，进而推动教育研究领域中的研究方法与技术的不断变革。在此背景下，本书进一步从教育实践场景复杂化、教育研究理论多元化以及教育研究发展的纵深化等方面，说明教育数据挖掘的必要性和作用，并较为全面和系统地梳理和分析了教育数据挖掘的概念、对象以及功能，深化了数据挖掘融入教育科学研究的内涵。随着数据挖掘技术和方法的不断推陈出新，其在教学研究和实践中的应用也不断扩展。在归纳教育数据挖掘的方法、工具和过程的基础上，本书深入探讨了教育数据挖掘在教学环境构建、教学行为分析以及教育管理优化等方面的应用，拓展了教育数据挖掘的应用场景和边界。

　　数据挖掘的相关技术和方法是解决教育学科领域中一些关键问题的实现路径，因此，教育数据挖掘关注的核心问题主要集中在探讨相关分析技术和相应的算法在教育学科相关领域中的适用性和创新性。因此，本书方法部分是从教育研究领域中不同数据类型的视角出发，在探讨数值型和文本型数据的获取方法以及相应的预处理技术和方法的基础上，分别对文本型数据和数值型数据的挖掘过程和方法进行了阐释。

　　关于文本型数据的挖掘方法，本书在现有研究积累的基础上进行了展开。首先，重点对文本相似度与主题分析的相关方法中所包含的技术和算法进行了探讨，其中，既包含了实现文本特征抽取的 TF－IDF 算法和 TextRank 算法，也包括了文本相似度计算所利用的编辑距离、海明距离以及杰卡德距离等算法，还包括了文本主题模型中应用较为广泛的 LDA 和 ATM 等模型。其次，对于当前教育研究领域中情感分析方法方面，结合情感分析的原理，进一步说明了情感分析对象中评价词、评价对象以及观点持有者三个内容的抽取过程，然后重点分析了基于情感词典、机器学习和深度学习三种方法的情感分析过程。最后，对情感分析的应用领域进行了介绍。

　　关于数值型数据的挖掘方法方面，首先，本书重点对时间序列、关联规则与因果关系等进行了探讨，这类方法在教育研究中具有较好的应用潜力，能够较为有效地解决相应的教育问题，其中，时间序列模型主要研究数据纵向变化关系，而关联规则与因果关系更加倾向研究数据横向之间的相关或因果关系，也即数据之间的相互影响。在此基础上，对上述方法中所涉及的 ARIMA 模型、灰色预测模型、Apriori 算法、FP－growth 算法以及格兰杰因果算法与断点回归等模型进行了重点介绍和分析。其次，与时间序列等方法相比，分类与回归方法更加强调对教育领域研究对象整体特征和发展规律的挖掘，因此，对于教育研究领域中教学行为的特征挖掘以及相应的发展规律具有有效的揭示作用，本书也重点对分类回归方法中所涉及的多项式回归、决策树、支持向量机以及 PCA 等算法及其应用进行了探讨。此外，随着"互联网＋教育"的发展，在线课程平台、问答学习社区等虚拟空间进一步促进了师生协商讨论、交流互动、分享知识等行为的产生。研究不同群体间的交互关系对于探索教学过程优化和教学效果提升具有一定的推动作用。社会网络分析为揭示师生之间、同伴之间的交流、互动行为提供了一种很好的研究方法。本书介绍了社会网络分析的概念特征、相关理论以及相应的分析工具，并从具体应用的宏观、中观、微观三个层次探讨了社会网络分析的相关分析方法及相应的分析步骤。

　　本书的案例部分反映了数据挖掘方法在教育研究中的实用性和适用性，为加强案例与研究方法的对应性，案例内容主要设置在上述对应的方法之后。在教育文本特征方面，分别借助不同的算法对教育政策文本进行了分析，具体包括政策热点的挖掘、政策文本相似度的计算以及政策内容的主题分析等；在情感分析方面，探讨了基于情感分析的学习效果预测和课程质量评价；在时间序列模型与因果关系分析方面，探讨了普通高中招生发展态势，研究生招生数量拟合与预测，基于关联规则的教学优化路径分析，教育人力资本与经济增长关系等；在分类与回归部分，探讨了高校经费与专利发展趋势的预测、学生绩效评价、MOOC 学生行为分类等内容；在社会网络分析方法方面，分别从整体网络、小群体以及中心性等指标探讨了在线学习平台中学生的交互网络结构和协作学习行为的相关规律等。

　　总之，本书通过对当前新技术环境下教育领域相关研究所面临的挑战和机遇，探讨了数据挖掘技术和方法融入教育科学研究的必要性和边界，在系统梳理数据挖掘相关方法的同时，借助所选取的相关案例，清晰地呈现了教育数据挖掘在解决实际问题中的分析过程，体现了其所具有的理论和实践价值。本书系统性地将数据挖掘方法融入教育科学研究中，对于拓宽和创新教育学科的研究方法具有一定的指导意义，前沿而翔实的案例分享也将有利于启发相关读者更有信心地尝试利用跨学科的分析方法去解决教育研究领域中的一些关键性问题。

　　本书的完成与出版，是课题组团队共同努力的结果。董伟提出了本书的研究思路，进行了整体的设计；陶金虎参与了本书的具体策划和工作协调。参与撰写本书的具体分工如下：第 1 章（董伟、曹伊杨、张亚楠），第 2 章（董伟、郑盈盈、甘若琳），第 3 章（郑盈盈、岳畅），第 4 章（郑盈盈、陶金虎、李永洁），第 5 章（董思瑶、甘若琳），第 6 章（李星、张岳），第 7 章（陶金虎、赵轩、董伟），第 8 章（陶金虎、傅梦芊、董伟），第 9 章（王敏、郑盈盈、甘若琳），第 10 章（曹伊杨、傅梦芊、甘若琳）。陶金虎和郑盈盈校对了部分章节，董伟负责全书的统稿和定稿工作。

　　在本书的撰写过程中，作者参阅了大量的相关文献，在此对所参考和借鉴的文献作者表示衷心的感谢。本书的出版得到了经济科学出版社编辑老师的大力帮助，正是他们的辛勤付出为本书增光添彩，在此也表示诚挚的谢意。最

后，感谢所有在本书作者研究历程中提供帮助的人。

我们尽力将本书所涉及的所有工作做好，但教育数据挖掘毕竟所涉及的范围较为广泛，由于作者及研究团队的时间、精力以及学识等方面的限制，如有不足之处，恳请各位专家、学者和广大读者不吝赐教，以帮助我们在今后的研究中不断完善和进步。

董伟

2022 年 3 月于天津大学

目　　录

第 1 章

大数据与教育变革

伴随着信息技术的发展，获取和存储全面的数据成为可能，海量的数据使我们进入了一个数据爆炸的时代。通过对大数据的采集、存储、挖掘和分析，可以用来进行指导决策、预测未来以及发现新的理论知识等。大数据及其相关挖掘和分析技术的应用陆续渗透到了各个领域，教育也不例外。在大数据时代下，传统教育实践活动和教育研究中面临的困境有了新的解决方式，在思维方式、研究范式等方面，教育正在面临一场变革。

1.1 大数据热潮与教育大数据

1.1.1 大数据热潮

数据是指对客观事物或事件的记录，它是一种可识别的符号，用来记录和表示这些客观事物或事件的性质、状态以及相互关系等。人类最早在生产实践中，根据需要所发明的用来记录的符号、图形、语言和文字，就是早期的数字数据。人类的生产、交换等活动都是在数据的基础上开展的，但受生产发展水平的限制，早期人类并不能意识到数据的存在，也不能测量数据和利用数据。直到 20 世纪 50 年代，进入信息时代后，计算机的出现让数据存储有了可能，也开始出现了模拟数据，如声音、图像等。此时，数据所涵盖的内容也更加广泛了，一切能被输入计算机并被计算机程序处理的，具有一定意义的数字、符号等都是数据。

数据是未经加工过的原始资料，数据存储的实现，使得人们开始对数据进行加工和利用，从而形成了信息，来指导人们的生产和生活实践，在这些实践过程中总结出来的规律，又形成了知识，供今后的人们学习和使用。伴随着计算机技术的发展，采集和存储所有数据成为可能，随着数据的数量和类型的不断增加，数据库应运而生，数据库就是用来存放和管理数据的仓库。而人类的活动无时无刻不产生数据，尤其是随着互联网的发展和普及，人类自己就可以生产数据，数据总量与日俱增，增长的速度也越来越快，海量的数据使我们进入了一个数据爆炸的时代，大数据的概念被越来越多的人所提及。

如何处理各种不断增长的数据，在海量数据中提取有效的信息再进行深入分析，形成规律以便更好地利用，促使人类对技术的不断革新，从而产生了数据挖掘技术。数据挖掘就是通过对大量的数据进行分析，揭示数据中所隐含的规律，从而发现新知识。人类处理数据的能力取得不断突破和进展，推动了人类进入大数据时代，数据挖掘技术的产生和进步就是人类进入大数据时代的技术基础。而通过对大量数据的挖掘和分析，不仅能得出当前事物或现象所隐藏的规律，还能对未来趋势进行分析和预测。通过对数据的挖掘来分析和解决问题，正变得越来越普遍。大数据所带来的便利使得政府、企业以及研究人员开始意识到数据正在成为最重要的资产①，通过下载和保存大量的数据，再对其进行挖掘和分析，用以指导决策、预测未来以及发现新的知识和理论等。越来越多的人开始对数据进行重视以及追逐，形成了一种大数据热潮。

1.1.2 大数据的理论与实践

大数据的概念并非近几年才形成。早在 20 世纪 90 年代，就有美国人提出了"大数据"的概念，只不过那个时候还不能算是真正的大数据时代，但可以看出大数据的价值早已被预见。2008 年 9 月，《自然》（Nature）杂志上的一篇关于大数据的文章引起了人们的重视，紧接着《自然》推出了大数据（Big data）专刊，从此大数据的概念开始出现在人们视野范围内。2011 年 2 月，《科学》（Science）推出了数据处理（Dealing with Data）专刊，第一次综合分析了大数据对人们生活所造成的重大影响②。数据爆炸使得越来越多的学者、企业人员和政府工作人员开始重视大数据并展开研究，有关注就会引发争议和讨

---

① 郝伟：《大数据时代下信息化教学的实践与应用》，北京工业大学出版社 2019 年版。
② 方巍、郑玉、徐江：《大数据：概念、技术及应用研究综述》，载《南京信息工程大学学报》（自然科学版）2014 年第 10 期。

论，什么是大数据？怎样算大？多大算大？

2011 年 5 月，麦肯锡（McKinsey）发表了著名的《大数据：创新、竞争和生产力的下一个前沿》（*Big data：The next frontier for innovation，competition，and productivity*）的研究报告，第一次对大数据做出了较为清晰的定义，认为大数据是指其大小超出了目前所开发的数据库工具获取、存储、分析和管理能力范围的数据集[①]。这是关于大数据最早的定义，它让人们对大数据的概念有了一个初步的认识，即所谓大数据的"大"是一个动态的概念，不是单单一个数字就可以定义的。随着产生的数据越来越多，造成的数据困境推动着数据处理技术的不断进步，大数据的范围也会变得越来越大。但麦肯锡对于大数据的定义仅仅是从规模的角度来进行界定的。

国际数据中心（IDC）在 2011 年的报告中也对大数据进行了定义，报告指出，大数据技术是从海量多样的数据中，通过快速的捕获来分析和发现数据中所隐藏的价值[②]。故大数据之大，不仅在于规模上的大，还在于其背后所蕴含的巨大价值。由于大数据在不断迭代发展，诸多不确定性也使得学者们对大数据的定义有着不同的看法，目前仍没有一个明确的定义。

公认的大数据具有四个关键特征，简称 4V。一是数据规模大（volume）。即总体容量大、信息量大。二是数据类型多样化（variety）。进入信息时代后，大量的结构化数据可以被信息系统收集并分析。但自从社交媒体的产生和发展，人们可以自己生产非结构化的数据，而这种类型的数据占据了绝大多数，让数据处理变得更加困难。三是处理数据的速度快（velocity）。大数据技术所处理的是海量的数据，因此，处理数据的速度要足够快，才能发现数据所隐藏的价值。大数据的算法并不是固定的，它能够随着计算、挖掘次数的增多，不断自动调整自己算法的参数，从而不断提高处理数据的速度。四是高价值（value）。这是其数据规模所决定的。主要体现在以下两个方面：第一，科研价值，研究者能够获得和使用更加全面和完整的数据，有助于学科融合、规律发现，还有助于研究范式的革新；第二，预测价值，在大数据时代下，人们的日常活动都能够被记录并采集，事物之间的依存度更高，联系变得更加紧密。通过从大规模数据中发现的知识、得到的结论而形成对未来的预测会更为准

---

① Manyika J, Chui M, Brown B, et al. *Big Data：The Next Frontier for Innovation，Competition，and Productivity*. McKinsey Global Institute，2011.

② 冯文全、马星光、张倩：《论我国教育研究范式的转变——基于大数据的视角》，载《教育科学研究》2016 年第 12 期。

确。海量的数据背后蕴藏着巨大的价值。

起初，大数据的主要来源和应用都在于企业。通过对市场数据的分析，了解商品和商品之间的潜在关系、消费者的购买行为、购买逻辑、竞争对手的操作行为，从而优化商品的销售规划、挖掘新的商业模式、预测竞争对手即将采取的举措并提前做出应对方案等。大数据还可以通过突破壁垒以及更好地识别市场中的利润信号来创造业务。拉威尔（LaValle）、莱塞（Lesser）、肖克利（Shockley）、霍普金斯（Hopkins）和库如斯维提斯（Kruschwitz）认为，对于大数据及其分析的使用将使企业成为该市场上表现最佳者的可能性增加一倍[1]。而现在，大数据的应用和影响则体现在各个领域。比如，在金融领域，企业可以根据社交网络上人们情绪数据的分析来预测未来股票的买卖行为，从而决定公司股票的买入和卖出[2]。在医疗卫生领域，医疗保健部门所产生的大量数据为研究人员和制药公司创造了管理病情的新方法。以流行传染病为例，可以对人们在网上的搜索内容进行分析，来确定目前的患病人数，从而预测未来的传播状况，对此进行预防、做出应对决策。同时，诸如临床数据、成本和索赔数据以及患者情绪和行为数据等患者特定的数据为开发和营销新的创新产品提供了机会（Mohammad，2016）[3]。而在目前发展得火热的社交网络领域，大数据的应用则包括网络舆情分析、情报分析等，通过对人的行为数据的采集、监测和实时反馈，有助于国家更好地了解社会实情、群众意见，做出科学、合理、民主的决策。

大数据的产生、发展和应用极大地改变了人们生产和生活方式，并还在不断地发挥它的优势，国家层面也对大数据给予了更多的重视。2017 年，习近平总书记在中共中央政治局第二次集体学习时就指出，大数据对人民生活、社会治理、经济发展、国家管理等都产生了重大影响，世界各国都把推进数字化进程作为实现创新发展的重要动能。因此，要深入了解大数据的发展现状和趋势，明确我国大数据发展存在的问题，推动大数据技术产业的创新和发展，运用大数据提升国家治理现代化水平、促进保障和改善民生，同时要注意切实保

① LaValle S, Lesser E., Shockley R, et al., Big Data, Analytics and the Path from Insights to Value. *MIT sloan management review*, Vol. 52, No. 2, 2011, pp: 21 - 32.

② 邬贺铨：《大数据时代的机遇与挑战》，载《中国科技奖励》2013 年第 5 期。

③ Mohammad A, Parthasarati D, Kathleen K. Wheatley. A SWOT Analysis of Big Data. *Journal of Education for Business*, Vol. 91, No. 5, 2016.

障国家数据安全①。

1.1.3 大数据与教育

大数据及其相关信息技术的迅猛发展陆续渗透到了各个领域，教育也不例外。在传统教育研究和实践中，可供挖掘和分析的数据量较小，但随着技术的革新，教育过程中所产生的大量的非结构化数据也有了被采集、存储、挖掘和分析的可能，各种新兴的数据挖掘工具和数据分析技术也可以作用于教育领域。在时代背景的影响下，教育大数据的概念产生了。

胡弼成认为，教育大数据有广义和狭义之分②。狭义的教育大数据仅指向学习者行为数据，即来自在线教学平台、学生选课平台和教学管理平台等；广义的教育大数据则指向任何来源于日常教育实践活动和研究活动中所涉及的人的所有行为数据。

而菲斯彻（Fischer）等则从三个层面描述了教育大数据③。研究认为，微观层面的大数据是在学习者和他们各自的学习环境之间的交互过程中自动收集、产生、不需要再加工的数据，包括智慧系统、大量在线公开课程（MOOC）、模拟和游戏。微观层面的数据可提供关于学生时间和顺序行为模式的详细信息，允许我们对围绕参与、动机和影响的"非认知"结构做出推论。中层大数据包括在各种学习环境中，从课程作业到在线讨论论坛参与，智慧系统和社交媒体互动中系统收集的、经过计算机处理过的学生的写作作品。中层数据提供了自然获取学习者认知和社会能力发展以及情感状态的原始数据的机会。宏观层面的大数据包括在机构层面收集的数据，包括学生人口统计和入学数据、校园服务数据、课程表和课程注册数据以及大学专业要求和学位完成数据等。宏观层面的数据通常是在多年时间跨度内收集的，它们很少更新，通常每个学期只更新一次或两次。

通过对教育大数据的采集、存储、挖掘和分析，可以将复杂的结构化和非结构化的数据转化为有价值的信息，改变现有的教学、研究、管理和决策等工

① 习近平：《审时度势精心谋划超前布局力争主动实施国家大数据战略加快建设数字中国》，载《人民日报》2017 年 12 月 10 日。

② 胡弼成、王祖霖：《"大数据"对教育的作用、挑战及教育变革趋势——大数据时代教育变革的最新研究进展综述》，载《现代大学教育》2015 年第 4 期。

③ Fischer，Christian，et al.，Mining Big Data in Education：Affordances and Challenges. *Review of Research in Education*，Vol. 44，No. 1，2020，pp：130 – 160.

作。教育大数据还不用考虑样本选择所带来的影响，可以直接处理与某教育现象或问题有关的所有数据，由此发现数据背后隐藏的教育规律①，从而应用于教育的研究活动和实践活动中。

美国教育部在 2012 年 10 月发布的《通过教育数据挖掘和学习分析促进教与学》(*Enhancing Teaching and Learning through Educational Data Mining and Learning Analytics*) 报告②中指出，教育大数据的两个重要应用领域是教育数据挖掘和学习分析。教育数据挖掘是通过应用相关技术方法来实现数据建模，将数据进行分类或寻找隐藏关系，发现这些数据中的模式和规律，建立预测模型，基于对预测模型的适应或干预可以改变学生接下来的体验；学习分析则强调对数据的测量和收集工作，并着重于数据的分析和报告。与教育数据挖掘不同，学习分析一般不关心新计算方法的开发，而是对已知方法和模型的应用，用来回答学生学习和组织学习系统中出现的教育问题。教育数据挖掘强调对学生行为数据的系统生成、预测和自动反馈，而学习分析则是对学生学习过程中产生的大量数据进行解释，通过调整教学内容、干预有风险的学生以及提供其他反馈等方式，对学生行为进行人为调整。学习分析的一个关键应用是监测和预测学生的学习表现，及早发现潜在的问题，从而可以提供干预措施。

陈（Chen）③ 等则指出，教育大数据的应用表现在以下四个方面：（1）识别或预测学生的学习状态，推荐学习资源和活动，分享和改善学习体验；（2）使教育者能够接收反馈，检查学习者的学习和行为，确定需要支持的学生，确定哪些错误发生的更频繁，并提高某些活动的有效性；（3）支持课程开发人员评估课程结构及其对学习的影响，评估课程材料，根据不同的任务确定最有价值的数据挖掘方法，并开发学习模型；（4）向教育机构的管理者提供证据，帮助他们组织资源，改进他们提供的教育项目，评估教师和课程的有效性。

李馨则指出，教育大数据如何发挥、发挥怎样的作用取决于应用的数据分析模型④。研究提出了描述性分析、预测分析和规定性分析三种模型。描述性分析模型通过具体描述和分析学生、教学和研究等方面的数据来了解当前教育状况，从中发现教育问题，提供教育研究方向；预测分析是通过发现数据间潜

① 余胜泉、徐刘杰：《大数据时代的教育计算实验研究》，载《电化教育研究》2019 年第 1 期。

② Enhancing Teaching and Learning through Educational Data Mining and Learning Analytics. ［DB/OL］.［2012 - 10 - 12］. https：//tech. ed. gov/wp-content/uploads/2014/03/edm-la-brief. pdf.

③ Chen，Nian - Shing，et al. Educational Big Data：Extracting Meaning from Data for Smart Education. *Interactive Learning Environments*，Vol. 28，No. 2，2020，pp：142 - 147.

④ 李馨：《高等教育大数据分析：机遇与挑战》，载《开放教育研究》2016 年第 4 期。

在的关系，明确问题间的关联程度，预测未来发展的趋势以及可能的风险；规定性分析是在预测的基础上，针对未来可能产生的重要性问题提出技术路线和行动方法。

总而言之，随着相关技术的发展和进步，教育大数据将更多地作用于教育研究和实践活动中。不仅有助于在教学过程中实现个性化和差异化的学习，促进教育研究的科学化、内容的多样化以及研究方法和范式的变革，还可以通过对整个教育过程及活动进行监测，及时发现和解决问题，可以通过对教育未来的预测，实现管理的精准化和决策的科学化。但需要注意的是，在把握时代机遇、推进教育现代化的同时，也要注意不能过度强调大数据所强化的教育的科学性方面，避免"唯数据论"，要兼顾教育的人文性。

1.2　大数据时代下教育研究面临的机遇和挑战

1.2.1　教育研究的特征

教育研究是指通过科学的研究方法去探索教育的本质，发现其中的规律并获得科学的结论，从而用来指导实践、促进教育不断发展的一系列研究活动。传统教育研究一般是通过对历史资料的整理和统计，在此基础上提出理论假设，再以思辨或实证的方式来验证假设，揭示存在的教育问题[1]。传统教育研究通过对一个小的样本系统的研究，将得出的研究结论推广，形成一个普遍的规律，从而用来解答整个教育系统中出现的这类问题，这种范式实际上存在很大的局限性[2]。而随着科技的进步，大数据时代的到来，教育研究过程中可以代表教育现象的事物，如文字、图片、视频等都可以用数据的形式被采集和存储下来，可供研究的样本量大大增加了，推动着教育大数据的形成[3]。在这个基础上，教育研究所关注的问题逐渐形成了以下新的特征。

---

①　朱波、王坦：《大数据之于教育研究范式的价值及其限度》，载《教育发展研究》2019 年第 21 期。
②　余胜泉、徐刘杰：《大数据时代的教育计算实验研究》，载《电化教育研究》2019 年第 1 期。
③　赵佳丽、罗生全、孙菊：《教育大数据研究范式的内涵、特征及应用限度》，载《现代远程教育研究》2020 年第 4 期。

1.2.1.1 复杂性

传统教育研究的复杂性主要表现在以下三个方面：第一，从研究对象来说，教育研究的核心是围绕人，而人是复杂的，人既是一种自然存在物，又是一种社会存在物。人的行为既受生理因素的影响，也受心理因素的影响，不能一概而论，因此，教育研究是复杂的。第二，从教育系统来说，它是一个由多种相互独立却又相互联系，并且能够相互作用的教育要素构成的有机整体，这个系统是动态的，并且与一定的社会政治和经济环境有着紧密的联系。第三，从教育结构来说，各级阶段性的教育对象和教育内容都是不同的，因此，教育的形式也会有所不同，教育研究要在不同的教育结构中发现问题并验证问题，这种多样性也造成了教育研究的复杂性。

在新技术环境下，虽然教育大数据的应用在一定程度上缓解了传统教育研究的复杂程度，但又带来了新的问题。一方面，科技的进步推动了教学方式的变革，不再是传统的单一线下教学，而是趋于多元化，出现了诸如线上教学、大型公开课程、人工智能教学等形式，使得教育者和学生之间的关系也变得多元和复杂。在这些新的教学方式下，学生行为受多种新因素的影响，产生了大量多种变量共同发生作用的教育问题。另一方面，随着信息技术的发展和进步，各类结构化和非结构化的数据都可以被记录下来。在教育领域中，线上和线下、公开和非公开的教育活动产生了海量的数据，如何对这些数据进行处理和分析，以实现更好的利用，这也将是教育研究所面临的新的机遇与挑战。

1.2.1.2 预测性

传统教育研究一般是通过对历史资料的整理和分析或者对当前教育现象以及事实的测量来揭示其中所存在的教育问题。但它往往带有一种滞后性，它可以结合历史问题得出结论，从而对当下的教育实践提出建议；它也可以通过测量，针对当前存在的教育问题提出理论假设并设法验证，但由于样本容量较小，无法形成对未来的有效预测模型，不能对未来可能出现的教育现象或发展的趋势进行有根据的预测，没有办法面对未来提出一些可行性措施。

借助对教育数据的全面挖掘与分析不仅可以发现历史教育实践中折射出来的教育经验，实现对当前教育活动的监测，及时发现教育中存在的问题，还可以通过对大量不同阶段、不同时期教育数据的挖掘、对比和分析，寻找教育过程中可能存在的教育规律，从而实现对未来的有效预测，既包括学生未来的学习状况、可能出现的问题、自身发展的需要等，又包括未来教育发展变化的趋势，这些都可以为教育者、教育管理者以及决策者提供帮助。而对于教育研究者来说，研究内容不仅要针对过去和现在，还需要面向未来。但教育研究要想面对未来形成有效的成果，对于研究者来说是一个挑战，从技术方面来说也是一个挑战。

1.2.1.3　交叉性

不管是传统教育研究还是新时代的教育研究，核心是人，人是自然的，人也是社会的。因此，要想研究人，就离不开人和社会的关系。人的发展既有生理上的遗传基础，又受后天心理因素的作用，还受周边环境的影响。因此，研究人就要考虑这些因素，还要考虑它们之间的相互作用关系。这些决定了教育研究的领域不会是独立的，而是和其他学科有着很强的相关性。通过从不同的学科理论视角，在多种理论基础上展开的研究，可以对教育领域中出现的各种问题有更加全面和更深层次的分析，得出的结论也将更为准确。

新时代下，受信息化趋势的推动，这种相关性变得更强，教育研究的跨学科性也更突出。所谓"跨"，不仅是学科交叉、理论共用，还是研究视角、思维、方法和技术的一种融合[①]。一方面，对数据的采集和存储的便利性，使得我们可以将任何关于个体的数据存放在一个数据库里进行整合，再结合涉及的具体因素，控制好研究的变量，从不同的角度分析来更好地解释学生的行为或存在的教育现象。通过与不同学科之间的融合，可以从多方面考虑对研究对象的影响，对其发展就有了更准确的把握，有助于形成对未来更科学有效的预测。另一方面，要想实现对海量数据更好地理解和把握，对教育研究者所掌握的技术能力方面也提出了更高的要求，因此，教育研究与计算机、大数据技术之间的联系更加密切，交叉性比以往更强，通过学科、理论以及技术的交叉可以帮助人们更全面地认识教育背后蕴含的规律。

1.2.1.4　个性化

教育研究的目的之一就是为了使教育的实践活动更好地发挥作用，促使每个人成为更好的、全面发展的独特个体，而如何实现个性化的教学一直是教育研究需要攻克的难点。在信息技术的推动下，互联网的普及、社交媒体的产生

---

① 李政涛、文娟：《计算教育学：是否可能，如何可能？》，载《远程教育杂志》2019 年第 6 期。

和发展，教学方式也逐步开始转变，更多的学生接受并习惯于在新的环境中学习和生活，养成了新的行为方式，其心理和认知程度上也呈现了不一样的特点①。

面对这种现状，教育研究需要在大数据和数据挖掘的基础上，结合新的背景和环境，融合其他学科的理论，从多个角度来对学生目前的学习特征进行研究。而为了将来更好地实现个性化教育，教育研究需要借助大数据技术，对学生目前的知识掌握情况进行分析和判断，从而定制出适合不同学习能力的学生的个性化学习内容，形成有效的学生学习路径模型，对学生未来学习发展状况进行良好的预测。这也在一定程度上对现有教育研究的方法和过程提出了新的要求。

1.2.2 传统教育研究范式

范式一词是在托马斯·库恩的《科学革命的结构》一书中被正式提到和阐述的。库恩认为，范式即是研究者们共同认可的一组理论、假设、模型和方法的集合体以及共同信念。祝智庭和沈德梅②将范式解释为具有两个层面的意义：其一，指研究范例或模型，即界定研究什么、提出的研究问题和研究问题的方法以及对研究结果的阐释；其二，指研究群体所共同遵循的信念和价值观念。而如何进行研究，即研究方法的选取是范式的重要表现形式，也是信念的集中体现③。

关于教育研究范式的分类，不同的历史背景下有不同的说法。建立在自然科学基础上的自然主义范式成熟、发展起来后，有学者相应地提出了人文主义范式，并认为，这是教育研究的两个经典范式。但相比自然主义范式建立在实验和观察的基础上，人文主义范式则没有明确的界定。随着霍克·海默的批判理论的兴起，有学者按照研究目的将教育研究范式分为实证主义、解释主义和批判主义。也有学者综合了前面的一些分类情况，提出将教育研究范式分为经验的、体验的和逻辑的三种④。但目前，被大多数学者所认可的分类方法是按

---

① 张生：《构建新时代的计算教育学》，载《中国教育报》2018年4月7日。
② 祝智庭、沈德梅：《基于大数据的教育技术研究新范式》，载《电化教育研究》2013年第10期。
③ 王晶莹、杨伊、郑永和、夏惠贤：《从大数据到计算教育学：概念、动因和出路》，载《中国电化教育》2020年第1期。
④ 马凤岐、谢爱磊：《教育知识的基础与教育研究范式分类》，载《教育研究》2020年第5期。

照研究过程的特点来划分的，即分为思辨研究和实证研究。其中，实证研究包括定量研究、定性研究和混合研究。

思辨研究是在研究者的认识能力和价值观念的基础上，通过对已有概念、理论、命题的思考，经过逻辑推理来解释事物或问题的本质。思辨研究的特点在于重逻辑推理，而这种演绎过程是建立在研究者自身的理性认识能力基础上的，它受研究者的主观价值和情感影响较大，是一种基于经验去认识事物本质的研究方法。而且思辨研究认为，事物的本质是固定的、不会再改变的，用静止的观点来看待问题是片面的、缺乏科学性的[①]。

实证研究则是通过观察和收集资料，提出理论假设并设法去验证假设，是基于证据去探索事物本质或规律的研究方法[②]。其中，定量研究是基于科学的现实主义，认为教育现实的本质是客观的和物质的，采用"自上而下"的方法，先提出理论假设再通过样本数据来检验假设或理论，它认为人的行为是有规律可循、可以预见的，因此，可以通过定量的、数值的描述来预测未来。教育定量研究中常用的方法有调查法和实验法。定性研究则是基于相对主义，认为教育理论并不是客观存在的，而是通过认识和实践主体在教育环境中主观构建起来的，采用"自下而上"的方法，通过定性、主观的描述来理解和探究事物本质，再形成假设和扎根理论，认为人的行为是不可预见的。教育定性研究中常用的方法有参与观察法、访谈法、历史研究法、行动研究法、民族志等。定量研究和定性研究在很多方面都是相对的，在实际应用中各有各的不足之处，如定量过度重视数据而忽略人的主观因素的影响，定性缺乏理论和数据的支撑，不具有完备的科学性。基于此，有学者提出了混合研究，混合研究以辩证的实用主义为基础，将定量研究和定性研究结合起来，兼用验证性和探究性的方法。它认为人的行为是复杂的，受多重因素的影响，但也不是全无规律可循，是部分可预见的[③]。混合研究在数据的支撑下，同时又考虑了人的主观层面的作用力，因此，得出的结论能更好地解释教育现实，兼顾了科学性和人文性，较好地应用到教育实践中。混合研究也是目前教育研究中应用较为广泛的一种研究范式。

表 1 - 1 为定量研究、定性研究与混合研究的比较。

---

① 彭荣础：《思辨研究方法：历史、困境与前景》，载《大学教育科学》2011 年第 5 期。
② 姚计海：《教育实证研究方法的范式问题与反思》，载《华东师范大学学报》（教育科学版）2017 年第 3 期。
③ 陈明选、俞文韬：《信息化进程中教育研究范式的转型》，载《高等教育研究》2016 年第 12 期。

表 1-1　　　　　　　　定量研究、定性研究与混合研究的比较

方法比较	研究方法	认识论	有关人类思想与行为的观点	具体研究方法
定量研究	验证性或"自上而下"的方法，用数据来检验假设和理论	科学的现实主义	有规律的，可预见的	调查法、实验法
定性研究	探究性或"自下而上"的方法，基于实地研究所得数据来生成或构建知识、假设和扎根理论	相对主义	环境的、社会的、情景的、个人的、不可预见的	参与观察法、访谈法、历史研究法、行动研究法、民族志
混合研究	验证性和探究性的方法	辩证的实用主义	复杂的、部分可预见的，受多重因素影响	—

　　传统教育研究范式通常都有一个预设问题，对研究内容较为明确。不论是思辨研究还是实证研究，多是在寻找事物之间的因果关系，而对普遍的相关关系没有给予太多重视，且研究对象是在小范围内、简单可控的环境中，选取部分变量来进行的。因此，通过传统教育研究范式发现的教育规律，提出的教育理论，从科学的角度讲，并不具有普遍性，推广到整个复杂的教育系统具有很大的局限性。通过较小的研究样本所得出的预测结论也是缺乏科学性和准确性的。大数据时代的到来，给传统教育研究提出了更多的挑战。

1.2.3　教育研究的机遇和挑战

1.2.3.1　传统教育研究范式面临的挑战

　　在大数据时代，教育研究呈现出了复杂性、预测性和交叉性等新特征，而传统教育研究范式已经无法应对新时代提出的挑战。传统教育研究的局限性主要表现在以下两个方面。

　　第一，研究范畴有待于进一步拓宽。首先，教育研究的范畴包括一切与人相关的教育活动，而这些教育实践活动所发生的情境是涉及心理和环境两个层面因素的，相关变量交织在一起，共同产生作用，因而比较复杂。事实上，一个趋于完美的、干扰因素较少的实验情境在实际教育实践活动中基本是不存在

的，基于这种情境得到的研究结果，说服力度是不够的，其理论性、科学性和合理性都很难得到保证。其次，传统教育研究的样本数据容量是比较小的，数据维度比较单一[①]，通过对局部范围内样本数据的观察、实验、调查等，由此发现的规律或得到的结论并不能科学地解释教育系统总体的发展情况以及面临的问题。而且在教育实践活动中存在一些特殊的或不确定的现象和问题，受制于传统教育研究中可实现研究的样本容量，这些现象或问题一般是被忽视的，但当这些问题的影响力较大时，就不能被直接忽略[②]。

第二，研究方法有待于进一步丰富。根据相关学者的研究成果，通过统计我国教育研究所采用的方法，根据统计结果显示，我国教育研究仍是以思辨研究为主，占到了将近80%的比重，而定性研究、定量研究和混合研究占到了20%，虽然比例在逐年增加，但上涨幅度较小[③]。定性研究的预设问题往往十分明确，其理论性、科学性程度受研究者和研究对象影响较大，以往的实证研究则由于样本、情境、研究工具等方面的局限，得出的结果往往很难具有推广性，不能适用于实际复杂的教育系统。因而，在大数据时代下，以往使用的单一的研究方法已经不能满足当前教学实践的需要，教育研究亟待发展和采用面向海量与多模态数据的多元化、混合型的研究方法和工具。

1.2.3.2　大数据时代下教育研究的机遇

在为教育研究带来挑战和局限性的同时，大数据的情境下也为教育研究的持续发展提供了一定的机遇。

一方面，大数据时代下教育研究的数据不再是抽取的小样本，而是全样本，数据类型也呈多样化，不再局限于对单一维度的数据进行解释和分析，而是可以对所有结构化和非结构化的数据进行采集、存储、挖掘和深度分析。数据来源和采集渠道也更加广泛，不仅可以通过调查和实验等方式采集到，在线教学、社交媒体、智慧教学等网络数字化平台中的相关数据也将会是重要的研究素材。

另一方面，传统教育研究一般都具有较为明确的研究倾向与目标，因此，在实验或调查时，都具有一定的引导性，受主观因素影响较大。而大数据采集到的数据更加强调原始性和全面性，一定程度上可以不受样本选择的影响，它

---

① 余胜泉、徐刘杰：《大数据时代的教育计算实验研究》，载《电化教育研究》2019年第1期。
② 邓国民：《大数据和教育研究：认识论和方法论的思考》，载《电化教育研究》2018年第6期。
③ 陈明选、俞文韬：《信息化进程中教育研究范式的转型》，载《高等教育研究》2016年第12期。

可以采集和提取到与某教育现象或问题相关的更为全面的数据，在此基础上进行的数据分析，可以更科学地反映教育现实、解决教育问题。传统教育研究侧重于因果研究，而基于大数据的相关性特征，也为教育研究提供了新的研究思路。

除此之外，大数据时代为新文科的建设和发展提供了契机，数据挖掘技术和工具为其提供了发展动力和保障。2018 年，教育部发布要大力发展新工科、新医科、新农科和新文科"四新建设"，而后，在 2019 年教育部等部门联合实施的"六卓越一拔尖"计划 2.0 中，首次将心理学、哲学、汉语言文学等人文学科添加到基础学科拔尖培养计划中。所谓新文科，就是相对于传统人文社科，在经济全球化、全球技术革新、中国特色社会主义进入新时代的背景下，突破传统思维模式和研究方式，融入新技术，结合借鉴其他学科的研究方法，适应新需求①。新文科建设的实质就是一个对传统文科的继承和发扬，与其他学科交叉与融合的过程。在新文科建设背景下，教育研究可以顺应潮流、积极变革，融合不同学科、不同专业、不同领域的研究方法，借助大数据的技术和手段，改善教育质量，促进教育发展。

大数据时代下教育研究将具有更加明显的跨学科属性，教育研究将可以借用许多其他学科以及不同数据处理和分析的方法，对全样本数据信息进行分析和研究，进而弥补传统教育研究中的局限性，从而有助于突破以往的研究视域，发现教育实践活动中更深一层次的信息和矛盾②。

1.3　大数据时代下的教育研究变革

1.3.1　大数据促进教育研究思维方式的转变

1.3.1.1　从假设驱动到数据驱动

传统教育研究是理论假设驱动的。思辨研究是推理演绎的方式，它的基础是研究者对理论的认识能力和理性判断能力；实证研究则是在理论基础上提出

---

① 王铭玉、张涛：《高校"新文科"建设：概念与行动》，载《中国社会科学报》2019 年 3 月 21 日。
② 南钢、夏云峰：《大数据时代的教育科学研究：可能、风险与策略》，载《湖南师范大学教育科学学报》2020 年第 4 期。

研究假设，通过观察、实验等方法证明或证伪假设，最后得出结论。在传统教育研究过程中，都不可避免地受到研究者主观因素的影响。大数据时代的到来革新了教育研究的思维方式，新时代的教育研究是以数据为中心的，是受数据驱动的。其有三个含义：用数而思；因数而定；随数而行①。

用数而思，是指研究者要形成一种大数据思维，即以数据为证据，减少研究过程中的主观臆断，要运用大数据技术对与某教育问题或教育现象相关的所有数据进行采集、挖掘和分析，思考数据背后隐藏的信息和规律。因数而定，是指研究得到的结论要以数据为基础，让数据发声，客观地去揭示经过数据挖掘和分析后所呈现出来的数据结果，它同时也指出了未来可以考虑的研究方向。随数而行，指向的是教育研究要时刻对数据变化情况进行监测，跟上数据更新迭代的步伐，不能只研究过去不变的数据，要能够洞察教育活动中产生的最新状况。不仅如此，研究者还可以根据数据变化的情况，挖掘出潜在的规律，从而形成对未来的预测。

1.3.1.2　从因果研究到相关研究

传统教育研究是有理论预设倾向的，研究者在开展研究之前往往已经有了较为明确的研究目的，以及预计得到的研究结果，因此，在观察或实验的过程中会受到这种倾向的影响，自然地去关注到那些有助于证明或证伪理论假设的证据，从而形成一套完整的因果关系证明的研究体系。但大数据时代的来临，研究可以使用和分析的数据总量是巨大的，要想寻找具有明确因果关系的数据是很困难的。在大数据环境下，借助数据挖掘和相关分析技术在挖掘不同变量之间的联系时，尽管不一定能够发现变量之间明确的因果关系，但往往能借助大数据的关联特征，发现不同变量间的相关关系，而这种相关关系同样也可以揭示出一种教育规律，或者也可以顺着这种相关关系，发现新的或更深一层次的因果关系②。

舍恩伯格等在《大数据时代》中就提出："相关关系比因果关系能更好地了解这个世界。"大数据时代下的教育研究不再仅仅以探索难以定论的因果关

① 杨现民、郭利明、王东丽、邢蓓蓓：《数据驱动教育治理现代化：实践框架、现实挑战与实施路径》，载《现代远程教育研究》2020 年第 2 期。
② 南钢、夏云峰：《大数据时代的教育科学研究：可能、风险与策略》，载《湖南师范大学教育科学学报》2020 年第 4 期。

系为主要研究思路①，而是提供了另外一种思路，即"关系就已经足够"②，转变成通过对教育大数据的复杂相关性分析，来挖掘数据背后蕴藏的规律。

1.3.1.3 从静态研究到动态研究

传统教育研究由于受到研究技术和工具的限制，研究多是对过去的教育实践活动进行总结，或者从中发现新的教育问题得出经验和教训。即使是通过实验方法展开的研究，也是置于某个特定的情境下，不考虑时变的因素。因此，传统教育研究也可以说是一种相对静态形式的研究。而在大数据时代下，所采集到的和能够处理的数据更加完备，能够更加系统性和全面性地反映教育现象的全过程，甚至能够动态地反映出研究对象的实时性特征。动态研究相较于静态研究的优势在于，研究者可以根据数据的动态变化情况，在研究过程中及时获得数据的反馈，以探索目前的研究进程和预期是否存在偏差，帮助研究者更科学更准确地得出研究结论③。

另外，动态研究还解释了研究方向的另外一种可能。基于教育大数据，研究者可以根据历史数据和目前不断产生的新数据，通过数据挖掘和深度分析，预测未来的发展状况。借助大数据及其技术，教育研究不仅可以总结过去、发现现在，还可以面向未来。对教育未来的预测有着很大的现实价值，可以提前针对未来可能产生的问题提出应对措施，科学地辅助教育决策和管理，从而在一定程度上避免或减少不利影响的出现或扩大。

1.3.1.4 从关注整体到关注个体

"不得不承认，对于学生，我们知道得太少。"这是卡耐基·梅隆大学教育学院在简介中的自白，这也是传统教育研究中的不足之处。在过去，基于个体的研究是一个难题。不仅因为个体的差异性、心理的复杂性和环境的相互影响、相互作用，还因为研究者无法获得较为全面的有关影响个体行为的变量因素。因此，以往的研究并没有给个性化的教育实践提供很大帮助。但在大数据时代下，学生的各种行为数据可以通过线上课程、公开课程、各种教育信息系统等记录、存储下来，通过对这些数据的挖掘和分析，为建立学生行为模型提供了有效条件。而通过数据模型的模拟和预测，研究者可以更好地观测每个学

---

① 卢正天：《大数据浪潮挑战下的教育回应》，载《当代教育科学》2014 年第 20 期。
② 邓国民：《大数据和教育研究：认识论和方法论的思考》，载《电化教育研究》2018 年第 6 期。
③ 王战军、乔刚：《大数据驱动的教育研究新范式》，载《北京大学教育评论》2018 年第 1 期。

生实际和潜在的需求，从而可以将个性化研究应用到教育实践当中，如形成不同学生的画像、制定个性化课表、创造个性化的学习情境、基于个性化的学习体验等。大数据时代的个性化研究有助于实现真正意义上的个性化教育①。

1.3.2　大数据推动教育研究范式的革新

大数据及其挖掘技术的兴起推动了教育研究思维方式的转变，继而推动了教育研究范式的革新。传统教育研究与基于大数据的教育研究在研究背景、数据收集、研究方法、研究内容等方面有很多不同之处，具体如表 1-2 所示。

表 1-2　　　　　　　　传统教育研究与基于大数据的教育研究

传统教育研究	基于大数据的教育研究
研究人员掌握数据背景	研究人员可能不了解数据背景
研究人员参与数据收集	研究人员使用已经收集的数据
明确的道德规范和责任	道德责任可能是未知的
需要教育和研究方法方面的专业知识	还需要额外的数据科学知识
干净的、通常较小的、可管理的样本数据	大而复杂的数据结构
不需要实时分析	可以采用实时分析
数据存储在可用存储机制的限制和可能范围内	高分布式文件系统
通过手动或使用独立的软件系统分析，如 SPSS、NVivo、STATA	使用 Hadoop 和 MapReduce 系统、web 挖掘应用程序、传感器网络、流量监控等

资料来源：Daniel, Ben Kei, Big Data and Data Science: A Critical Review of Issues for Educational Research. *British Journal of Educational Technology*, Vol. 50, No. 1, 2019, pp. 101-113.

基于大数据的教育研究不再强调寻找特定的因果关系，也不需要自主进行数据收集，而是侧重于对已经被记录下来的、大量复杂结构的数据进行挖掘和分析，探究其中潜在的相关关系，继而发现新的教育信息，探索教育规律。因此，要求研究人员除了具有教育相关的专业知识，还要具有一定的数据科学知识，会使用数据挖掘和分析的工具。除此之外，基于大数据的教育研究支持实时分析和预测分析，可以通过建立数据模型来模拟未来的教育状况。

---

① 张燕南、赵中建：《大数据时代思维方式对教育的启示》，载《教育发展研究》2013 年第 21 期。

这种基于大数据的教育研究是以数据和计算为核心的，它使得自然科学和社会科学之间的联系更为紧密，超越了传统的教育研究范式，拓展了教育学的研究边界，而这种研究范式变革的趋势在其他学科中也有所体现。吉姆·格瑞（Jim Gary）[①] 称这种范式为科学研究的第四范式。吉姆·格瑞对科学研究范式演化的阶段做了一个划分，该研究认为，几千年以前是经验科学，即通过观察自然现象以及实验，再根据研究者的经验进行逻辑论述，用来描述自然现象或对其进行归类，这是科学研究的第一范式；几百年以前，产生了科学研究的第二范式——理论科学，这一阶段的科学研究以理论推演为主，强调对理论的总结和概括以及理性认识，多采用建模的方法推演出一般性的规律；几十年以前，计算机技术的兴起推动了科学研究的第三范式——计算科学的产生，研究者开始利用电子计算机对科学实验进行模拟仿真，可以模拟出以往实验无法完成的复杂现象；到了现今这个时代，计算机技术的完善和大数据的到来，催生了科学研究的第四范式——数据密集型科学，科学研究不再需要通过建立模型和理论假设，而是直接通过计算来挖掘出海量数据间的相关关系，从而获得新知识。第四范式是在第三范式的基础上，利用计算机、数据挖掘和统计分析工具对大数据进行分析的。在《第四范式：数据密集型科学发现》一书中，将"数据密集型科学"作为科学研究的第四范式[②]。在数据密集型科学研究范式发展的背景下，教育学中的研究方法和研究问题也呈现出新的特点：第一，教育学的研究在操作路径上得益于体量庞大的数据，相较于精度，更追求宏观层面对数据的洞察；研究的起点是"基于数据"而非"基于假设"，强调让数据"开口说话"；在数据收集上倾向于获取"即时数据"。[③] 第二，教育学的研究对象为有价值的、引起社会普遍关注的教育问题和教育现象。第三，教育学的研究主要围绕学习行为展开，包括学习行为内涵描述、规律总结、风格分析、建模分析等方面[④]。大数据环境下，教育数据挖掘的应用促进了教育研究范式的转变和教育研究趋势发展的需要，数据密集型科学研究范式的出现使得教育研究中质性和量化两者相互对立的局面有所缓和，促进了教育实证研究的发

[①] Gray J, Alex S, Science – A Transformed Scientific Method. *Presentation to the Computer Science and Technology Board of the National Research Council*, 2007.

[②] ［英］安东尼·黑、斯图尔特·坦斯利、克里斯汀·托尔著：《第四范式：数据密集型科学发现》，潘教峰，张晓林，译，北京科学出版社2012年版。

[③] 王晶莹、杨伊、宋倩茹、郑永和：《计算教育学：是什么、做什么及怎么做》，载《现代远程教育研究》2020年第4期。

[④] 王洪岩：《MOOC中的学习行为挖掘研究》，山东大学硕士论文，2016年6月。

展。四种范式的比较如表 1 - 3 所示。

表 1 - 3   四种科学研究的范式

科学范式	时间	具体表现
经验科学	几千年以前	描述自然现象
理论科学	几百年以前	利用模型、分类和归纳
计算科学	几十年以前	计算机模拟仿真
数据密集型科学	现在	由仪器捕获或由模拟器生成数据，通过软件处理，信息存储在计算机中，科学分析数据库

资料来源：孟小峰、慈祥：《大数据管理：概念、技术与挑战》，载《计算机研究与发展》2013 年第 1 期。

总的来说，教育研究范式也经历了观察描述的经验论证期、基于假设的理论推演期和实证分析的方法论期，目前，正经历向数据驱动的教育研究新范式的转变，推动着教育研究由主观的、以经验判断为基础到客观的、以数据为基础，由研究小范围的样本数据到全样本的分析，由研究局部的教育现象到观测整个教育系统，为教育研究提供了新的方向，同时促进了教育理论的发展与创新，并推动教育实践活动的科学化和个性化发展[①]。

1.3.3 大数据时代下教学实践的变革

大数据时代教学实践的变革主要体现在以下三个方面。

首先，教学资源的来源更加广泛。一方面，在新时代下，信息的获取更加容易，交流更加便捷。教师所使用的教学资源不再局限于自己身边的教学环境，而是可以通过网络、数据库等多种渠道获取。这有助于教师及时更新教学内容，顺应大潮流、大趋势，掌握合理、科学、先进的教学思想。另一方面，网络和社交媒体的发展促进了教师的经验交流，教师之间可以互相分享教学策略，还可以通过建立教育数据库，共享数据资源，协调开展研究或相关探讨，有助于研究内容和方向的多样化。

其次，变革教师解决教学问题的思路和方法。大数据技术可以改变以往教

---

① 刘三女牙、杨宗凯、李卿：《计算教育学：内涵与进路》，载《教育研究》2020 年第 3 期。

学中教师依照个人经验来解决教学问题的常态①。通过将以往出现的教学问题以及对问题的解决过程和结果等，以数据的形态存储下来，当数据量达到一定规模时，就可以通过数据建模，利用数据挖掘和分析技术，来实现对教学行为规律的深入探讨，从而在遇到此类教学问题时能更好地解决②，提高教育决策的精准性和科学性。即在数据的基础上，用科学的思维以及方法来解决教学问题。

最后，促使教学范式变革。随着技术的不断革新，教学范式主要经历了三代。在农业时代和工业时代为经验模仿教学范式；在信息时代为计算辅助教学范式；在大数据时代则为数据驱动教学范式。在这个过程中，教育实践的科学性由低变高，技术的智能性由弱变强③。图 1 - 1 为三代教学范式的发展。

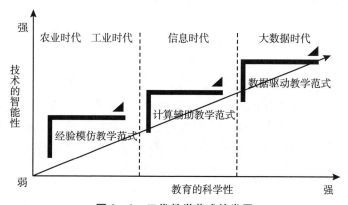

图 1 - 1　三代教学范式的发展

资料来源：郭君红：《数据驱动的智慧课堂——数据驱动的精准教学》，电子工业出版社 2020 年版。

夸美纽斯认为，教育是把一切事物教给一切人类的普遍技术，即认为教学就是知识与经验传递的过程。该阶段的教和学将重点放在知识的传授和经验的模仿中。在经验模仿教学范式下，教学者是占据绝对主导地位的，而学习者则是被动地接受和模仿，教学内容以书本知识、经验、技能为主，教学媒介也是以纸笔、书本、黑板等传统媒介为主。在农业和工业时代，经验模仿教学是掌握和传承知识以及技能的重要方式，具体如图 1 - 2 所示。

---

① 刘宁、王琦、徐刘杰、余胜泉：《教育大数据促进精准教学与实践研究——以"智慧学伴"为例》，载《现代教育技术》2020 年第 4 期。

② 张晓阳：《大数据迷潮下的教育研究及其想象力》，载《基础教育》2015 年第 4 期。

③ 北京师范大学未来教育高精尖创新中心 . 中国基础教育大数据发展蓝皮书（2016—2017）［EB/OL］. 2018. https：//max. book118. com/html/2019/0403/6054241110002021. shtm。

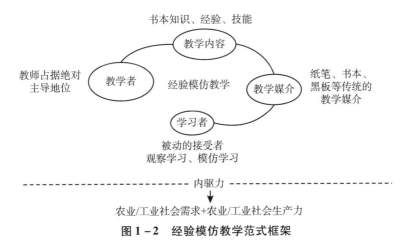

图 1-2 经验模仿教学范式框架

资料来源：北京师范大学未来教育高精尖创新中心．中国基础教育大数据发展蓝皮书（2016—2017）［EB/OL］．2018．https：//max. book118. com/html/2019/0403/6054241110002021. shtm。

科技革命促进了技术革新，信息时代的到来刺激了对物质、人才、创新等多方面的新需求，技术介入了教学中，逐渐形成了计算机辅助教学范式。在这一阶段，学习者不仅是知识的接受者，还是知识的探究者。教学内容也变得更加丰富、形式多样、来源广泛，教学媒介从"老三样"升级为"新四样"，电子白板、网络、计算机和多媒体应用到了教学中。相比经验模仿教学范式，虽然都是以教育者为主导，但计算机辅助教学范式已经变革了以往教学单纯对知识和经验的模仿学习，而是培养学习者对知识的探究能力与问题的解决能力，促进创新。图 1-3 是计算机辅助教学范式框架。

大数据时代下的教学范式是数据驱动的，它具有科学化、精准化、个性化和智能化四个特征。在这一阶段，教学者的教学数据和学习者的学习数据都可以被采集和存储下来，再对教育大数据进行挖掘与分析。一方面，有助于教学者掌握学习者的需求、偏好和学习进度等，从而调整教学方案等；另一方面，有助于学习者形成对自身学习状况的认知、及时预警，从而优化学习路径等，数据驱动的教学范式使得教和学都更加精准化。

大数据时代下，教学不再局限于传统的课堂教学，学生学到的知识也不再局限于教师所教授的部分，借助网络平台及其他资源，学生可以自主去选择自己感兴趣的课程。教学范式的变革揭示了教学过程中主体发生的根本性变化：从"以教师为中心"到"以学生为中心"，更好地调动了学生的主观能动性、创造性和自主性，培养学生成为独立而又特别的个体，鼓励学生学习自己感兴

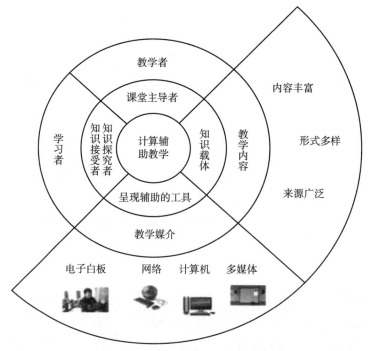

图1-3 计算机辅助教学范式框架

资料来源：北京师范大学未来教育高精尖创新中心．中国基础教育大数据发展蓝皮书（2016—2017）［EB/OL］. 2018. https：//max. book118. com/html/2019/0403/6054241110002021. shtm。

趣的内容，发现学生的潜在能力。除了传统单向面授，教学还可以采用翻转课堂、大型公开课（MOOC）、微课、线上教学、智能教学等形式。翻转课堂弥补了传统教学的部分缺陷，可以调动学生的积极性，有利于知识更好地被吸纳；大型公开课（MOOC）则为学生提供了多种多样的包括不同类别、不同学校、不同教师所开设的课程，满足了学生对于自己感兴趣的其他知识的需要；微课则更好地利用了学生的碎片化时间，通过知识点的拆分来促进学生的理解；线上教学面向时代背景，在疫情下发挥了重大作用，一台有网络的电子设备就可以学习，使得学生学习更加便利；智能教学则可以根据学生的情况，制定出较为符合的个性化教学内容，更加匹配学生的发展情况。这些新的教学形式都有共同的特点——个性的、人文的。新的教学模式，可以适应于不同学生的学习方式，课程内容可以被暂停、快进以及回放，可以让学生根据自己的学习节奏、学习进度以及接受能力来进行学习，还有利于学生的复习和反思。图1-4为数据驱动教学范式框架。

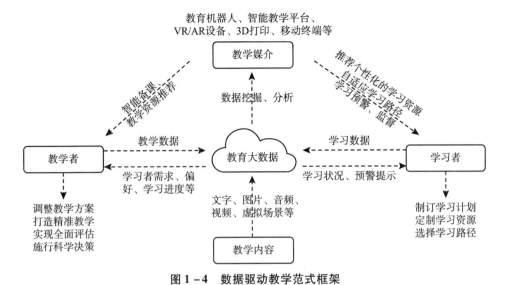

图 1-4 数据驱动教学范式框架

资料来源：北京师范大学未来教育高精尖创新中心．中国基础教育大数据发展蓝皮书（2016—2017）［EB/OL］．2018．https：//max.book118.com/html/2019/0403/6054241110002021.shtm。

1.4 本 章 小 结

随着互联网的发展和普及，人类每天的生产生活会产生许多数据，数据总量与日俱增，增长的速度也越来越快，海量的数据使我们进入了一个数据爆炸的时代。而伴随着计算机技术的发展，采集和存储所有数据也成为可能。通过计算来解决问题正变得越来越普遍。大数据的产生、发展和应用极大地改变了人们生产和生活方式，正逐渐渗透到各个领域，教育也不例外。国家层面开始对大数据给予了很大的重视，教育信息化2.0行动计划指出，大数据、人工智能、区块链等技术将重塑教育理念和人才培养模式。大数据应用于教育，将革新教育研究的思维方式，推动教育研究范式的变革，促进教育实践活动发生根本性改变。基于大数据的教育研究是数据驱动的、动态的、面向未来的关系研究和个性化研究，大数据推动了教育研究第四范式的产生和发展。在教育大数据背景下，教师的"教"和学生的"学"都将更加精准化和个性化，教育研究、教育决策和教育管理也将更加科学化和现代化。

第 2 章

教育数据挖掘概述

　　互联网、大数据等现代信息技术的发展，使得数据挖掘在金融、保险、交通等行业快速发展起来，数据挖掘技术也随着数据获取和分析应用的需要逐渐成熟。在大数据技术发展背景下，教育行业中的数据也无时无刻不在以指数形式增长，使得人们逐渐被互联网数据淹没。教育大数据正逐渐成为各种教育创新发展的原材料，在这些数据背后隐藏着大量的教育信息和规律。然而，目前教育大数据的开发与应用的现状正如约翰·内斯伯特（John Nalsbert）所说的处于"信息丰富而知识贫乏"的窘境。数据挖掘技术则为人们洞察数据中的规律提供了一种新的方法和途径，通过分析各种有关的教育数据以帮助解决相应的问题。教育数据挖掘与分析成为时代发展背景下教育领域发展的必然产物。教育数据挖掘在教育领域为什么如此重要？教育数据挖掘什么？教育数据挖掘的对象是什么？有哪些相关的理论支撑着它的发展？上述问题的答案是本章重点关注的内容。

2.1　教育数据挖掘的必要性

　　大数据、人工智能技术等新兴信息技术使教育领域发生了重要变革，在线教育、智慧教育、混合教学、精准教学等一系列教育教学创新使得教育实践场景更加复杂。信息技术在促进各个学科发展的同时也促进了跨学科的发展，甚至是交叉学科的发展，使得各个学科之间的理论、方法与工具不断相互交叉融合。实践与学科之间的教育研究发展也不断的纵深化，相关的研究方向与研究数据越来越多样和多元，教育数据挖掘的作用也显得尤为重要。

2.1.1 教育实践场景复杂化

2.1.1.1 在线教育

在线教育的兴起与发展为传统教育创造了一种新的表现形式。"互联网 + 教育"催生出了在线教育，在线教育是信息技术规模化推进的产物，以慕课（MOOC）为主要代表。慕课又称为大规模网络开放课程，是最早的在线教育平台，主要提供课程、在线教育、在线直播讲座、教师在线培训等。在线教育具有灵活性和便捷性，给学习者带来了更多的学习机会，突出了学生的自主性，打破传统教育局限于学校场所的困境，拓宽了教育的边界。在线教育具有随时随地可参与学习的特点，吸引了众多学习者的参与，而学习者在平台上学习时会留下各种各样的足迹，这些足迹借助计算机以数据的形式储存下来，这些海量的学习行为数据中暗含了众多的学习规律。从初等教育到高等教育，从普通教育到职业教育，在校学生及社会工作者均有所参与。根据中国科学院大数据挖掘与知识管理重点实验室发布的《2020 年中国在线教育网课时长白皮书暨 2021 年前瞻报告》数据显示，截至 2020 年 8 月 18 日，全国共有 11032 家企业名称/产品、品牌或经营范围含"在线教育"，且状态为在业、存续的企业。截至 2020 年 3 月，我国在线教育用户规模达 4.23 亿人[①]，约占我国网民总数的一半。从在线教育用户和企业数量上可以看出，在线教育正朝着边缘到主流的方向发展，且已经成为与传统教育相互并行发展的一种新业态。在线教育是一个以平台和资源为中心的半开放式的教育教学活动，学生的自主性、自律性和在线学习能力是保障在线教学质量的首要因素[②]，而学生的自律性以及学习能力可以通过学生在线学习行为数据表现出来，对学生在线学习行为数据的挖掘成为分析学习规律的重要途径。

教育大数据成为推动在线教育实践继续前进的一个重要力量，如何从教育大数据中发现有用的信息并将其转化为有用的知识，这就对教育大数据的研究提出了要求。一方面，要能够对海量的教育数据进行获取和分析，而教育数据

---

① 中国科学院虚拟经济与数据科学研究中心. 2020 年中国在线教育网课市场白皮书暨 2021 年前瞻报告 [EB/OL]. 2021. http://www. feds. ac. cn/index. php/zh-cn/xwbd/2870 – 2020 – 2021.

② 王竹立：《后疫情时代，教育应如何转型?》，载《电化教育研究》2020 年第 4 期。

挖掘技术则提供了相关支持服务，借助教育数据挖掘技术，教育者能够提升教学质量，受教育者对自身再进行深度挖掘，两者与学习资源双向互动①。另一方面，更重要的是要将教育大数据的价值发挥到极致，对教育大数据进行深入的研究有助于教育知识的获取、方法论改进和应用的提升。在线教育发展的背后是海量教育数据的增长，然而，如何对这些海量的数据进行分析和处理？如何将从海量教育数据中发现的教育规律上升为教育理论问题，并将这些新发现的教育理论深化于教育研究中？教育数据挖掘就是为解决信息时代如何研究教育数据问题、深化教育研究的背景下产生的，对教育大数据进行挖掘已成为教育实践和教育理论发展的迫切需求。

2.1.1.2　智慧教育

随着大数据、人工智能、物联网、云计算等信息技术的发展，智慧城市、智慧交通、智慧医疗、智慧教育等概念孕育而生，其中，智慧教育是教育信息化发展的新境界和新诉求。智慧教育可以理解为一种智慧教育系统，即智慧教育系统是一种由学校、区域或国家提供的高学习体验、高内容适配性和高教学效率的教育行为，它能利用现代科学技术为学生、教师和家长等提供一系列差异化的支持和按需服务，能全面采集并利用参与者群体的状态数据和教育教学过程数据来促进公平、持续改进绩效②。它强调利用现代科学技术实现个性化的服务，突出了群体参与教学过程所产生数据的重要价值。从生态观的视角去理解智慧教育，可将其认为是依托物联网、云计算、无线通信等新一代信息技术所打造的物联化、智能化、感知化、泛在化的教育信息生态系统，是数字教育发展的高级阶段，旨在提升现有数字教育系统的智慧化水平，实现信息技术与智慧教学、智慧管理、智慧评价、智慧科研和智慧服务，促进教育利益相关者即学生、教师、家长、管理者、社会公众等的智慧养成与可持续发展③。简而言之，智慧教育是对怎样更好地通过利用教育大数据等现代信息技术来实现高效、有序、智能化的教育。

智慧教育的兴起与发展到底可以为人类带来什么，祝智庭等④尝试提出几

---

① 王越、杨成：《教育数据挖掘对教育要素的影响研究》，载《中国医学教育技术》2020年第1期。
② 黄荣怀：《智慧教育的三重境界：从环境、模式到体制》，载《现代远程教育研究》2014年第6期。
③ 杨现民：《信息时代智慧教育的内涵与特征》，载《中国电化教育》2014年第1期。
④ 祝智庭、贺斌：《智慧教育：教育信息化的新境界》，载《电化教育研究》2012年第12期。

个方面的设想：一是智慧教育环境可以减轻学习者认知负载，从而可以用较多精力在较大的知识粒度上理解事物之间的内在关系，将知识学习上升为本体建构；二是智慧教育可以拓展学习者的体验深度和广度，从而有助于提升学习者的知、情、行聚合水平和综合能力发展；三是智慧教育可以增强学习者的学习自由度与协作学习水平，从而有助于促进学习者的个性发展和集体智慧发展；四是智慧教育可以给学习者提供最合适的学习辅助，从而有助于提升学习者的成功期望。总而言之，智慧教育就是利用现代信息技术充分挖掘教育大数据中的规律并将其运用到教育实践中以促使其更好地为师生服务。

智慧教育涉及哪些内容？曹培杰[①]认为，智慧教育包括三个组成部分：一是相互融通的学习场景，利用智能技术打通物理空间与网络空间之间的壁垒，让万物互联，世界互通，所有学生可以在任何地方、任何时刻获取所需的任何信息；二是灵活多元的学习方式，注重学习的社会性、参与性和实践性，打破学科之间的界限，开展面向真实情境和丰富技术支持的深度学习；三是富有弹性的组织管理，破除效率至上的发展理念，释放学校的自主办学活力，利用人工智能提高教育治理的现代化水平，让学生站在教育的正中央。从学习场景、学习方式、组织管理三个方面说明智慧教育的目标在于打造更智能、更高效的教育，在这三个场景的互联互通过程中，教育数据成为各个组成部分的关键连接点。

从以上关于智慧教育的定义、智慧教育能够带来的好处以及智慧教育涉及的内容可以看出，随着信息技术的发展而发展的教育新形态必然会引起许多新的教育问题，促使教育领域的研究得到广泛的伸延，新兴的智慧教育成为教育数据挖掘的重要场景，同时也是教育数据运用的关键场域。智慧教育的继续发展离不开教育数据挖掘所提供的有力支撑。

2.1.1.3　混合教学

混合教学也称为混合式教学，其原有的含义是指混合学习，即各种学习方式的结合。何克抗教授认为，"混合教学就是要把传统学习方式的优势和数字化或网络化学习（e - Learning）的优势结合起来"，既要发挥教师引导、启发、监控教学过程的主导作用，又要充分体现学生作为学习过程主体的主动性、积

---

① 曹培杰：《智慧教育：人工智能时代的教育变革》，载《教育研究》2018 年第 8 期。

极性与创造性①。混合教学中的"混合"一词，具有多种理解的可能，既可以是"线上教学"与"线下教学"的混合，也可理解为"多种教学工具或方法"的混合，或"各种教学理念"的混合，还可以是教学时间的混合、教学空间的混合，甚至是教学评价方式的混合。互联网技术、智能技术的不断发展促使教学情境、教学环境在不断变化，混合教学的内涵也有所发展，混合教学已经不单单是线上线下的简单组合，而是由浅入深地涉及线上线下相融合的教学模式、教学方法、教学理念、教学设计等教学范式方面的转变。混合教学的发展将传统的教学与信息技术衔接起来，使得传统教育中的规律能够以数据化的形式展现出来。

在以教师讲授为主的传统课堂中存在以下几个缺点：一是课堂交互方式单一，主要由教师单方面发起的师生交互；二是交互参与程度较低，由于资源的有限性，教师不可能在有限的时间内将注意力平均分配到每个人的身上，无法关注所有学生的课堂表现，导致部分学生课堂参与程度不高；三是交互深度不够，大多以讲授的教学知识为主要的交互探讨对象，交互层次较浅，缺乏围绕问题的复杂情景展开。但随着混合教学的发展，各种技术在课堂中的混合使用程度逐渐加深的情况下，课堂交互出现了新的发展景象，比如，目前学界已经开始关注交互式白板在课堂互动中起到的作用，电子书包对课堂教学的影响，智慧教室的课堂互动观察，学习分析支持下的课堂互动工具等研究。此外，随着智能技术的不断发展，使得多感官、高沉静、高交互的多模态交互环境逐渐成为可能。有学者认为，能够支持多模态交互学习环境结合了增强现实、虚拟仿真、真实物理世界等要素，在这种学习环境下能够实现关注个体特征、延展感官效应、发展高阶思维、形成深层交互、追踪学生学习的全过程，最终实现对学生的多模数据分析②。

混合教学的发展促进了各种信息技术在教育实践中的运用，促进了传统教育教学形式的不断变化。混合教学实践形式的转变涉及教育规律的深层次发展问题。混合教学的发展成为获取传统课堂教学数据、分析教育规律的重要渠道之一。混合教学是传统教学与信息技术的密切结合点，通过对混合教学课堂中的教育数据挖掘可以发现更多的教育规律并促进教育发展。

---

① 何克抗：《从 Blending Learning 看教育技术理论的新发展（上）》，载《中国电化教育》2004 年第 3 期。

② 赵雪梅、钟绍春：《具身认知视域下促进高阶思维发展的多模态交互机制研究》，载《电化教育研究》2021 年第 8 期。

2.1.1.4　精准教学

精准教学（precision teaching）这一概念是由林德瑟瑞（Lindsley）最早在20 世纪 60 年代提出来的[1]，至今已经有较长的发展时间，但由于其数据采集和记录过程十分烦琐、缺乏统一衡量标准等导致在实际应用推广中的效果一直不好。然而，大数据、人工智能等信息技术的发展，使数据采集、分析这一难题迎刃而解，教育数据挖掘的运用为精准教学发展带来了新的契机。从数据驱动视角出发，可将精准教学定义为"以大数据技术为手段，在精准分析学生学业现状的基础上，对教学目标进行精准定位、对教学内容进行精准定制、对教学活动进行精准设计、对学生学习表现进行精准评价，进而做出精准教学决策，使教学过程和教学结果可量化、可监测、可调控"[2]。精准教学在大数据背景下的发展对教学模式、教学方法和教学行为分析有重要的启示作用。

精准教学模式以各种数据为支撑，将各个活动环节中涉及的数据一一分解，通过利用各种数据采集技术将这些数据从各个环节和步骤挖掘出来，再利用各种分析方法对这些数据进行深入的研究，以揭示数据中潜藏的教育规律，最终将这些教育规律运用到教育实践中。而整个数据采集和分析过程中涉及的技术和方法远超出教育领域的范围，需要将多个领域的研究者集中起来才能更好地实现精准教学。针对精准教学模式中涉及的各种教育数据进行挖掘已成为教育数据挖掘的重点任务。

精准教学是一种教学方式，有学者以学生为中心提出面向个性化的精准教学模式[3]，如图 2 - 1 所示，该模式在继承传统教学模式的基础上，充分结合了教育大数据、学习分析、人工智能等现代信息技术的思想，以学习者的生理数据和学习生成数据为设计核心，包含课前分析、课中教学互动及课后个性化自主学习环节。该模式详细地将教学过程中学习者产生的数据与其作用结合起来，各个数据环节之间相互相关，清晰地展现了精准教学的模式。

---

① White, O. R, Precision Teaching – Precision Learning, *Exceptional Children*, Vol. 52, No. 6, 1986, pp. 522 – 534.

② 万力勇、黄志芳、黄焕：《大数据驱动的精准教学：操作框架与实施路径》，载《现代教育技术》2019 年第 1 期。

③ 张忻忻、牟智佳：《数据化学习环境下面向个性化学习的精准教学模式设计研究》，载《现代远距离教育》2018 年第 5 期。

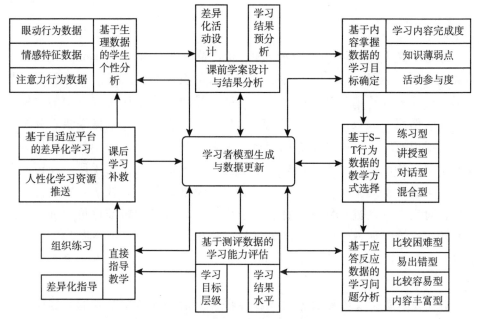

图 2 - 1　面向个性化学习的精准教学模式

资料来源：张忻忻、牟智佳：《数据化学习环境下面向个性化学习的精准教学模式设计研究》，载《现代远距离教育》2018 年第 5 期。

　　与传统的教育数据相比较，大数据背景下的数据来源、数量、模态更加丰富和多元。例如，有研究①在面向个性化学习的精准教学模式的基础上提出了实现精准教学方法的三条路径，即以知识为中心的精准教学模式、以问题为中心的精准教学模式和以活动为中心的精准教学模式，分别从模式步骤、教与学行为数据、采集技术与分析方法四个维度对精准教学的实现路径做了详细总结，如表 2 - 1 所示。其中，以知识为中心的精准教学模式步骤包括学习任务框架、微视频学习、知识点测评练习、知识呈现、组织练习、个别指导练习六个方面；以问题为中心的精准教学模式步骤包括问题确立、问题表征建模、问题决策、归纳思维、学习评价五个方面；以活动为中心的精准教学模式步骤包括活动任务、学习工具与资源、合作探究、独立探究、活动结果评价五个方面。在这些模式步骤中涉及的采集技术有：学习管理平台技术、智能测评系统、视频监控技术、智能录播技术、语音分析、文本分析技术、网络爬虫采集

---

　　① 张忻忻、牟智佳：《数据化学习环境下面向个性化学习的精准教学模式设计研究》，载《现代远距离教育》2018 年第 5 期。

技术等；涉及的分析方法有序列模式分析、统计分析、情感分析、神经网络分析等。

表 2 - 1　　　　　以知识、问题、活动为中心的模式步骤与技术支持

教学模式	模式步骤	教与学行为数据	采集技术	分析方法
以知识为中心的精准教学模式	学习任务框架	数字化学案	学习管理平台技术	序列模式分析
	微视频学习	学习时长、学习次数、问题互动结果、学习跳转		
	知识点测评练习	正确率、掌握度、薄弱知识点	智能测评系统	统计分析
	知识呈现	教师演示时长、学生注意力强度	视频监控技术	情感分析
	组织练习	互动频度、互动深度、应答时间和结果	智能录播技术	应答分析
	个别指导练习	错题分析、未掌握知识点、拍照搜题	图像识别技术	神经网络分析
以问题为中心的精准教学模式	问题确立	文献检索	日志搜索分析技术	关联规则分析
	问题表征建模	绘制思维导图	建模分析工具	内容分析
	问题决策	对话交流、互动文本、语音分析	语音分析、文本分析技术	自然语言处理
	归纳思维	教师提问、学生应答状态	可穿戴设备技术	统计分析
	学习评价	学习路径、反思报告	学习管理平台技术	网络图模型分析
以活动为中心的精准教学模式	活动任务	差异化任务制定、学习者特征数据	学习管理平台技术	关联规则分析
	学习工具与资源	位置与情境数据、资源交互数据、物联网感知技术	移动 App 技术	聚类分析
	合作探究	活动参与度、活动贡献度	智能录播技术	社会网络分析
	独立探究	个人观点数据	网络爬虫采集技术	文本挖掘
	活动结果评价	电子作品集	学习管理平台技术	预测分析

资料来源：张忻忻、牟智佳：《数据化学习环境下面向个性化学习的精准教学模式设计研究》，载《现代远距离教育》2018 年第 5 期。

精准教学模式下教学行为涉及的采集技术和分析方法成为教育数据挖掘发

展的重要技术基础和方法基础。数据采集与分析技术架构起了教育理论与实践的研究桥梁，数据采集技术与分析方法的不断发展促使计算教育学的实践和理论也在不断进步。教育数据挖掘的研究方法除了表 2 - 1 中提到的内容外，还有关联规则分析、内容分析、自然语言处理、聚类分析、社会网络分析、文本挖掘、预测分析、情感分析、计算实验、知识图谱等。

在线教育的兴起使得教师教学行为和学生学习行为与传统的教学行为有所区别；智慧教育的发展对教学的环境、教学方式、教学行为有所影响；混合教学是将传统的课堂和线上教学的场景融合起来，对整个教学方式、教学理念产生影响，其教学行为既区别于在线教学又与线下传统教学行为有所不同；精准教学通过对学生学习行为进行过程性评价，在每个阶段实现目标的精准化。结合在线教育、智慧教育、混合教学和精准教学的具体应用情境来看，信息技术对教育教学的影响具体体现在教师教学行为、学生学习行为、师生之间互动行为及教学环境的转变上，表现在教育研究领域、研究工具、研究方法、研究理念方面，进而渗透在教育理念、教育思维、教育方式、教育文化中。在线教育、智慧教育、混合教学及精准教学等信息技术背景下，教育实践的变化使得教育数据挖掘技术的重要场景也成为教育大数据应用的重要支撑。教育数据挖掘始终贯穿在在线教育、智慧教育、混合教学和精准教学等与教育数据紧密关联的实践中。

2.1.2 教育研究理论多元化

2.1.2.1 跨学科的融合

学科的发展与分野造就了不同的"学术部落"和"学术领地"，学者们围绕学科开展学术工作，组成了专业化的学术网络，孕育出多元的学科文化[1][2]。学科划分在一定程度上是为了便于人才培养，但学科之间并非完全独立，随着现代学术的不断发展，新的分支内容、方法范式和结构都在不断的调整。教育研究领域从单一走向多元，学科的研究领域在不断发展，学科理论不断兼容创

---

[1] ［英］托尼·比彻，保罗·特罗勒尔：《学术部落及其领地：知识探索于学科文化》，北京大学出版社 2015 年版。
[2] 牛风蕊、张紫薇：《"双一流"建设背景下的博士生教育质量——多维评价、互构逻辑与动力机制》，载《研究生教育研究》2021 年第 2 期。

新、学科实践不断引领推动着教育信息化的发展。有研究利用数据透视、最小二乘多项式等算法和相关方法探究了近十年高等教育跨学科知识流入路径的重心已经发生了从经济与管理科学领域到信息科技领域的转变①。信息技术的发展，特别是随着大数据、人工智能、智慧教育等领域的不断发展，使得各学科的专业、研究领域、研究方向均有所扩展，不同专业领域中的数据研究出现高度融合的趋势。目前，兴起的新工科、新文科教育均是信息技术背景下跨学科培养人才的结果，使得传统的工科和文科被赋予新的使命，且呈现新的发展态势。

在教育领域中，STEM 教育和创客教育均把跨学科教育作为学习重点，强调不同学科间的交叉融合，培养跨学科的精神和能力，教会学生运用多个学科的知识来解决问题。跨学科整合知识具有两种取向：一是学科知识整合取向分析各学科的知识结构，找到不同知识点之间的连接点与整合点，将分散的课程知识按跨学科的问题逻辑结构化；二是学习者中心整合取向，这种模式不是由教师预设问题，而是由学习者个体或小组提出任务，任务内容需要学习并运用跨学科知识②。在对待跨学科的问题上要采取合理定位、妥善对待、广泛借鉴、切实提高各个学科发展的态度。教育学科与其他学科的交叉融合逐步成为趋势，而跨学科研究有助于催生出新的生长点，促进学术创新发展③。教育数据挖掘随着跨学科领域的应用与发展，相关理论、方法、技术、工具等不断的成熟化，教育数据挖掘也逐渐成熟。

2.1.2.2 交叉学科的出现

与跨学科发展相关的还有另外一个概念，即交叉学科，交叉学科是不同学科相互融合，彼此渗透，可能产生新的研究领域或学科④。比如，早期自然科学、社会科学和人文科学之间在学术上存在一定的建制，20 世纪 50 年代以前，自然科学和社会科学曾被比喻为一条河流的左岸和右岸，左岸是以系统科学、控制论、人工智能等作为研究方法的自然科学，而右岸则是心理学、经济学、

① 董伟、陶金虎、郗海霞：《近十年我国高等教育跨学科知识流入路径与演化趋势分析——大数据透视的视角》，载《高教探索》2021 年第 4 期。
② 曹培杰：《反思与重建：创客教育的实践路径》，载《教育研究》2017 年第 10 期。
③ 戴炜栋、胡壮麟、王初明，等：《新文科背景下的语言学跨学科发展》，载《外语界》2020 年第 4 期。
④ 张雪、张志强：《学科交叉研究系统综述》，载《图书情报工作》2020 年第 14 期。

传播学、社会学等社会科学①。直到 20 世纪 70 ~ 90 年代，随着人类进入后工业化时代，信息技术革命促使自然科学和社会科学的研究问题变得愈加复杂，为了更加准确地研究社会问题，经济学、社会学等开始形成一套完整的量化研究范式，但是由于现实世界的复杂性，很难有像数学和物理学科那样精确的公式去描述和求解问题。在此背景下，自然科学和社会科学开始意识到彼此的独立性②，因此，自然科学与社会科学之间出现了跨学科社会计算的兴起③。计算社会学、计算教育学、计算政治学等都是自然学科与社会学科交叉发展的产物。学科交叉具有十分重要的意义，一方面，多学科交叉有利于解决重大理论和现实问题，进而产生新理论；另一方面，多学科参与研究有利于产生新的知识生长点，进而推动学科发展。此外，多学科融合有利于产生交叉学科④。

从自然学科与社会学科交叉发展的过程可以看出，随着人们对科学事物的认识经历逐渐由浅到深的转变，相应的学科之间也会发生这样的规律转变。同理，科学、教育也将经历这样渐进的转变过程，学科交叉是当代教育学和科学发展的必然走向，其本质是教育科学的创新。教育学与管理学、经济学、心理学、统计学、社会学等学科交叉发展产生了教育管理学、教育经济学、教育心理学、教育统计学、教育社会学等交叉学科领域，随着各领域研究理论和研究方法的成熟以及产生知识越来越多的背景下，逐渐发展为相应的学科。研究视角的学科理论和解释问题的学科理论在研究中扮演着十分重要的角色，研究视角指观察问题的角度，是选择从某个角度切入来对问题的本质进行探索与研究，从不同学科角度分析问题，其研究发现会有所不同；解释问题的学科理论是指科学研究就是要运用现有的理论、知识去解决未知的问题，从而发现新规律和新知识⑤。

教育学具有丰富的教育理论基础、独特的教育意识和教育情怀，而统计学、信息科学、计算机科学等学科具有高度的数据敏感性、数据分析和处理的能力，教育学、统计学、信息科学及计算机科学等学科交叉融合促进了教育数据挖掘的发展。教育数据挖掘从数据的角度来对教育问题的规律进行探索，进

① Castellanib，Hafferty FW. Sociology and Complexity Science：A New Field of Inquiry，*Berlin*：*Springer*，2009.

② Zhu Hongwen. The Nature of Social Science and its Relationship with the Humanities. *Philosophical Researches*，No. 12，1998，pp. 29 – 36（in Chinese）.

③ 孟小峰、李勇、祝建华：《社会计算：大数据时代的机遇与挑战》，载《计算机研究与发展》2013 年第 12 期。

④⑤ 刘献君：《学科交叉是建设世界一流学科的重要途径》，载《高校教育管理》2020 年第 1 期。

而结合已有的教育理论去发现新的教育规律，从而解决新的问题。

2.1.3 教育研究发展纵深化

信息科学技术在教育领域中的运用使得传统的教育形态发生改变，信息技术使得在线教育成为可能，大数据技术、人工智能等新兴技术为教育领域带来许多新的方法和变革。技术的不断进步促使人们开始尝试运用大数据挖掘的技术去获取用户在平台上的各种"足迹"，并将这些数据作为下一轮平台更新和迭代的依据，同时从数据中去发现用户的特征，用于改善传统的教学。现代信息技术在教育研究中的运用使得教育研究问题和研究方法都有所改变。

2.1.3.1 教育研究数据的广泛性

大数据技术在教育领域中应用较成熟，使得迫切需要将教育数据中的信息转换成有用的知识。与教育大数据有关的研究大致可分为萌芽期、发展期和成熟期。在萌芽期阶段，关于教育大数据的研究主要可分为两个方面。一是大数据能为教育带来什么？沈学珺[1]认为，大数据为教育带来的好处有：推进了基于教育数据和实证进行决策的文化、教育数据在广度和深度及细度上的不断延伸、能更好地了解和预测学生的个人学习行为、数据的处理和分析越来越实时化与动态化等；陈霜叶等[2]提出了大数据时代为教育治理体系和治理能力现代化提供了更多政策证据。二是大数据在教育中的实际运用。陆璟[3]基于大数据的特征，提出了大数据在教育领域中的主要应用有教育数据挖掘和学习分析；祝智庭等[4]分析了大数据给教育技术领域带来了研究范式的转变，即数据密集型科学的兴起；于长虹等[5]通过梳理大数据的概念、来源、应用价值等，提出大数据对数字化校园建设的机遇与挑战。早期关于大数据在教育中的运用吸引了大量从事学习分析、计算机、心理学、数据挖掘与数据分析等领域的研究者，此时，研究已经具有教育数据挖掘的轮廓。

---

① 沈学珺：《大数据对教育意味着什么》，载《上海教育科研》2013 年第 9 期。
② 陈霜叶、孟浏今、张海燕：《大数据时代的教育政策证据：以证据为本理念对中国教育治理现代化与决策科学化的启示》，载《全球教育展望》2014 年第 2 期。
③ 陆璟：《大数据及其在教育中的应用》，载《上海教育科研》2013 年第 9 期。
④ 祝智庭、沈德梅：《基于大数据的教育技术研究新范式》，载《电化教育研究》2013 年第 10 期。
⑤ 于长虹、王运武：《大数据背景下数字校园建设的目标、内容与策略》，载《中国电化教育》2013 年第 10 期。

随着研究的深入，到发展期的时候，人们已经从萌芽期的关注教育大数据的概念、价值转变到教育大数据的具体应用中，出现了一些具有重要意义的教育场景，如教育治理和智慧课堂等。首先，在教育治理方面，数据挖掘、数据分析与数据运用为教育的科学决策提供了重要的判断依据。一方面，教育大数据的出现避免了教育决策者在直觉思维与主观冲动上带来的错误判断；另一方面，基于大数据所做出的决策和判断也能反映社会需求，通过大量的需求数据预测出教育总体发展的趋势。其次，教育大数据的出现使得教育领域中的精细化管理成为可能。数据的公开性、透明性能让更多的教育主体参与到教育治理中，利用大数据可以进行高效有序的分类，准确地制定教育产品和解决方案。最后，大数据能够及时进行反馈和评价，同时，做出一定的预警。比如，在高校思政教育中，教育大数据为高校的思政工作带来了新的机遇。根据数据分析能够索取学生的思想行为动态，根据动态信息数据库以可视化的方法呈现学生的思想行为动态、价值导向和所关注的社会热点问题等。

　　在教育大数据研究的成熟期的时候，更多的是关注教育大数据与教育实践的相互作用与联系。例如，智慧课堂的出现促进了教育大数据应用的深化。智慧课堂是以建构主义学习理论为依据，利用大数据、云计算和移动互联网等新一代信息技术打造，实现课前、课中、课后全过程应用的智能、高效的课堂，其实质是基于动态学习数据分析和"云、网、端"的运用，实现教学决策数据化、评价反馈即时化、交流互动立体化、资源推送智能化、教学呈现可视化、科学实验数字化，从而创设有利于协作交流和意义建构的学习环境，通过智慧高效的教与学，促进全体学生的智慧发展[①]。在智慧课堂中会有大量的教学互动行为，这些互动的行为会以数据的形式储存下来，有研究总结了智慧课堂中师生用户在教学中的行为数据共有五种类型[②]：第一种是教师与媒介互动数据，即教师利用资源平台调取云端的学习内容，如微课视频、试题库以及资讯类文章等；第二种是学生与媒介互动数据，即学生通过智慧课堂平台浏览各种学习资源并与之互动，如浏览、点评微课，提交作业，发布、分享、收藏资讯等；第三种是教师对学生互动，即由教师主动发起对学生的互动，师生的互动存在

---

　　① 刘邦奇：《"互联网＋"时代智慧课堂教学设计与实施策略研究》，载《中国电化教育》2016年第10期。
　　② 刘邦奇、李鑫：《基于智慧课堂的教育大数据分析与应用研究》，载《远程教育杂志》2018年第3期。

于课上与课下，在课上，教师通过发布课堂提问与学生互动，课下则是给学生布置作业、为学生答疑、批改学生作业；第四种是学生对教师互动，即由学生主动发起对教师的互动，如学生在课上利用智慧课堂设备反馈教师的提问，课下通过在线平台向教师提问、完成教师的作业等互动行为；第五种是学生与学生互动，即学生间也存在各种互动关系，如智慧课堂应用允许学生间相互批改作业、相互评价，也允许学生自己录制微课视频与同学进行分享与讨论。在技术赋能的条件下，教育领域发生了新的变化，对教育大数据的研究能够揭示更多教与学的规律。

从对教育大数据的重要性到教育治理、再到大数据与智慧课堂的有关研究中可以看出，关于教育大数据的运用越来越聚焦于实际的场域，能够让人们更清晰地体会到教育大数据与教育教学的关系。随着有关教育大数据的研究逐渐成熟起来，这为教育数据挖掘的发展打下了牢固的基础。总的来说，随着教育大数据相关研究的具体化和成熟化，很难再用经验去推断教育大数据、去总结和概括教育领域中的各种新兴现象，这使得教育数据挖掘的提出和发展成为一种必然的趋势。

2.1.3.2　教育研究方法的多样性

计算机科学技术的发展促进了相关学科之间研究方法的相互借鉴与发展。例如，在计算社会科学领域中，计算社会科学将计算机与信息通信技术运用于社会科学研究中，致力于克服传统实证研究方法的局限，为社会科学研究开辟新的路径[1]。根据使用环境的不同，计算社会科学的研究方法也有相应的研究方法，如自动化信息提取、社会网络分析、地理空间分析（又称为社会地理信息系统、地理信息系统、社会 GIS）、复杂系统建模、社会仿真模型等[2]。这些方法中的每种还被系统地划分为多个模型，不同的方法之间会经常交叉组合使用，例如，社会复杂性是复杂性研究中的一个分支，将复杂性理论和计算机技术相结合，建立复杂性模型来展开对社会问题的研究，从中还涌现了很多新的研究方法，包括人机模拟、社会仿真模型、社会网络分析、社会计算实验等，并且这些新的研究方法都开始取得重要的研究成果，并应用于社会的各个领

---

①　罗俊：《计算·模拟·实验：计算社会科学的三大研究方法》，载《学术论坛》2020 年第 1 期。

②　Cioffi - Revilla，C. Computational Social Science. *SSRN Electronic Journal*，Vol. 2，No. 3，May 2010，pp. 259 - 271.

域①，这为复杂的社会现象提供了很多的理论解释和依据，也提出了许多重要的算法和模型。由于社会学科与教育学科之间的密切联系，且信息技术背景下教育问题的日益复杂化，在教育领域中也出现了不同程度上借鉴使用计算社会学的研究方法，其中，社会网络分析、自动化信息提取被使用的比较多，社会仿真模拟等也逐渐地被更多的学者使用或关注。社会网络分析、自动化信息提取和社会模拟等教育研究方法均离不开数据的支持，数据挖掘的重要性也由此得到了体现。

1. 社会网络分析。

社会网络是指某些特定社会群体之间构成的相对稳定的社会关系。社会网络分析是对社会关系进行量化分析的一门技术，主要用于描述和测量行动者之间的关系以及这些关系中所包含的东西，如资源、信息等，并利用这些关系建立模型，进而研究这些关系与行动者行为之间的相互影响②。在挖掘特征的过程中，既可以根据研究问题的需求构建合适的算法进行研究，也可以利用很多成熟的工具来进行分析，常用的分析工具如 UCINET、NodeXL、CFINDER 等③。

在教育领域中，在线学习的"情感缺失"问题成为在线教学发展的难题，情感与在线学习行为之间有着密切的关联，关注在线教学中学生学习情感的变化将是在线教学的重点内容之一。有研究④借助 UCINET 软件构建情感临场感关系网络，结合分析结果中的情感临场感网络密度来判断情感临场感的紧密程度，也通过中心性分析中的点度中心度和中介中心度来探索各个情感在整个情感临场感网络中的重要性和中介功能性。研究发现：在线学习环境中，情感临场感具有积极趋向性、局部紧密性和功能差异性；教学临场感相关情感在构建情感临场感网络中扮演更为重要的中介作用；情感临场感区域之间存在多向流动关系。该研究在研究方法上引入社会网络分析，为弥补在线教学的不足提供了新思路，并且该研究发现，为在线学习的情感策略提供了重要参考，对促进教育领域中在线学习的发展有重要意义。将社会网络分析方法引入教育研究中，能够通过对教育现实问题的研究，最终为解决教育发展难题提供新的解决思路和解决办法。

① 周书恒：《理解社会现象的新进路》，华东师范大学论文 2015 年。
② 刘军：《社会网络分析导论》，社会科学文献出版社 2004 年版。
③ 徐恪、张赛、陈昊、李海涛：《在线社会网络的测量与分析》，载《计算机学报》2014 年第 1 期。
④ 李文昊、陈冬敏、李琪、刘洋：《在线学习情感临场感的内部特征与关系模型》，载《现代远程教育研究》2021 年第 4 期。

2. 自动化信息提取。

自动化信息提取是计算社会科学研究中重要的领域之一，它主要是通过数据挖掘来获取知识和价值，帮助人们解决社会问题①。数据挖掘是指从大量的数据中发现有用的知识，除了文本以外，还包括视频、音频、图像等。随着科学技术的发展，自动化信息提取正朝着智能化、数字化、语义化的方向发展。自动化信息提取对于资料收集和数据获取有着非常重要的作用和意义。网络爬虫就是自动化信息提取的典范，它是根据某种规则自动抓取网页数据的程序或代码，可以根据用户需求高效、快捷地抓取各个网页上所需的信息，目前，排名靠前的爬虫工具有 Octoparse（八爪鱼采集器）、WebCopy、HTTrack、GooSeeker（集搜客）、火车头采集器、Python 等。

在教育领域中，随着在线教育的发展，通过利用网络爬虫工具获取某一门或某一类课程的用户评论数据，并以这些数据为研究对象，分析其中潜藏的教育规律已经成为教育技术领域的重要研究趋势。例如，有研究以"中小学教师数据素养"在线开放课程的评价数据为样本，从时间、情感、语义等维度分析在线开放课程的学习评价者数据分析框架，其中在数据采集与评价部分利用了 Octoparse（八爪鱼采集器），首先，在 Octoparse 中添加数据采集流程，即打开网页、点击元素、提取列表数据；其次，确定采集字段，即评论者、评语、评论星级、评论日期、开课周期共 5 个字段；最后，将采集成功后的评语数据导出为 Excel 格式，以备分析②。新的数据获取技术与方法解决了教育领域中的数据获取难题。

3. 社会模拟。

社会建模技术由信息科学家和数学家提出并发展完善起来，是指对社会空间中个体或群体的心理和行为、交互模式、人际关系、社群结构等复杂社会性问题进行抽象描述并建立仿真模型③。通过计算模型进行的社会模拟有多种形式，如宏观模拟（macro-simulation）或称系统动态（system dynamics）、微观模拟（micro-simulation）、基于行动者模型（agent-based modeling，ABM）等④。

① 周书恒：《理解社会现象的新进路》，华东师范大学论文 2015 年。
② 周德青、杨现民、李新：《在线开放课程的学习者评价数据分析框架研究——以"中小学教师数据素养"在线开放课程为例》，载《现代教育技术》2021 年第 8 期。
③ 陈浩、乐国安、李萌、董颖红：《计算社会科学：社会科学与信息科学的共同机遇》，载《西南大学学报》（社会科学版）2013 年第 3 期。
④ 高文珺：《大数据视野下的社会心态研究——基于复杂性理论与计算模型的探讨》，载《新视野》2017 年第 6 期。

社会模拟是用于社会研究和解决社会问题最直接的方法和手段，通过了解社会问题，构建计算演化模型，可以克服传统社会实验中面临的诸多困难，具有较为广泛的应用前景①。在教育领域中，教育实验作为实证研究方式的一种，常常通过严格控制一个或多个变量的方式来验证、探讨教育现象之间的关系。但由于在现实生活中，影响教育的实际因素多种多样，往往存在一些不可控因素导致实验结果出现偏差，而计算社会科学中的社会模拟为解决这一难题提供了新的思路。有研究提出，"根据已有数据建立计算仿真模型，进行可重复、可复原、可验证的'仿真计算实验'，通过计算实验生成教育大数据，从整体论、系统论出发进行情景分析与政策模拟，分析教育现象和教育问题，是解决教育系统治理的一个关键技术和发展趋势"②，同时指出，计算实验研究是"利用计算机仿真模拟现实教育系统的演化规律和教育结果，在建立教育系统各要素关系的数学模型的基础上，通过计算实验仿真平台实施实验，通过设定不同的输入来产生不同场景的数据，通过数据分析来观察输出，为教育决策提供支持"③。计算实验研究通过社会模拟技术的引入弥补了教育研究中实验方法的不足，拓展了教育研究方法的使用范围。

2.2 教育数据挖掘的概念及功能

随着我国教育信息化建设的不断持续推进以及在线教育、智慧教育、教育大数据、MOOC、混合教学、学习社区等新概念的不断发展，使得教育数据呈指数型增长，数据挖掘技术在教育领域中也得到了相应的应用。

数据挖掘指从大量的、有噪声的、不完全的、随机的数据中揭示出隐含的大量有用的信息和知识，这些信息和知识中暗含着重要的规律，具有重要的潜在价值和用途。数据挖掘可以对未来的趋势和行为预测，进而帮助决策层在此基础上作出相对合理和科学的决策。数据挖掘是一种数据驱动的方法，要求综合运用多种数据而不局限于某种数据。教育数据挖掘应用于各种各样的教育情境中，包括学习和信息管理系统、交互式的学习环境、人工智能系统、教育性的游戏、具有大量数据的学习活动，教育数据挖掘涉及各种各样的数据类型，

① 周书恒：《理解社会现象的新进路》，华东师范大学论文2015年。
②③ 余胜泉、徐刘杰：《大数据时代的教育计算实验研究》，载《电化教育研究》2019年第1期。

包括文档、图片、视频、音频等。为了理解各种各样教学情境中学习者的学习和教学，与数据挖掘相近的还有另外一个概念，即"知识发现"，数据挖掘可以看作"数据库中的知识发现"，数据库为数据挖掘提供数据管理技术，机器学习、统计学等为数据挖掘提供数据分析的基础。使用数据挖掘的目的不仅是为了预测，也为了获取知识，可以通过一定的算法从海量的数据中发现隐藏的模式与知识。大数据背景下的数据挖掘来源更广、体量更大、类型更加复杂，数据的处理速度更快。数据挖掘的对象包含以下 7 种[①]：关系型数据库、事务型数据库、面向对象的数据库；数据仓库/多维数据库；数据空间；工程数据；文本和多媒体数据（如文本、图像、音频、视频数据）；时间相关的数据（如历史数据或者股票交换数据）；万维网（半结构化的 HTMLL、结构化的 XML 以及其他网络信息）。

随着教育领域中的数据变得越来越多样和复杂，教育数据挖掘作为数据挖掘的一个子集，于 2005 年被首次提出来，教育数据挖掘通过构建教育领域的相关模型，探索变量之间的相关关系，进而探索教育数据中暗含的教育规律和教育特征。教育数据挖掘是对学生的学习过程进行量化、分析及建模，利用多种技术来分析教学过程中产生的数据[②]。教育数据挖掘相关研究的发展促使教育数据挖掘逐渐演化成为一门新兴学科。因此，教育数据挖掘社区等相关学术机构将教育数据挖掘定义为："教育数据挖掘是一门新兴的学科，它致力于开发新的方法去探索来自教育环境独特的且规模日益变大的数据，并使用这些方法来更好地理解学生及其学习环境。"[③] 另外，也有学者对教育数据挖掘进行了定义：通过开发、研究和使用计算机应用技术从一个已知的数据集合里发现某种模型、概要和导出值，挖掘存在大规模教育数据背后的潜在模式[④]。

教育数据挖掘与学习分析紧密关联，体现在教育数据挖掘的目的中。教育数据挖掘的功能主要运用数据挖掘的技术，能够回答学生在个性化学习、行为分析、学习满意度、学习环境判断及学习预测方面的问题[⑤]；而学习分析更加

①　刘鹏、张艳：《数据挖掘》，电子工业出版社 2018 年版。

②　余燕芳：《基于移动学习的 O2O 翻转课堂设计与应用研究》，载《中国电化教育》2015 年第 10 期。

③　李宇帆、张会福、刘上力，等：《教育数据挖掘研究进展》，载《计算机工程与应用》2019 年第 5 期。

④　C，Ventura S，Pechenizkiy M，et al. Handbook of Educational Data Mining. *CRC Press*，2010.

⑤　Office of Educational Technology，Enhancing Teaching and Learning through Educational Data Mining and Learning Analytics（PDF）[EB/OL][2021 – 11 –09] https：//tech. ed. gov/.

注重在数据分析结果的基础上进一步建立模型来预测学习者的行为，并试图对学习者的学习行为进行干预、优化和预警等①。

教育数据挖掘有以下五个目的②。

第一，通过创建包含学生知识、动机、元认知和态度等详细信息的学生模型来预测学生未来的学习行为。对学习者知识、学习者行为和学习者体验进行建模，即是对某个特定学习者进行分析，什么样的主题序列能最有效地实现学习者的个性化学习。

第二，发现或改进表征要学习的内容和最佳教学序列的领域模型（Domain Models）。对学习者进行深入分析，分析什么学习行为能与更好的学习相关联。

第三，研究学习软件可以提供的各种教学支持的效果。对重要领域的关键概念和重要组件进行建模，比如，哪些学习行为能够表明满意度、参与度、学习进程等。

第四，通过构建包含学生模型、领域和软件教学法的计算模型，推进关于学习和学习者科学知识的提升。做学习者学习趋势分析，也即是学习预测，哪些因子能够预测学生的成功，并有哪些具体的表征等。

第五，对应用程序领域涉及了如何分析或者改进用户体验。通过分析学习者的学习环境来判断在线学习环境的什么特征能够带来更好的学习效果。

教育数据挖掘具体涉及的内容如表 2 - 2 所示。

表 2 - 2   教育数据挖掘和学习分析的应用领域

应用领域	问题	分析所需的数据类型
用户知识建模	学生知道哪些内容？（例如，特定技能和概念、程序知识以及更高的顺序性思维技能）	• 学生的回答（正确、不正确、部分正确）、在响应提示或回答问题之前所花费的时间、请求的提示、错误答案的重复及所犯的错误 • 学生练习的技能和练习的全部机会 • 从系统作业或其他来源（如标准化测试）推断学生的学业水平

---

① 武法提、牟智佳：《基于学习者个性行为分析的学习结果预测框架设计研究》，载《中国电化教育》2016 年第 1 期。

② 清涛. 什么是教育数据挖掘？［EB/OL］. https：//www. cnblogs. com/wanglvtao/p/10253530. html. 2019 - 01 - 10（2021 - 07 - 05）.

续表

应用领域	问题	分析所需的数据类型
用户行为建模	学生的行为模式对他们的学习意味着什么？学生有学习动力吗？	• 学生的回答（正确、不正确、部分正确）、在响应提示或回答问题之前所花费的时间、请求的提示、错误答案的重复及所犯的错误 • 在调查期间，课堂/学校环境中的任何变化
用户体验建模	用户对其体验感到满意吗？	• 对调查或问卷的回应 • 在后续学习单元或课程中的选择、行为或表现
用户分析	用户可聚类成哪些组？	• 学生的回答（正确、不正确、部分正确）、在响应提示或回答问题之前所花费的时间、请求的提示、错误答案的重复及所犯的错误
组块建模	将主题划分为模块的正确级别是多少？应该如何对这些模块进行排序？	• 与外部测量相比，学生的回答（正确、不正确、部分正确）和学生在不同粒度模块中的表现 • 域模型分类法 • 问题之间以及技能与问题之间的关联
学习成分分析与教学原理分析	哪些成分能有效促进学习？哪些学习原则行之有效？整体课程的效果如何？	• 与外部测量相比，学生的回答（正确、错误、部分正确）和学生在不同细节级别模块中的表现 • 域模型分类法 • 问题之间以及技能与问题之间的关联
趋势分析	随着时间的推移会有什么变化以及如何变化？	• 根据感兴趣的信息的不同而不同；通常至少需要三个纵向数据点才能辨别出一个趋势 • 收集的数据包括连续几年的入学记录、学位、毕业、生源和高中数据
自适应和个性化	建议用户采取哪些操作？下一个用户应如何更改用户体验？如何改变用户体验（通常是实时更改）？	• 根据给出的实际建议而有所不同 • 可能需要收集有关用户的历史数据，以及有关所推荐产品或服务的相关信息 • 学生的学习成绩记录

2.3　教育数据挖掘的对象

教育数据挖掘的对象是指教育过程中的一切数据，这些数据类型可以是结构化的、非结构化的，数据来源可以是多渠道的，包括教育领域常见的数据库、传统的教育数据库、数据仓库、Web 数据、多媒体数据等。教育数据挖掘对象的丰富程度是随着我国教育信息化进程的建设而逐渐增加的。

2.3.1 教育统计数据

传统的数据库是指在信息技术快速发展之前，以人工调查方式为主的传统数据库，这种传统的数据库在如今的教育领域中仍然扮演着较为重要的角色。对教育领域的研究者而言，教育数据搜集的部分至关重要。如想要获取免费、公开、实用的教育数据，通过传统方式主要可以获取到两种，即官方渠道发布的统计数据和向机构申请获得的问卷调查数据。官方渠道发布的数据包括国家统计局发布的《中国统计年鉴》《中国人口和就业统计年鉴》，教育部发布的《中国教育统计年鉴》《中国教育年鉴》《中国教育经费统计年鉴》，以及中国高校人文社会科学信息网公开的社科统计数据等。对于机构公布的问卷调查数据，则包含了中国综合社会调查（CGSS）、中国家庭追踪调查（CFPS）、中国教育追踪调查（CEPS）、中国社会状况综合调查（CSS）、中国健康与营养调查（CHNS）等。本书在此选取了教育领域几个常用且具有代表性的数据库进行介绍。

2.3.1.1 统计年鉴

1. 中国统计年鉴。

《中国统计年鉴》由国家统计局每年一度进行公布，该年鉴系统收录了全国各省、自治区、直辖市当年经济、社会等各方面的数据。以 2020 年国家统计局发布的《中国统计年鉴（2020）》为例，该年鉴分为 28 章，包括人口、就业和工资、人民生活、教育等各类数据以及各类经济指标。其中，教育数据系统全面地反映了我国教育事业的发展状况，囊括了高等教育、中等教育、初等教育、学前教育、特殊教育等各级各类学历教育的翔实的数据资料，主要指标包括我国不同年度、不同地区的各类学校数量、教职工数量、在校学生数量、学校招生情况、毕业生数量、生师比、在校生数量等。此外，国家教育经费情况也作为指标之一进行了公开，包括国家财政性教育经费、民办学校中举办者投入、社会捐赠、事业收入、其他教育经费等。通过该年鉴，可以宏观地了解到我国教育的发展情况。

2. 中国教育统计年鉴。

《中国教育统计年鉴》基于全国各省、自治区、直辖市教委上报的学校基层统计数据，由教育部发展规划司整理编写、教育管理信息中心汇总而成。该年鉴是一本系统性反映我国教育发展情况的统计资料，内容包含了各级各类学校的分布情况、办学条件、科学研究等，为各有关部门研究教育改革与教育发展提供了数据支撑。在编纂过程中，教育部借鉴和引入了国际教育统计的通用指标，并修订和完善了《中国教育监测与评价统计指标体系》。该指标体系包括综合教育程度、国民接受学校教育程度、学校办学条件、教育经费、科学研究五个方面，其中，学校办学条件又包含教职工、学校校舍与占地、学校图书与教学仪器配备、学校信息化建设、学校医疗卫生安全情况五个方面，全面反映了当年我国教育事业的发展状况。

教育部通过教育事业统计制度收集到的数据还会以"全国教育事业发展统计公报"的形式进行发布，在教育部官方网站即可进行查阅。《全国教育事业发展统计公报》从学前教育、义务教育、特殊教育、高中阶段教育、高等教育、民办教育六个方面出发，侧重于将当年数据与上一年数据或多个年份数据的发展状况进行对比，以客观反映当年的发展情况。此外，从 1997 年开始，教育部政府门户网站对当年我国基础的教育数据进行统计，数据分为全国基本情况和各地基本情况两个方面。

3. 中国教育年鉴。

《中国教育年鉴》是描绘中国教育改革和发展情况的专业性年鉴，按年度向国内外发布。该年鉴由教育部组织编纂，总结了各级教育行政部门、各级各类学校执行党和国家的教育法律法规与方针政策、做好教育工作的经验，真实记录了中国教育事业的发展进程，为教育科研和管理决策提供参考，为教育战线沟通信息、交流经验开辟园地，为宣传和交流中国教育改革与发展成就设立窗口，为热心关注和研究中国教育的相关工作者提供信息资料。

按目前国际、国内通例，当年的教育年鉴反映的是上一年教育改革和发展的基本情况，而对于某些需要多年才能完成的工作，当年的年鉴记述的主要是上一年此项工作的进展情况。年鉴发布的统计数据主要来源于教育部发展规划司统计处，而计划单列市数据由计划单列市教育部门提供。

《中国教育年鉴》的主要内容包括：党和国家领导人出席重要教育活动的报道或报道综述，教育部领导有关教育工作的重要讲话或专文；教育工作文件选编；年度教育工作数据统计，包括发展、管理统计以及财务与审计；各类教育情况简介；教育大事记；等等。

4. 中国教育经费统计年鉴。

由教育部财务司、国家统计局社会科技和文化产业统计司编制的《中国教育经费统计年鉴》全面、系统地反映了该年度全国教育经费的来源和使用情况，为编制教育发展规划、制定教育财政政策提供重要参考。《中国教育经费统计年鉴》从最基层单位开始填报各项教育经费统计数据，经过各级教育主管部门层层汇总，由教育部财务司组织审核、整理、编制而成。

全国教育经费统计数据实行三次发布机制。即：（1）初步统计公布；（2）总体情况公布；（3）最终统计数据公布。初步统计公布是在每一年的统计工作结束后，由教育部在其门户网站上公布全国教育经费的初步统计情况，即《全国教育经费执行情况统计快报》；总体情况公布是指由教育部、国家统计局和财政部以公告的形式对各省份及全国教育经费统计的总体情况进行公布，即《教育经费执行情况统计公告》；最终统计数据公布是指教育部和国家统计局以出版《中国教育经费统计年鉴》的形式对年度全国及各省份的教育经费统计最终数据进行公布。

5. 中国人口和就业统计年鉴。

《中国人口和就业统计年鉴》由国家统计局人口和就业统计司负责编辑整理，是一部旨在全面反映我国人口和就业状况的资料性年刊，数据主要来源于全国各省、自治区、直辖市人口的就业统计数据，同时附录了世界部分国家和地区的相关数据。该年鉴内容分为七部分，即：（1）综合数据；（2）全国人口变动情况抽样调查；（3）劳动力抽样调查主要数据；（4）城镇单位就业人员统计；（5）全国户籍统计人口数据；（6）世界部分国家及地区人口和就业统计；（7）人口变动和劳动力调查制度说明及主要统计指标解释。

6. 中国高校人文社会科学信息网。

中国高校人文社会科学信息网（社科网）为中国人民大学主办、主管的专业性门户网站，其开办目的是为了人文社会科学的研究、管理、资源分享以及成果推广。社科网于 2001 年搭建而成，目标是集资料搜集、信息发布、网络出版、网络管理于一身，为我国高校人文社科的发展作出了应有贡献。

在社科网的统计区域，可以查阅全国高校人文社科的发展情况，指标包括活动人员、研发人员、经费收入、经费支出、课题数量、课题经费收支、获奖、成果等统计数据，如图 2 - 2 所示。

中国高校人文社会科学信息网

首页　管理　资讯　观点　常用速查　在线期刊　论文在线　　Search.....

当前位置：管理 > 社科统计

· 社科统计 ·

| 社科统计 |

2019年全国本科高校人文、社会科学发展概况	[2020-10-29]
2019年全国专科高校人文、社会科学发展概况	[2020-10-29]
2019年各省高校人文社科研究发展人力情况	[2020-10-29]
2019年各省高校人文社科研究发展经费收入情况	[2020-10-29]
2019年各省高校人文社科研究发展经费支出情况	[2020-10-29]
2019年各省高校人文社科研究发展课题情况	[2020-10-29]
2019年各省高校人文社科研究获奖情况（国家级及部级奖）	[2020-10-29]
2019年各省高校人文社科研究发展成果情况	[2020-10-29]
2018年全国本科高校人文、社会科学发展概况	[2019-07-17]
2018年全国专科高校人文、社会科学发展概况	[2019-07-17]
2018年各省高校人文社科研究发展人力情况	[2019-07-17]
2018年各省高校人文社科研究发展经费收入情况	[2019-07-17]
2018年各省高校人文社科研究发展经费支出情况	[2019-07-17]
2018年各省高校人文社科研究发展课题情况	[2019-07-17]
2018年各省高校人文社科研究发展成果情况	[2019-07-17]
2018年各省高校人文社科研究获奖情况（国家级及部级奖）	[2019-07-17]

图 2 - 2　中国高校人文社会科学信息网（社科网）

资料来源：中国高校人文社会科学信息网（https：//www.sinoss.net/）。

2.3.1.2　综合调查

1. 中国综合社会调查（CGSS）。

（1）数据库介绍。中国综合社会调查（Chinese General Social Survey，CGSS）为中国人民大学中国调查与数据中心创立的大型学术调查项目，同时也是我国首个综合、连续学术调查项目。该项目始于 2003 年，对中国大陆各省、自治区、直辖市的共 10000 余户家庭进行一年一度的连续性横截面调查。

CGSS 年度调查系统全面地收集了有关社会、家庭、个人的多层次数据，为我国经济学、社会学、政治学、管理学、教育学、历史学等一系列学科的学者研究工作提供数据支撑。作为我国首个数据完全开放的大型学术调查项目，目前，基于 CGSS 的数据发表的学术期刊已超过 1000 篇，数据用户已超过 20000 人。除科研外，CGSS 数据也被广泛应用于政府决策、教学、商业等领域中。

中国综合社会调查的议题框架为社会结构、生活质量及二者之间的内在连接机制。其调查的目的是，通过对我国城乡家庭的年度社会调查，系统地监测中国社会结构和人们生活质量的变化与二者的内在联系，建立追踪社会变动趋势的资料库，从而总结社会变迁的趋势，探讨和阐释具有理论和实践意义的相关问题，为国内外的学术研究提供资源，推动研究的开放与共享。图 2 - 3 为基于 CGSS 数据发表论文关键字云图。

图 2 - 3　基于 CGSS 数据发表论文关键字云图

资料来源：中国综合社会调查（http：//cgss. ruc. edu. cn/）。

CGSS 项目目前已进行了两期。2003～2008 年是 CGSS 项目的第一期，共完成 5 次年度调查。CGSS 项目的第二期时间在 2010～2019 年，目前已公布了 5 次年度调查的数据。最新公布的数据为 CGSS2017 的调查数据，由 CGSS 项目组于 2020 年 10 月 1 日公开发布。2017 年的调查共完成有效样本 12582 份，数据包括核心模块、社会网络和网络社会模块、家庭问卷模块三个模块，数据中包含 783 个变量。中国综合社会调查的数据均在中国国家调查数据库（China National Survey Data Archive，CNSDA）网站上发布，用户简单注册后即可免费获取，但仅限于非商业性、政治性的研究、教学等工作。

（2）研究应用。由于 CGSS 年度调查关注了有关社会结构与个人生活质量的议题，教育领域使用该数据库开展的研究也集中在教育与社会学、经济学结合的一系列问题上。

在这些问题中，学界对于教育机会平等化的问题最为关注，对这一领域的研究也最为深入。姚继军等基于均衡发展的角度，采用 CGSS 2005 年的数据定量测度新中国教育发展的均衡状况，计算地区间、城乡间、学校间、人群间、各级教育间的均衡发展指标，以刻画我国新中国成立后的教育发展历程[①]。靳振忠等着眼于高等教育领域，对教育获得的机会不平等问题进行了深入挖掘，并分年代对该问题出现的各环境因素进行探讨[②]。

学者们的研究不仅包含了宏观层面对我国教育公平问题的探讨，也落脚于教育获得的性别差异、区域差异、家庭背景差异等具体问题。对于教育获得的性别不平等问题，吴愈晓基于 CGSS 2008 年的数据，检验性别因素与城乡、阶层、兄弟姐妹人数等其他影响教育获得的因素之间的交互作用[③]。张兆曙等基于 CGSS 2008 年高校扩招对性别平等化的影响进行研究，探讨了高校扩招为何会推进教育机会性别平等化的进程，进而探求在此过程中作出主要贡献的因素[④]；对于城乡差异问题，孟凡强等基于 CGSS 2013 年的数据，研究并探讨了高等教育扩招在城乡居民之间是否存在分配差异的问题[⑤]。对于家庭地位引发的教育不平等问题，唐俊超采用 CGSS 2008 年的数据，从家庭社会经济地位、家庭文化背景、学校等级三个角度展开探讨，并强调早期教育公平问题的重要性[⑥]。

教育社会学中的社会流动问题，或者说劳动经济学中人力资本的代际流动或代际传递问题，同样也是学者较为关心的议题。赵红霞等采用了 2010 年的调查数据，得出我国教育代际传递性较强，性别、户籍、地区三个变量均显著影响教育代际流动的结论[⑦]。周世军等基于 CGSS 2013 年的数据，探讨父母学历对子女教育的影响[⑧]。同样基于 CGSS 2013 年的数据，张明等经实证研究验证，高等教育改善阶层流动的效果并不明显，仅在正在进行市场化转型的东部

---

① 姚继军、张新平：《新中国教育均衡发展的测试》，载《华东师范大学学报》（教育科学版）2010 年第 2 期。

② 靳振忠、王亮、严斌剑：《高等教育获得的机会不平等：测度与分解》，载《经济评论》2018 年第 4 期。

③ 吴愈晓：《中国城乡居民教育获得的性别差异研究》，载《社会》2012 年第 4 期。

④ 张兆曙、陈奇：《高校扩招与高等教育机会的性别平等化——基于中国综合社会调查（CGSS 2008）数据的实证分析》，载《社会学研究》2013 年第 2 期。

⑤ 孟凡强、初帅、李庆海：《高等教育规模扩张是否缓解了城乡教育机会不平等?》，载《教育与经济》2017 年第 4 期。

⑥ 唐俊超：《输在起跑线——再议中国社会的教育不平等（1978～2008）》，载《社会学研究》2015 年第 3 期。

⑦ 赵红霞、高永超：《教育公平视角下我国教育代际流动及其影响因素研究》，载《教育研究与实验》2016 年第 1 期。

⑧ 周世军、李清瑶、崔立志：《父母学历与子女教育——基于 CGSS 微观数据的实证考察》，载《教育与经济》2018 年第 3 期。

地区较为显现①。

中国综合社会调查数据也支持教育经济学中的概念教育回报率的计算。有许多文献采用 CGSS 数据来计算不同教育程度、不同地区、不同时间的教育回报率。杜两省等利用 CGSS 2006 年的数据计算出直辖市、省会城市和其他城市三类城市的教育回报率差异,并进行总体性和结构性分析②。彭竞同样利用 CGSS 2006 年的数据,计算不同性别的高等教育回报率与工资差异③。胡咏梅等通过计算 20 年来农村职业教育的投资回报率的动态变化,探究农村职业教育发展的现实意义④。

随着我国高等教育入学率的提高,过度教育也成为近年来学者们越来越关注的问题。缪宇环利用 2008 年的 CGSS 微观数据,计算我国的过度教育率,并进行影响因素的探究⑤。刘璐宁采用 CGSS 2003 年与 CGSS 2008 年的数据,从两年对比中得出我国 2008 年的过度教育率低于 2003 年的结论⑥。

教育是经济学中公共资源的典型案例,有学者通过研究教育来探讨我国公共资源投入等问题。史宇鹏等以义务教育为例,采用 2003 年和 2010 年的 CGSS 数据,考察公共资源投入与社会信任水平的关系⑦。殷金朋等基于 CGSS 2013 年的数据,得出我国公共教育投入利于居民幸福感提升,但不利于代际流动的结论⑧。

此外,也有学者在教育相关的其他领域开展研究。郑磊等基于 CGSS 2006 年的数据,探讨公民教育水平的提高是否有利于其政治参与程度,得到了我国学校教育与政治参与行为呈负相关关系的结论⑨。黄嘉文将教育程度作为自变量,中国城市居民幸福感作为因变量,收入水平作为调节变量,得到我国居民

① 张明、张学敏、涂先进:《高等教育能打破社会阶层固化吗？——基于有序 probit 半参数估计及夏普里值分解的实证分析》,载《财经研究》2016 年第 8 期。

② 杜两省、彭竞:《教育回报率的城市差异研究》,载《中国人口科学》2010 年第 5 期。

③ 彭竞:《高等教育回报率与工资的性别差异》,载《人口与经济》2011 年第 4 期。

④ 胡咏梅、陈纯槿:《农村职业教育投资回报率的变化:1989～2009 年》,载《教育与经济》2013 年第 1 期。

⑤ 缪宇环:《我国过度教育现状及其影响因素探究》,载《统计研究》2013 年第 7 期。

⑥ 刘璐宁:《大材小用与学以致用:过度教育及非教育影响因素的实证研究——基于 2003 年和 2008 年 CGSS 数据》,载《高教探索》2014 年第 5 期。

⑦ 史宇鹏、李新荣:《公共资源与社会信任:以义务教育为例》,载《经济研究》2016 年第 5 期。

⑧ 殷金朋、陈永立、倪志良:《公共教育投入、社会阶层与居民幸福感——来自微观混合横截面数据的经验证据》,载《南开经济研究》2019 年第 2 期。

⑨ 郑磊、朱志勇:《教育是否促进了中国公民的政治选举投票参与——来自 CGSS 2006 调查数据的证据》,载《北京大学教育评论》2013 年第 2 期。

受教育程度显著正向影响幸福感的结论[1]。

2. 中国家庭追踪调查（CFPS）。

（1）数据库介绍。中国家庭追踪调查（CFPS）是一项全国性、大规模、多学科的社会跟踪调查项目，执行机构为北京大学中国社会科学调查中心，重点关注中国居民的经济与非经济福利，包括诸如经济活动、教育成果、家庭关系与家庭动态、人口迁移、健康等多个研究主题。项目在开展访问过程中采用计算机辅助调查技术，以满足多样化的设计需求，提高了访问效率的同时，也保证了数据质量。

CFPS 目标样本覆盖了 25 个省（区市）的 16000 个家庭，调查对象包括样本家户中的全部家庭成员。具体来说，通过 2010 年在全国 25 个省（区市）正式实施基线调查，最终完成 14960 户家庭、42590 位个人的访问，并界定出所有基线家庭成员及其今后的血缘/领养子女作为 CFPS 的基因成员，成为调查的永久追踪对象，之后每两年访问一次。

该调查的数据类型为面板数据，目前开放的数据包括 2008 年和 2009 年在北京、上海、广东三地的测试性调查数据，2010 年份在 25 个省份的基线调查数据，2011 年的维护调查数据以及 2012 年后每年一次的跟踪调查数据。最新公开数据为 CFPS 2018 年的调查数据。CFPS 调查问卷包括社区、家庭、成人和少儿四种主体问卷类型，以及在四种主体问卷的基础上不断发展出的针对不同性质家庭成员的长问卷、短问卷、代答问卷、电访问卷等多种问卷类型。

（2）研究应用。由于中国家庭追踪调查的数据包含了家庭生活的方方面面，因此，使用该调查的相关研究较多地关注于家庭教育层面。

其一是影子教育问题。薛海平基于 CFPS 2012 年的数据开展研究，得出研究结论即课外补习活动扩大了城乡和阶层获得教育资源的不平等[2]。李静等基于 CFPS 2014 年的数据，得出家庭资本正向影响课外补习的概率，课外补习成为家庭资本代际传递的重要手段的结论[3]。乐志强等通过 CFPS 2012 年的数据开展研究，结果表明，家庭背景等各因素均会影响学生课外辅导行为，且更倾

---

① 黄嘉文：《教育程度、收入水平与中国城市居民幸福感——一项基于 CGSS 2005 的实证分析》，载《社会》2013 年第 5 期。

② 薛海平：《从学校教育到影子教育：教育竞争与社会再生产》，载《北京大学教育评论》2015 年第 3 期。

③ 李静、薛海平：《家庭资本对初中生参加课外补习活动影响实证研究》，载《基础教育》2016 年第 6 期。

向于对综合素质培养类的辅导产生影响①。

其二是家庭教育投资问题。杨钋等探究家庭信息资本向人力资本投资的转换，通过 CFPS 2014 年的数据验证了母亲的互联网使用显著提高了城镇家庭教育投资的结论，但对进城务工家庭和农村家庭并不显著②。丁小浩等通过 CFPS 2012 年的数据构建了家庭权力资本与学校教育和课外补习的象限图，探讨不同权力资本家庭的教育支出模式③。刘天元等根据 CFPS 2014 年的数据，探讨家庭文化资本对孩子惯习培育的影响，研究表明，积极的家长教育参与可以帮助孩子激活家庭文化资本，培养良好的惯习④。

其三是父母期望问题。刘保中等通过对 2010 年的中国家庭追踪调查的数据进行分析，认为父母受教育程度和家庭收入通过父母参与的中介作用对青少年教育期望产生积极影响，且该影响具有异质性，城市父母参与因素相对于农村家庭而言对青少年的自我期望提升更大⑤。

其四是留守儿童问题。留守儿童的问题成为近年来学者们关注的社会问题，留守儿童作为特殊的一类儿童群体，父母照料缺失、家庭教育缺失可能会影响其自身发展。姚嘉等基于 2010 年的中国家庭追踪调查数据等对留守儿童问题进行了研究，研究表明，由于父母外出务工引致的照料缺失，留守儿童在家庭沟通、家庭关怀、学习监督、检查方面处于弱势地位⑥。任强等同样基于 CFPS 2010 年的数据，对留守、随迁的儿童情感健康程度造成的影响进行了研究，得到居住类型对留守儿童情感健康的影响程度较小的结论⑦。

尽管家庭教育的相关研究较多，但也有学者根据 CFPS 的数据进行其他方面的研究。随着高等教育扩招政策的推行，对高等教育公平的问题，学者们研究得较为深入。魏晓艳认为，高等教育大众化的进程扩大了高等教育机会获得的不公平⑧。陆晓峰等指出，高等教育扩招缩小了高等教育发达地区的城乡入

---

① 乐志强、杜育红：《家庭背景对学生课外辅导行为选择的影响研究》，载《教育发展研究》2018 年第 10 期。

② 杨钋、徐颖：《数字鸿沟与家庭教育投资不平等》，载《北京大学教育评论》2017 年第 4 期。

③ 丁小浩、翁秋怡：《权力资本与家庭的教育支出模式》，载《北京大学教育评论》2015 年第 3 期。

④ 刘天元、王志章：《家庭文化资本真的利于孩子形塑良好惯习吗？——家长教育参与和教育期望的中介作用》，载《教育科学研究》2019 年第 11 期。

⑤ 刘保中、张月云、李建新：《家庭社会经济地位与青少年教育期望：父母参与的中介作用》，载《北京大学教育评论》2015 年第 3 期。

⑥ 姚嘉、张海峰、姚先国：《父母照料缺失对留守儿童教育发展影响的实证分析》，载《教育发展研究》2016 年第 8 期。

⑦ 任强、唐启明：《我国留守儿童的情感健康研究》，载《北京大学教育评论》2014 年第 3 期。

⑧ 魏晓艳：《大学扩招是否真正推动了高等教育公平——高等教育大众化、扩招与高等教育代际传递》，载《教育发展研究》2017 年第 11 期。

学机会差距，但又因为扩招的非均衡间接扩大了全国总体的城乡差距[①]；李德显等研究发现，家庭文化资本与社会资本对高等教育的机会获得具有显著影响，而家庭经济资本没有造成显著影响[②]。

除此之外，也存在一些其他领域的研究。李晓嘉基于 CFPS 农户的数据，对贫困问题进行挖掘，研究得出：农户受教育水平对贫困状况产生显著影响，但绝对贫困群体的影响更弱，受教育水平成为阻碍农户脱贫致富的重要因素[③]。

3. 中国教育追踪调查（CEPS）。

（1）数据库介绍。中国教育追踪调查（China Education Panel Survey，CEPS）是一项旨在揭示家庭、学校、社区以及宏观社会结构对于个人教育产出的影响的大型追踪调查项目，其目的是希望通过调查来进一步探究教育产出在个人生命历程中发生作用的过程。该调查由中国人民大学中国调查与数据中心设计与实施，以 2013 ~ 2014 学年为基线，以七年级和九年级两个同期群为调查起点，以平均受教育水平和流动人口比例为分层变量，从全国随机抽取了 28 个县级单位（县、区、市）作为调查点。并分别于 2014 年 10 月 ~ 2015 年 7 月、2016 年、2017 年、2018 年执行追访。

本调查在执行过程中随机抽取了所在 28 个县级单位中的 112 所学校、438 个班级进行调查，被抽中班级的约 20000 名学生全体入样。调查采用多阶段的 PPS 抽样方法，使用该方法的抽样概率与单位规模成比例。入样班级的所有学生和家长，以及班主任、主科目（语数英）任课教师和该班级所在学校领导构成最终调查对象，以问卷的形式对调查对象进行调查。中国教育追踪调查同时还对被调查的学生进行了综合认知能力测试、基本人格测试等，并收集学生的重要考试成绩等，采用各种技术手段获取全面高质量的数据。该调查为教育学、社会学、经济学各学科的研究提供了数据支撑，同时也填补了国内缺乏大型教育追踪调查项目的空白。

（2）研究应用。影子教育问题是中国教育追踪调查数据的研究者最为关心的问题之一。薛海平使用中国教育追踪调查 2014 年的数据开展研究，认为导致初中在校生更倾向于参与课外补习的因素包括大城市、学校排名靠前、家庭资本丰

---

① 路晓峰、邓峰、郭建如：《高等教育扩招对入学机会均等化的影响》，载《北京大学教育评论》2016 年第 3 期。

② 李德显、陆海霞：《高等教育机会获得与家庭资本的相关性研究——基于中国家庭追踪调查 CF-PS 数据的分析》，载《全球教育展望》2015 年第 4 期。

③ 李晓嘉：《教育能促进脱贫吗——基于 CFPS 农户数据的实证研究》，载《北京大学教育评论》2015 年第 4 期。

富、自身成绩好等①。同时也依据结构方程模型，验证了家庭资本影响教育获得的双通道机制②，并验证了影子教育在此过程中的中介效应问题，最后依据研究提出政策启示③。李佳丽基于 CEPS 的数据，得出影子教育是中产阶级有效维持教育竞争优势，从而维护阶级稳定的途径的结论④。另外，相对于影子教育，父母参与对学生学业成绩的影响具有更大解释率⑤。孙伦轩等通过研究验证了课外补习的有效性，结果表明，课外补习显著降低了初中生的标准总成绩，不具有学业成绩回报，但具有明显的"安慰剂效应"⑥。针对学科差异，刘冬冬等利用 CEPS 的数据得出数学和英语的课外补习效果显著，但语文没有帮助的结论⑦。

由于中国教育追踪调查针对被试儿童进行了综合认知能力测试，因此，可以展开对儿童认知能力的研究。梁文艳等考察了父母参与对流动儿童认知能力的影响，识别不同父母参与行为对儿童认知能力的影响⑧。对于家长参与学校教育的行为问题，黄亮指出，家长教育期望、教育责任感知、家长监督作业与参加家长会均可以对七年级、九年级的学生认知成绩产生影响⑨。针对城乡学生认知差异问题，江求川经过调查验证认为，家庭特征成为城乡学生认知能力差距的最主要因素⑩。周颖等通过倾向得分匹配方法研究了留守、随迁对农村儿童认知能力的影响，认为留守对儿童认知能力存在显著负面影响，而随迁存在显著正面影响⑪。针对城乡义务教育的质量差距，宗晓华等认为，学生的认知能力根据所在地域从中心城区到边远农村呈现明显差序格局，文化性差距成为城乡义务教育差距的主导变量，这些文化性差距主要包括教师文化程度与职

---

① 薛海平：《课外补习、学习成绩与社会再生产》，载《教育与经济》2016 年第 2 期。

② 薛海平：《家庭资本与教育获得：影子教育的视角》，载《教育科学研究》2017 年第 2 期。

③ 薛海平：《家庭资本与教育获得：基于影子教育中介效应分析》，载《教育与经济》2018 年第 4 期。

④ 李佳丽：《谁从影子教育中获益——基于选择假说和理性选择理论》，载《教育发展研究》2016 年第 20 期。

⑤ 李佳丽、薛海平：《父母参与、课外补习和中学生学业成绩》，载《教育发展研究》2019 年第 2 期。

⑥ 孙伦轩、唐晶晶：《课外补习的有效性——基于中国教育追踪调查的估计》，载《北京大学教育评论》2019 年第 1 期。

⑦ 刘冬冬、姚昊：《课外补习对初中学生不同学科成绩的影响研究——基于 CEPS（2013～2014）实证分析》，载《教育学术月刊》2018 年第 10 期。

⑧ 梁文艳、叶晓梅、李涛：《父母参与如何影响流动儿童认知能力——基于 CEPS 基线数据的实证研究》，载《教育学报》2018 年第 1 期。

⑨ 黄亮：《家长参与学校教育对初中学生认知能力表现影响的实证研究——基于中国教育追踪调查基线数据的分析》，载《教育科学研究》2016 年第 12 期。

⑩ 江求川：《家庭背景、学校质量与城乡青少年认知技能差异》，载《教育与经济》2017 年第 6 期。

⑪ 周颖、杨天池：《留守、随迁与农村儿童认知能力——基于 CEPS 调查数据的实证检验》，载《教育与经济》2018 年第 1 期。

业能力、家长教育期望等①。

　　根据人力资本理论,非认知能力对一个人社会经济地位的获得非常重要。李丽等通过中国教育追踪调查的数据验证,认为非认知能力对学业成绩产生积极影响,且父母教育程度、家庭经济资本、家庭文化资本等因素均对学生非认知能力产生显著影响②。龚欣等认为,学前教育经历对初中学生的非认知能力能够产生显著的积极影响③。

　　针对父母教育期望问题,周菲等对中学生教育期望的性别差异进行了研究,结果表明,女生教育期望显著高于男生,父母教育期望的提高对男生教育期望的促进作用大于女生④。丁百仁等认为,儿童教育期望受到户籍的显著影响,且家庭影响相对学校影响而言更为重要⑤。

　　在影响中学生学业成绩的因素中,张凌对其人际关系进行了考察并切入研究,结果表明,学生人际关系水平与父母学历、独生、家庭经济状况呈正相关关系,相较于交流的频率,其沟通的质量更为重要⑥。而关于中学生自我教育期望的问题,魏勇等研究表明,目前中学生自我教育期望程度较高,且父母受教育程度、家庭教育期望、学业成绩等因素对中学生自我教育期望具有显著影响⑦。此外,童星对初中教师工作时间进行了研讨,研究表明,性别、职称、职业倦怠感对初中教师的教学时间存在显著正向影响,而职称、职业倦怠感、是否担任班主任等因素对初中教师的课外教研时间存在显著正向影响⑧。

　　在大学生相关问题的研究中,崔盛等对自主招生的生源进行了研究,结果表明,自主招生对大学生学业表现并无显著影响,但对工作后的起薪和涨薪具

---

　　① 宗晓华、杨素红、秦玉友:《追求公平而有质量的教育:新时期城乡义务教育质量差距的影响因素与均衡策略》,载《清华大学教育研究》2018 年第 6 期。

　　② 李丽、赵文龙、边卫军:《家庭背景对非认知能力影响的实证研究》,载《教育发展研究》2017 年第 1 期。

　　③ 龚欣、李贞义:《学前教育经历对初中生非认知能力的影响:基于 CEPS 的实证研究》,载《教育与经济》2018 年第 4 期。

　　④ 周菲、程天君:《中学生教育期望的性别差异——父母教育卷入的影响效应分析》,载《教育研究与实验》2016 年第 6 期。

　　⑤ 丁百仁、王毅杰:《教育期望的户籍差异——基于四类儿童的比较研究》,载《教育科学》2016 年第 5 期。

　　⑥ 张凌:《中学生的人际关系及其对学业成绩的影响——基于中国教育追踪调查的实证研究》,载《教育学报》2016 年第 6 期。

　　⑦ 魏勇、马欣:《中学生自我教育期望的影响因素研究——基于 CEPS 的实证分析》,载《教育学术月刊》2017 年第 10 期。

　　⑧ 童星:《初中教师工作时间及其影响因素研究——基于中国教育追踪调查(CEPS)数据的分析》,载《教师教育研究》2017 年第 2 期。

有显著正向影响①。针对语言能力对毕业生工资溢价的影响,潘昆峰等得出语言能力对就业薪酬具有显著正向影响的结论,且汉语能力平均影响力较强,英语能力相对于工资较高人群中的影响力更加明显②。

为了从教育财政政策层面考量教育公平的问题,陈纯槿等基于 CEPS 基线数据对教育财政投入对学生学业成就及教育结果不平等的影响问题展开了研究,结果表明,生均公用经费起到了降低教育结果不平等的作用,制定公平、科学的教育财政政策有利于促进教育公平③。

此外,中国教育追踪调查数据也支持学者对我国教育信息化水平进行研究。龚伯韬认为,中低水平的学校信息化可促进学业综合成就的增长,而高水平学校的信息化对学业综合成就产生抑制效应④。方超等则认为,信息技术对全样本学生成绩均存在抑制作用,因此,应该致力于政府、学校、家庭的三方联动,以强调信息技术的工具理性,构建文明有序的网络环境⑤。

4. 中国社会状况综合调查(CSS)。

(1)数据介绍。中国社会状况综合调查(Chinese Social Survey, CSS)针对转型时期的中国,期望描绘转型时期中国社会的变迁。它对全国公众的劳动就业、家庭及社会生活、社会态度等方面作了长期的纵贯调查,为社会科学研究和政府决策提供了翔实而科学的基础信息。

该调查由中国社会科学院社会学研究所于 2005 年发起,是一项双年度的纵贯调查,采用入户访问方式,每次调查访问 7000 ~ 10000 个家庭,调查区域覆盖全国 31 个省、自治区、直辖市的 151 个区、市、县,604 个村/居委会。此调查有助于获取转型时期中国社会变迁的数据资料,其研究可扩大至全国18 ~ 69 周岁的住户人口。

在调查问卷的设计上,CSS 兼顾了纵贯调查的连续性和社会议题的现实性,将问卷分为基础模块、更替模块和热点模块三个部分。其中,基础模块固定不变,包括个人基础信息、劳动与就业、家庭结构、家庭经济状况等内容;更替模块在隔一定周期后会重复调查,包括诸如社会阶层地位流动、社会保

① 崔盛、吴秋翔:《自主招生、学业表现和就业薪酬》,载《复旦教育论坛》2017 年第 2 期。
② 潘昆峰、崔盛:《语言能力与大学毕业生的工资溢价》,载《北京大学教育评论》2016 年第 2 期。
③ 陈纯槿、郅庭瑾:《教育财政投入能否有效降低教育结果不平等——基于中国教育追踪调查数据的分析》,载《教育研究》2017 年第 7 期。
④ 龚伯韬:《教育信息化:促进教育结果公平之路——基于学校信息化对学业成就影响的实证分析》,载《教育研究与实验》2019 年第 1 期。
⑤ 方超、黄斌:《信息技术促进了学生的学业表现吗?——基于中国教育追踪调查数据的实证研究》,载《开放教育研究》2018 年第 6 期。

障、休闲消费、社会价值观等；热点模块则紧贴现实，主要选择一些社会热点问题进行调研。

在调查的科学严谨性上，CSS 调查从多个环节保障调查数据的质量。在抽样环节，CSS 利用人口普查分区、市、县资料设计抽样框，并使用地图地址抽样方式以涵盖更多的流动人口。在执行管理环节，CSS 依托全国各地高校和科研机构，建立地方调查团队，并开设培训课程和访问模拟训练，同时制定相应流程，保证调查的执行。在质量监控环节，采用问卷复核及双次录入的方式确保问卷质量，并且项目组还会对数据信息做匿名化处理，在保护受访者隐私的同时，也进一步保证了数据的真实性。

（2）研究应用。由于中国社会状况综合调查问卷中包含个人高考制度公平感的题目，因此，刘文基于 2013 年、2015 年、2017 年、2019 年四期 CSS 调查数据，对高考改革深化期各群体的高考制度公平感进行了分析。综合来看，男性的公平感略高于女性，但男性更易作出极端评价；非农出身群体的公平感高于农村出身群体；大专学历群体的公平感则略低于高中学历群体。总而言之，社会经济地位越低的群体高考制度公平感越弱①。

田志鹏则使用 2017 年、2019 年中国社会状况综合调查的数据，针对少数民族教育的获得与就业公平感问题进行了分析，结果表明，少数民族的教育年数与就业公平感呈现"U"形，且转折点为完成义务教育。而在控制教育因素的影响后，少数民族的就业公平感显著高于全国平均水平②。

5. 中国健康与营养调查（CHNS）。

（1）数据库介绍。中国健康与营养调查（China Health and Nutrition Survey，CHNS）于 20 世纪 90 年代由原中国预防医学科学院营养与食品卫生研究所与美国北卡罗来纳大学、美国国家营养与健康研究所（NINH，前国家营养与食品研究所）合作开展。作为一个大型开放式队列研究项目，CHNS 针对同一人群分别于 1989 年、1991 年、1993 年、1997 年、2000 年、2004 年、2006 年、2009 年、2011 年、2015 年进行了十次追访调查，关注了国家和地方政府实施的健康、营养和计划生育政策与计划的影响，形成了对中国社会经济状况、卫生服务、居民膳食结构和营养状况等内容进行重复观测的优质数据库。

---

① 刘文：《高考改革深化期制度公平的现实样态与未来启示——基于中国社会状况综合调查数据的分析》，载《大学教育科学》2021 年第 5 期。
② 田志鹏：《少数民族教育获得与就业公平感的分析——基于 2017 年和 2019 年中国社会状况综合调查数据》，载《民族教育研究》2020 年第 5 期。

（2）研究应用。中国健康与营养调查数据可用于进行教育收益率的计算。齐良书采用 CHNS 从 1988～1999 年的数据，研究国有部门劳动工资制度改革对教育收益率的影响。其结论是：1985～1986 年劳动工资制度改革对教育收益率的提高并不显著，而 1993～1995 年的改革对城市教育收益率的上升起到了重要影响[①]。曹黎娟等利用 2001 年的微观调查数据，对城镇与农村的教育收益率和不同阶段教育收益率进行了比较研究，研究结果表明，城镇教育收益率总体高于农村，且在不同教育阶段均高于农村，而随着教育阶段的上升，教育收益率也呈现显著上升的趋势[②]。

对于贫困代际传递问题，赵红霞等基于 CHNS 2015 年的数据进行分析，提出我国贫困的代际传递具有明显的城乡差距，高等教育具有阻断贫困代际传递的作用，由此可以提出一系列高等教育扶贫的政策建议[③]。周金燕则根据 1991～2006 年共 16 年的 CHNS 数据，得出学校教育对平衡收入分配和维持代际流动不均等的作用同时并存的结论[④]。另外，苏群等基于中国健康与营养调查数据，对农村父母外出务工与留守子女初、高中阶段辍学行为之间的关系进行了分析，研究结果表明，父亲外出务工与子女辍学概率呈负相关，而母亲外出务工则呈正相关；免费义务教育政策的推行降低了留守子女的辍学概率；辍学率还与父母受教育程度呈负相关，与家庭子女数量以及机会成本呈正相关[⑤]。

6. 其他相关社会调查。

（1）美国综合社会调查（GSS）。美国综合社会调查（GSS）是由美国民意研究中心（NORC）组织的社会调查，该调查自 1972 年开始，目前已进行了 50 年。美国综合社会调查收集当代美国社会的数据，研究美国社会日益复杂的问题，对美国成年人进行有全国代表性的调查，也是涵盖美国的社会学、态度和行为趋势数据的最佳来源。

美国综合社会调查标准的核心为人口、行为和态度问题，涉及主题包括公

---

① 齐良书：《国有部门劳动工资制度改革对教育收益率的影响——对 1988～1999 年中国城市教育收益率的实证研究》，载《教育与经济》2005 年第 4 期。

② 曹黎娟、颜孝坤：《城乡居民教育收益率的差距——一个分阶段的考察》，载《复旦教育论坛》2016 年第 5 期。

③ 赵红霞、王文凤：《致贫理论视阈下高等教育阻断贫困代际传递的作用——基于 CHNS 2015 数据库的分析》，载《高等教育研究》2019 年第 4 期。

④ 周金燕：《教育是中国社会的"平等器"吗？——基于 CHNS 数据的实证分析》，载《复旦教育论坛》2015 年第 2 期。

⑤ 苏群、徐月娥、陈杰：《父母外出务工与留守子女辍学——基于 CHNS 调查数据的经验分析》，载《教育与经济》2015 年第 2 期。

民自由、犯罪和暴力、群体间的容忍度、道德、国民支出优先事项、心理健康、社会流动性、压力和创伤事件等。

（2）欧洲社会调查（ESS）。欧洲社会调查（ESS）是一项两年一次的、学术驱动的跨国社会调查项目，自 2001 年成立以来，一直在欧洲各地进行。欧洲社会调查测量了 30 多个国家不同人群的态度、信仰和行为模式，在社会科学的跨国研究中推广和实现更高的严格标准，通过对横截面的样本进行面对面的访谈和调查。

ESS 的主要目标是描绘欧洲的社会结构、状况和态度的稳定与变动，解释欧洲的社会、政治和道德结构是如何变化的。

（3）东亚联合社会调查（EASS）。东亚联合社会调查（EASS）于 2003 年 11 月推出，是一项两年一次的社会调查项目，作为东亚地区 GSS 类型调查的跨国网络，东亚联合社会调查是为数不多的国际社会调查数据收集项目。

EASS 关注与东亚社会普遍相关的问题和议题，致力于促进对东亚社会生活各个方面的比较研究，强调数据收集中的科学严谨性和文化可比性。东亚联合社会调查的主题模块根据每个国家或地区现有的调查框架进行整合，这些现有调查包括 CGSS（中国大陆）、JGSS（日本）、KGSS（韩国）等，均为具有代表性的大规模抽样调查，且大多参加了其他国际合作社会调查项目，特别是国际社会调查计划（ISSP）。

通过上述数据库的介绍可以发现，针对教育研究而言，传统的数据库具有一些特定的优点。其一是这些数据规模庞大、覆盖面广。国家统计局及教育部公布的统计数据非常全面，包含全国以及地方的各级各类教育数据，便于从宏观层面进行研究。各机构的调查数据覆盖地域较广，调查数据达到上万户，样本数量庞大。其二是调查项目变量多，层次丰富。这些项目问卷的问题包括居民个人、生活、就业、家庭、经济、认知等各方面内容，且不同的调查项目具有不同的关注点和核心议题，便于不同领域的研究切入。其三是数据具有时序性，均按年份进行统计，不仅可用于横截面分析，也可以通过对不同年份进行对比，再进行时间序列分析。

然而，这些传统数据也有一定的局限性。其一是数据缺乏灵活性，数据的统计量与分类相对固定，可能出现与研究者想要研究的领域相偏离的情况。其二是这些数据的获取和调查需要花费大量的人力、物力，对于机构而言，这些数据成本极高、调研周期较长，同时也需要付出成本对网站进行定期更新和维护。其三是数据公布时间不够及时，部分调查数据可能会推迟数年再进行公布，不能及时反映我国教育领域当下的发展状况。

2.3.2 行为数据

行为数据侧重于学生在各种平台上的社交数据。社交数据是指以学生社交平台数据、学生上网数据、师生之间的交互行为记录、反馈数据为主的纯线上的学习平台互动记录。以互联网为支撑的数据库主要以在线教学平台为主，凭借在线学习平台的便捷性，学生可以实现随时随地的学习，教师可以对平台的资源进行上传管理、查看学生学习数据等。按照数据的获取方式、来源、储存形式等可将在线教学的数据分为不同的类型[1]，首先，按照数据的获取方式可将数据分为显性数据和隐性数据，显性数据顾名思义就是能够直接看见的，如用户注册信息、自行选择的兴趣标签、已选择的课程、课程成绩、课程分数、讨论与回复等；隐性数据如课程资源的学习进度、学习时长、播放次数、学习程度、对各种资源的查看次数等。例如，在学习过程中的学习记录、蓝墨云、雨课堂、学习通、学习管理系统等课堂辅助软件上产生的数据，主要是传统线下教育与线上教育的混合教学数据。其次，按照数据的来源可以分为用户信息、课程信息、视频信息、论坛信息、用户行为信息等。最后，按照数据存储方式可将数据分为结构化数据和非结构化数据，结构化数据指可以实现用二维表来进行逻辑表达的，非结构化数据指不规则的数据，难以用数据库的逻辑来表达，包括音频、视频、图片等。

在教育教学过程中，教育者需要做大量的决定，且各种因素之间的关系错综复杂。对海量教育数据的挖掘可为教育决策者提供一定的参考依据。例如，学业预警是教育数据挖掘在教育领域中应用较为重要的代表，学业预警机制的建立对于学生、教师、学校及家庭来说都较为重要，既可以为教学管理决策提供一定的参考，也可以为学生提供指导和帮助。学业预警是根据一定的综合标准来评估学生的背景信息、学习行为、考试成绩等，根据评估的结果向学生和教师发出学业提示信号，并且及时地采取有针对性的干预措施[2]。有研究发现，目前大部分研究运用决策树、神经网络、逻辑回归等预测和分类技术对采集到

① 陈池、王宇鹏、李超、张勇、邢春晓：《面向在线教育领域的大数据研究及应用》，载《计算机研究与发展》2014 年第 1 期。
② Macfadyen，L. P. & Dawson，S.（2010）. Mining LMS Data to Develop an "Early Warning System" for Educators：A Proof of Concept. *Computers& Education*，Vol. 54，No. 2，2010，pp. 588 –599.

的数据进行挖掘，构建了一系列有效预警指标，大致可归纳为三类：第一类为人口统计学信息，如性别、专业、家庭经济状况、父母文化程度、兄弟姐妹数量等；第二类为过去的学习成绩，如入学成绩、绩点等；第三类为当前课程的学习过程，如教材学习情况、练习完成情况、网络课堂登录次数、发帖数、回帖数等。其中，人口统计学信息和过去的学习成绩两类指标为静态指标，并非对学习过程的直接测量，而只能通过一系列中介变量间接预测成绩；学习过程为动态指标，通过评估学习过程中的实时动态数据对学习结果进行预警，可构建"过程→结果"的因果链，具有较强的可解释性[①]。学业预警的数据指标结合了传统教育数据和以互联网为支撑的数据。

2.4　教育数据挖掘的相关学科领域

教育数据挖掘的发展离不开计算机科学、教育学、统计学等相关学科的发展。计算机科学为教育数据挖掘提供了相应的技术支持；教育学为教育数据挖掘提供了重要的理论基础支撑，教育数据挖掘的主要对象是教育领域中的数据，研究发现的主要规律最后需要回到教育理论中，促进教育学整体的发展，教育学科中出现的新兴研究领域——计算教育学与教育数据挖掘紧密相关；统计学提供相关数据分析的方法和思路，随着研究的发展，统计学在教育数据挖掘领域的影响逐渐突出为数据科学。此外，学习科学、行为科学等也成为教育数据挖掘紧密相关的学科领域。

2.4.1　数据科学

统计学是收集、处理、分析、解释数据并从中得出结论的科学，包括数理统计、经济统计。多元统计分析统计学在大数据技术发展的背景下，已经步入了数据科学的时代。大数据技术使得教育数据挖掘的技术取得极大的进步，由传统的统计分析转变为以可视化、聚类、分类、关联规则、预测挖掘等方法。数据挖掘技术能够处理更多、更大的数据，统计学在应用时会借助数据挖掘的

---

① 肖巍、倪传斌、李锐：《国外基于数据挖掘的学习预警研究：回顾与展望》，载《中国远程教育》2018 年第 2 期。

工具。本书主要介绍在现代信息技术的发展下统计学的新发展趋势——数据科学。

数据科学是大数据时代的一门新兴学科，即以解释数据时代尤其是大数据时代新的挑战、机会、思维和模式为研究目的。著名的计算机科学家、图灵奖获得者皮特（Peter Naur）[①]，于 1974 年在《计算机方法的简明调研》（*Concise Survey of Computer Methods*）的前言中对数据科学（data science）的含义做出了清晰的界定，即数据科学是一门基于数据处理的科学，并指出数据科学与数据学的不同，数据学侧重于数据管理，而数据科学侧重于数据管理及其在教育领域中的应用。程学旗等[②]认为，应该从研究对象、方法论和学科目标对一门学科进行定义，并基于此，将数据科学定义为"数据科学是有关数据价值链实现过程的基础理论和方法学，它运用基于分析、建模、计算和学习杂糅的方法，研究从数据到信息、从信息到知识、从知识到决策的转换，并实现对现实世界的认知和操控"。关于数据科学的定义目前没有统一的说法，但公认的是数据科学是大数据时代发展的产物，以数据为核心。数据科学的核心涉及用自动化的方法来分析海量数据，并从数据中提取有用的知识，利用数据驱动及分析数据的方法揭示物理世界现象所蕴含的学科规律，自动化方法涉及获取数据、数据清理、数据分析、创建假设、机器学习、优化、结果可视化等，其基础理论包括数据加工、数据计算、数据管理、数据分析、数据产品开发等[③]。数据科学的主要研究目的有：大数据及其运动规律的解释、从数据到智慧的转化、数据洞见、数据业务化、数据驱动型决策支持、数据产品的研发和数据生态系统的建设[④]。数据科学侧重于从"数据视角"研究底层的细粒度处理流程[⑤]，如图 2-4 所示，主要是依靠产品与服务创新决策支持数据业务化，从现实世界的数据经过数据化到数据世界，经过数据加工到规整数据，经过数据分析到数据洞察，呈现数据及应用数据，最终生成数据产品的整个过程。数据科学的基本流程为数据处理和分析做了清晰的描述。

---

① Naur Peter. Concise Survey of Computer Methods. *Studentlittera tur AB*, 1974.
② 程学旗、梅宏、赵伟、华云生、沈华伟、李国杰：《数据科学与计算智能：内涵、范式与机遇》，载《中国科学院院刊》2020 年第 12 期。
③ 朝乐门、卢小宾：《数据科学及其对信息科学的影响》，载《情报学报》2017 年第 8 期。
④ 朝乐门：《信息资源管理理论的继承与创新：大数据与数据科学视角》，载《中国图书馆学报》2019 年第 2 期。
⑤ 朝乐门：《数据科学理论与实践》，清华大学出版社 2017 年版。

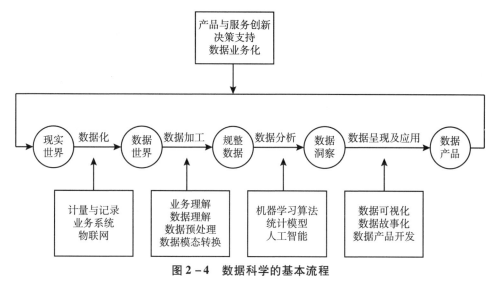

图 2 - 4　数据科学的基本流程

资料来源：朝乐门：《数据科学理论与实践》，清华大学出版社 2017 年版。

数据科学的发展为教育领域中教育大数据的处理和分析提供了很多值得借鉴的理论和方法，通过参考数据，科学的理论可揭示教育大数据中更多的隐藏价值。在研究方法方面，将数据科学的研究方法与范式引进教育研究中，将目前的教育研究范式与自然科学的研究范式结合起来，可为教育研究增添新的活力。例如，数据科学对大数据中的相关关系与因果关系研究也为教育研究带来了一定的启发，教育研究不仅要关注变量之间的因果关系，还要关注其相关关系，更为重要的是要将变量之间的相关关系探索的像因果关系那样更为逼近。在实践方面，数据科学不仅是智慧城市、智能制造、健康医疗等各个领域应用的空间载体，还为国家安全、社会治理、数字经济等领域的科学化、智能化发展提供了重要的数据资源供给。

数据科学的载体功能和供给功能将为教育领域目前正在建设的智慧教育、智慧学习、智慧课堂等方面提供大力支持。数据科学完全是以数据为驱动的科学，数据催生了数据科学的产生，主要是以探测数据世界的奥秘和规律为目的，更加关注于分析数据，并从数据中提取知识用于决策[1]，这对从教育大数据中提取有用的知识以便更准确地为教育管理者、行政人员提供决策依据具有

---

① 巴志超、李纲、周利琴、毛进：《数据科学及其对情报学变革的影响》，载《情报学报》2018年第 7 期。

重要的启发作用。王怀波等①在构建基于模型的教育大数据应用框架中提出，要将教育科学领域的专家和数据科学领域的专家结合起来，既能发挥教育科学领域的专家理论优势，又能发挥数据科学领域专家的数据处理优势。教育科学领域的专家拥有渊博的领域知识和长期积累的教育教学经验，能够更准确地找出教育系统中存在的潜在问题，更深刻地揭示教育教学的基本规律，并精准地做出教育教学决策；数据科学领域的专家擅长于针对数据建立数学模型，并运用各类方法如数理统计类方法、机器学习、数据挖掘等对数据进行深层次的挖掘与分析②。

数据科学促进了教育研究范式和教学范式的转变。在教育研究范式上体现在研究内容、研究对象、研究工具、研究方法等方面的转变；在教学范式上体现在对教育数据的统计分析、内容分析、关注教学过程中的多模态数据分析。数据科学中对数据分析处理的能力是计算教育时代教师必须具备的能力，教师要求了解常见的采集技术，如点阵扫描、在线阅卷等图像识别类的技术；日志文件、网络爬虫等对视频监控类处理的技术；异构向同构的转换、无效数据的清洗等平台采集类技术。此外，还要求教师掌握分类聚类算法、会话分析等分析技术和数据的可视化呈现等技术，会用科学的方法和逻辑方式去分析数据③。包括为教育研究提供了覆盖更多教学环节的可计算的量化数据，为自然生成的教学行为数据，为提高教育研究的客观性和可检验性提供了新的方法和途径，计算模拟实验、虚拟技术等也为实现教育研究的可重复性提供了新的方法和可能④。

2.4.2　计算机科学

计算机科学主要是系统性地研究信息与计算的理论基础以及它们在计算机系统中如何实现与应用的实用技术的学科。计算机科学中的抽象算法、编程语言、程序设计、开发的软件等为教育数据挖掘提供了技术上、工具上和方法上的支撑。计算机科学突破了课堂教学限制，打破了传统教学的时间和

---

①② 王怀波、李冀红、孙洪涛、徐鹏飞：《基于模型的教育大数据应用框架设计》，载《现代教育技术》2020 年第 6 期。

③ 彭晓玲、吴忭：《"数据驱动的精准教学"何以可能？——基于培养教师数据智慧的视角》，载《华东师范大学学报》（教育科学版）2021 年第 8 期。

④ 黄荣怀、周伟、杜静、孙飞鹏、王欢欢、曾海军、刘德建：《面向智能教育的三个基本计算问题》，载《开放教育研究》2019 年第 5 期。

空间限制，计算机辅助教学在教育领域持续不断的发展，为探索教育规律提供更多的可能。计算机科学中的概念图谱、知识图谱、认知图谱等重要概念为探究学习规律提供了更多的理论支撑①。学会运用计算机科学的基础概念进行问题求解，系统设计以及试图理解计算机领域的系列思维活动，计算思维是每个学生都应该掌握的能力②。计算机科学中的人工智能技术对教育变革产生的影响较为深远，人工智能技术在教育领域中的应用为教育数据挖掘提供了更多新的场景。

随着计算机科学技术的发展，教育学科的研究领域也有所扩展。2018 年，国家自然科学基金信息科学部增设了"教育信息科学与技术"类目，旨在广泛吸引不同领域的科学家开展多学科交叉的基础研究，解决教育创新发展的科学问题，推动信息科学与教育学的交叉研究，促进信息科学与教育学的交叉与融合，培养信息科学与教育学交叉的研究队伍。教育信息科学主要是为了促进多领域研究者开展学科交叉研究，是一门实践性学科，目前，信息科学与技术领域当前关注的热点问题主要有：个性化学习研究、多模态数据融合与行为分析研究、人工智能＋教育的自适应系统研究、智慧学习环境研究等，反映了教育科学在理论基础、基本方法、关键技术等方面与自然科学深度融合的趋势，将自然科学研究方法引入教育领域，为研究教育科学问题、学习科学问题提供了新空间，对推动教育创新和变革具有重要作用③。郑永和提出了智能时代教育科学研究的逻辑框架，如图 2 - 5 所示。包含了基础规律层、技术方法层和智能服务层，其中，基础规律层是以个体认知发展规律、教与学规律和教育生态系统演化规律为研究目标；技术方法层以面向真实教学场景的智能化教育情境感知、基于多模态数据融合的教与学过程解构、基于多学科交叉融合的学习发生机理解读和基于复杂性科学的教育生态系统演化规律诠释为方法手段；智能服务层以实现学习、教学、教育评价、教育供给和教育治理更加个性化、智能化、精准化和科学化为研究愿景④。

---

①　赵国庆、李欣媛、路通、彭青青：《从认知地图到认知图谱：相似概念的跨学科审视》，载《现代远程教育研究》2021 年第 5 期。

②　张进宝：《计算思维教育：概念演变与面临的挑战》，载《现代远程教育研究》2019 年第 6 期。

③　郑永和、郑娅峰、吴国政、张兆田：《教育信息科学与技术领域关键科学问题的分析与思考》，载《中国科学基金》2021 年第 1 期。

④　郑永和、王杨春晓、王一岩：《智能时代的教育科学研究：内涵、逻辑框架与实践进路》，载《中国远程教育》2021 年第 6 期。

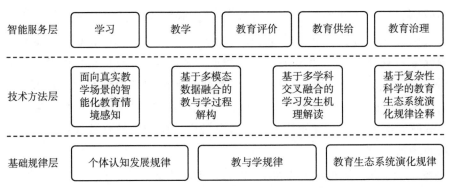

图2-5　智能时代教育科学研究的逻辑框架

资料来源：郑永和、郑娅峰、吴国政、张兆田：《教育信息科学与技术领域关键科学问题的分析与思考》，载《中国科学基金》2021年第1期。

在教育领域中，多模态信息特征提取、表达与整合，多模态信息的采集与特征抽取方法，多模态信息的统一表征模型，多模态信息映射与整合等成为重点关注的问题，重点在于探索多因素之间的关系、关联、因果、机理、机制等。多模态包括语言模态、视觉模态、生理模态等多样化的模态分析。例如，随着互联网技术的发展，青少年利用网络获取信息逐渐成为常态，数字信息在学习中的重要程度也逐渐提高，对青少年学生的合作学习、信息获取、阅读等进行研究，可以发现，信息技术拓展了他们的学习方式，有助于中小学生的高效学习，比如，沉浸式体验、利用媒体获取信息，以维持和重新建立他们的人际关系[1]。

2.4.3　计算教育学

2009年，大卫·拉泽尔（David Lazer）等15位学者在《科学》杂志上联合发表《计算社会科学》（*Computational Social Science*）[2]，标志着计算社会科学作为一门学科正式出现，引起了社会上广大学者的关注。计算社会科学最初作为一种新的方法在社会科学中广泛传播，指基于能动者建模即ABM研究方

---

① 李新来、蔡逸蓓、李丹阳：《信息科学研究前沿与热点——2019年ASIS&T年会综述》，载《图书馆论坛》2021年第1期。

② Lazer D，Pentland A，et al. Computational Social Science. *Science*，Vol. 323，No. 5915，2009，pp. 721 - 723.

法（agent-based modeling）①。2012 年，吉姆·贾尔斯（Jim Giles）在《自然》杂志上发表最新进展的研究综述《计算社会科学：建立联系》（*Computational Social Science：Making the Links*）②，阐述了计算社会科学面临的机遇与挑战。随后，2014 年，美国乔治梅森大学教授雷维利亚（C. C. Revilla）出版了《计算社会科学概述：方法与应用》（*Introduction to Computational Social Science：Principles and Applications*）③，这是第一本关于计算社会科学领域的著作，丰富了计算社会科学的方法和理论。计算社会科学是借助于大规模信息收集工具和数据分析工具，对人和群体的行为模式进行科学研究，发现其中存在的模式和规律④。雷维利亚在其著作中对计算社会科学的概念进行了补充和完善，并将计算社会科学定义为：计算社会科学是一门多学科交叉的，研究对象可以从个体到组织，通过计算作为工具来研究社会领域各个方面问题的学科，不仅包括大数据、社会网络和社会模型，她认为这些只是计算社会科学研究的部分内容，计算社会科学还应该是工具引领的科学，社会是一个复杂的自适应系统，系统中信息的处理是关键⑤。计算社会科学的理论、方法对计算教育学的发展起到了重要作用。教育学属于社会科学，随着计算社会科学的发展，教育学也受到了一定的影响，在教育学领域中兴起了"计算教育学"这一概念。

2014 年，在李未发表的《抓住 MOOC 发展机遇全面提高高等教育质量》一文中，他在总结 MOOC 大数据对提高高等教育质量管理时提道："通过对教育全过程的大数据进行精确分析和计算，把以定性研究为主体、以经验为基础的教育科学，转变为以大数据为基本对象、以计算和模型为手段的定量精确科学，从而创造一门新的科学研究方向——计算教育学。"⑥ 他强调，计算教育学是以教育大数据为基本研究对象，以计算和模型为手段的定量精准科学，是一个新的科学研究方向，并将其定义为："在计算机、先进信息网络环境下，研究以大数据为支撑的个人和群体的学习和教学行为，建立面向教育全过程的数学模型，进而合理地优化、配置和共享优质教育资源，全面而均衡地实现教育

---

①　袁继红：《计算社会科学的生成解释问题》，载《自然辩证法研究》2020 年第 4 期。

②　Gile J. Computational Social Science：Making the Links. *Nature*, Vol. 44, No. 7412, 2012, pp. 448 – 450.

③⑤　Cioffi – Revilta C. Introduction to Computational Social Science. *Springer London*, 2014.

④　Lazer D, Pentland A, et al. Computational Social Science. *Science*, Vol. 323, No. 5915, 2009, pp. 721 – 723.

⑥　李未：《抓住 MOOC 发展机遇　全面提高高等教育质量》，载《中国大学教学》2014 年第 3 期。

的规模化共享、个性化学习和创新性培养。"① 2019 年以后，与"计算教育学"相关的研究逐渐多了起来，李政涛和文娟②在《计算教育学：是否可能，如何可能?》一文中讨论了计算教育学成为一门学科的"可能性"，并分析了如何将这种"可能性"转变为"现实性"。这使得研究开始关注计算教育学的"学科性质"和"研究边界"。计算教育学之所以会成为关注的焦点，在于这种基于教育大数据的研究范式弥补了传统实证研究与思辨研究两种范式的不足，打破了两者长期对立的局面。从教育学的视角出发，计算教育学是多学科、多领域交叉融合的产物，信息技术、心理学、计算机等科目与教育学的交叉融合使得教育学的研究边界有所扩展，不仅是强调数据的积累和运用，还在于关注教育问题本身，在于教育大数据背后所隐藏的教育规律。许新华③认为，计算教育学是教育学与计算机科学技术交叉融合的新兴学科，并提出："计算教育学是用计算机科学技术的一切方法、技术手段与相关成果，来研究教育现象、教育问题及其规律的交叉学科，它将对教育学产生颠覆性的影响，导致教育学的革命。"他将计算教育学当作一门学科来研究，重点强调计算机科学技术对教育的影响，包括大数据、互联网、人工智能、区块链及 VR/IR 等。刘三女牙等④将计算教育学定义为："计算教育学是通过技术赋能，基于数据密集型的研究范式，解释信息时代的教育活动与问题，揭示教育复杂系统内在机制与运行规律的新兴交叉学科。"黄荣怀等⑤在分析智能教育的计算问题时提出，在智能时代，各领域研究者应推动教育学、信息科学、心理学、认知科学等学科的交叉融合，研究教育领域的基本计算问题，即学习过程的认知计算、教学行为计算和学习环境计算，并构建了"计算教育学"要素模型。

从上述分析中可以看出，第一，关于计算教育学的属性和概念等目前没有统一的说法，但计算教育学是大数据时代教育发展的产物，是信息技术与教育教学融合的结果，以教育大数据为核心，强调研究大数据背景下的教育实践问题，这点是学术界达成共识的。第二，计算教育学的出现为解决教育问题提供

① 李未：《抓住 MOOC 发展机遇 全面提高高等教育质量》，载《中国大学教学》2014 年第 3 期。
② 李政涛、文娟：《计算教育学：是否可能，如何可能?》，载《远程教育杂志》2019 年第 6 期。
③ 许新华：《计算教育学——一门新兴的交叉融合新学科》，载《湖北师范大学学报》（哲学社会科学版）2019 年第 5 期。
④ 刘三女牙、杨宗凯、李卿：《计算教育学：内涵与进路》，载《教育研究》2020 年第 41 期。
⑤ 黄荣怀、周伟、杜静、孙飞鹏、王欢欢、曾海军、刘德建：《面向智能教育的三个基本计算问题》，载《开放教育研究》2019 年第 5 期。

了新研究范式。大数据的兴起和应用以及计算机科学技术的日益成熟都使得计算教育学成为可能。教育学作为社会科学的分支，同样具有社会科学的共性，更有其自身的学科特征和研究需求，因而，自立门户地建构起"计算教育学"的研究领域，以解决教育研究中存在的诸多问题，这也是计算社会科学发展到一定时期的必然结果①。第三，计算教育学有了新的发展出路。由于计算社会科学本身存在学科交叉问题，而计算教育学又可视为计算社会科学发展的产物，那么与计算教育学有所关联的研究领域的研究者们可以将自身的研究背景与计算教育的内容结合起来，这不仅可以推动计算教育学自身的进步，还可以促进社会科学纵向发展。

计算教育学是技术驱动的产物，技术是计算教育的根基。从产生来源看，计算教育学是信息技术与教育的交叉产物，正是因为有了技术的渗透才使得计算教育学有了产生的可能，技术的不断更新推动着计算教育学朝着更有力的方向发展。信息技术在教育领域中所有的运用从外延上也可纳入计算教育学的范畴，比如，MOOC、各级各类的在线教育平台、VR/IR 在教学过程中的运用、人工智能、5G、云计算等都囊括在内，甚至包括未来待续的在教育活动中有影响的科学技术。从计算教育学研究的视角来看，技术驱动着教育学研究范式的前进，现在与计算教育学相关的研究可视为一种新的研究范式。在研究思路、研究方法、研究内容、研究对象上均不同于传统的思辨研究和实证研究。例如，在研究思路上，计算教育学是自下而上的，基于计算社会科学的技术，从海量的教育数据中挖掘有关的教育数据，并从数据中去发现有意义的教育规律，从而作用于教育实践，传统的实证研究强调基于假设自上而下地去探究教育的规律；在研究方法上，计算教育学的研究主要是运用计算社会科学的一些研究方法，比如，数据挖掘与数据分析，对数据进行分类、聚类等传统的教育学实证研究要么是质性研究要么是量化研究，观察、访谈、问卷、实验等均是实证研究中收集数据的方式。与计算教育学相比，传统的教育研究从数据的量上和复杂度上都较为单一。

计算教育学的核心是数据，离开了数据谈计算教育学就没有实质性的意义。这里的数据是指有关在线教育过程中产生的一切行为资料，在形式上、内容上、数量上、价值上、复杂程度上等远高于传统意义的教育数据，具有丰富

---

①　王晶莹、杨伊、宋倩茹、郑永和：《计算教育学：是什么、做什么及怎么做》，载《现代远程教育研究》2020 年第 4 期。

的时代内涵，人们通常用"教育大数据"来对这类数据进行高度抽象概括。教育大数据按照产生和需求的主体可分为五种类型：个体层教育数据、课程层教育数据、学校层教育数据、区域层教育数据和国家层教育数据①。这种划分尽管在一定程度上限制了教育大数据的范围，但却有助于人们更好地理解教育大数据。计算教育学是以教育学为"体"的，即教育学中的问题是计算教育学真正关心和想要试图研究的问题。无论是从实际意义上探讨教育大数据怎样促进教育学的发展，还是从理论层面去分析教育大数据背后的深层理论关系，均可视为计算教育学所关注的内容。

2.4.4 认知科学

教学的全过程都直接反映了人们对于事物的了解和认知过程，因此，教育研究与实践和认知科学紧密相连，共同融合发展。认知科学是研究人类认知的本质及规律，揭示人类心智奥秘的科学，建立在心理学、计算机科学、神经科学、人类学、语言学、哲学共同关心的交界面上，即为解释、理解、表达、计算人类乃至机器的智能的共同兴趣上，涌现出来的高度跨学科的新兴科学②，主要研究范围为人类的注意、感知、学习、记忆、思维、意识等人脑和心智活动的过程③。学界公认认知科学的发展可分为计算理论阶段、符号处理理论阶段、多理论阶段，目前的研究方向集中在认知模型、大脑存储模型和认知计算三个方面。认知科学对教育学的发展有重要影响，尤其是对于研究学生认知发展规律具有重要的指导价值，是了解学生、了解认知、了解学生学习的重要理论基础。随着"互联网＋"的发展，各种新兴技术，比如，触控技术、可视化技术、虚拟现实技术等逐渐融入平时的教学过程中，这为学生创造良好的学习环境提供了新的可能，增强了学生学习体验的机会，增加了学生真实的在场体验感。目前，国内外关于具身认知学习环境的研究主要可分为三种类型：实体学习环境、在线学习环境和混合现实学习环境④。实体学习环境主要是指物理

① 杨现民、王榴卉、唐斯斯：《教育大数据的应用模式与政策建议》，载《电化教育研究》2015年第9期。
② 冯康：《认知科学的发展及研究方向》，载《计算机工程与科学》2014年第5期。
③ 李光达、谭章禄：《基于认知科学的知识可视化过程及其影响因素研究》，载《现代教育技术》2017年第3期。
④ 张方方：《从"离身"到"具身"——认知科学的困境与转向》，载《现代教育科学》2019年第11期。

学习环境，强调学生的体验性，物理学习环境在促进 STEM 教学中占有相当大的份额；在线学习环境主要体现学生的参与性；混合现实学习环境强调整合性，随着智能化的发展，混合技术的出现可以将来自真实世界和虚拟世界的各种对象整合到一个学习进程中，同时支持具身交互的功能，这就可以被称为"具身型混合现实学习环境"。此外，基于认知理论的情感建模方法能够阐释个体接收外界刺激后基于自身经验知识做出情感评价反应的过程，以及情感影响个体行为的内在机制，基于认知科学的情感建模方法具有完善的理论体系，对研究在线教育学生的情感有重要的作用[①]。

认知科学的最新研究领域之一——"认知计算"对大数据、人工智能等背景下的教育学发展有重要影响。认知科学随着计算机技术的发展而出现了与计算机科学相结合的产物，即催生出了"认知计算"的概念。1995 年，维利艾特（Valiant）最早提出"认知计算"这一概念，他将认知计算定义为"将神经生物学、认知心理学和人工智能联系在一起的学科"[②]。单美贤等[③]基于不同学者关于认知计算概念定义的梳理上归纳出认知计算公认的特征，即"认知计算是一个多学科的交叉研究领域，旨在基于大脑、认知科学和心理学的神经生物学过程，设计计算模型和实现决策机制，以赋予计算机系统认识、思考和感觉的能力，并提出应用于教育领域的认知计算集成框架，如图 2－6 所示。该框架通过利用有关学习过程和活动中的数据，来帮助学习者更好的学习，可以从学习者和教育系统两方面进行延伸。首先，认知计算的核心是数据聚合的过程，大数据范式以及由此创建的数据收集和聚合的提升是必不可少的；其次，推理和预测是思考过程的关键组成部分，推理与预测功能来自数据建模层，它可以对信息检索并进行智能化论证；最后，教育系统中更好地使用认知计算服务还体现在实践应用环节，即通过提供个性化的学习支持服务和认知计算驱动所产生的教育策略，以改善整个学习与教学过程。

---

① 张晶晶、吴鹏、曹琪、凌晨：《基于认知科学的社交媒体用户情感建模研究综述》，载《信息资源管理学报》2021 年第 1 期。

② Valiant L G. Cognitive Computation. *Proceedings of the IEEE 54th Annual Symphony on Foundations of Computer Science*, 1995, pp. 2.

③ 单美贤、张瑞阳、史喆：《"智能＋"教育场域中的认知计算与教育应用研究》，载《远程教育杂志》2021 年第 2 期。

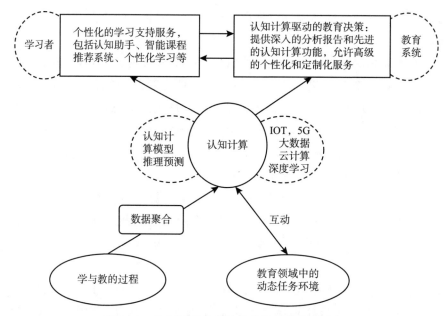

图 2 - 6　应用于教育领域的认知计算集成框架

资料来源：单美贤、张瑞阳、史喆：《"智能＋"教育场域中的认知计算与教育应用研究》，载《远程教育杂志》2021 年第 2 期。

2.4.5　行为科学

行为科学，顾名思义就是研究行为的科学。行为科学是运用心理学、社会学、人类学等多种学科知识来研究人的行为规律，以及如何正确处理人群关系、激发人的积极性的一门新兴的科学①。从行为科学理论中可知，人的各种行为与其动机、需要、态度、激励等密切相关，将不同情况下表现出来的各种动机联结起来组成一个人的行为②。计算机科学技术的发展为行为科学的研究带来了新的机遇，并促进了"计算行为学"这一学科的发展，计算行为学的发展、完善和应用使得高效量化分析动物行为成为可能③。计算行为科学是与计算机视觉、机器学习、传感器技术与发展心理学、临床医学、认知心理学等多学科相关的交叉性学科。计算行为科学与教育学相结合，为分析学习活动提供

---

① 刘凤瑞：《行为科学基础》，复旦大学出版社 1991 年版。
② 刘中宇、周晓：《行为科学理论指导下的高校大学生网络学习行为研究》，载《中国电化教育》2008 年第 5 期。
③ 任炜、余山、张永清：《计算行为学研究进展》，载《科学通报》2021 年第 1 期。

了理论和方法基础。教学行为包括师生互动行为、生生互动行为、教育决策、学习投入、考试应对、课堂教学行为、学生行为、学习能力、考试成绩、班级构成、同伴特点等各种与老师和学生有关的教学和学习有关的行为。黄荣怀等[1]基于教学行为和行为计算的概念，提出教学行为计算的定义，即"通过对信息技术支持的教与学过程中，对师生行为、师生互动以及师生与环境交互等数据进行获取、表征、挖掘，发现教学行为的特征及规律，深度理解教学过程，既有效服务于教学设计、组织、管理、评价，又能支撑学习资源的精准推送和智能教学系统的研发与部署"，也提出了教学行为计算的通用框架，如图 2-7 所示。从图 2-7 中可知，与教学行为相关的应用和领域有：课堂教学、有组织的自学和协作探究等，在这些领域的基础上进行行为数据的挖掘与分析、教学行为的表征与推断，最终的结果呈现出教学行为特征、教学互动规律、学习影响因素和教学关联关系等，分析结果可支持教学过程决策，包括教学设计、教学组织、课堂管理、教学评价、智能教学系统和学习资源推送等。整个教学行为计算通用框架将教学行为以数据的形式进行了重新组织，根据行为的属性进行数据建模，从环环相扣的数据中揭示出行为模式、影响因素、发展机制等，对新时代教学模式和学习过程的构建来说具有重要参考意义。例如，学生学习行为数据可为学生评价提供依据，可以将课堂行为数据作为评价依据，从情绪支持、教学支持、课堂管理等维度进行评价。情绪支持包括积极氛围、教师敏感性、尊重学生观念等；教学支持包括指导性学习方式、内容理解、分析和问询、反馈质量、教学性对话、学生参与；课堂管理分为产出、行为管理和消极氛围，课堂管理与学习者的学习成就成正比[2]。

目前，对教师教学行为、学生学习行为的研究方法有文本挖掘、聚类分析、可视化等，从学习行为数据中基于学习者关系网络发现学习者的兴趣，进而利用这种学习行为平台能够快速、有效、精准地为用户推荐学习的相关资源。有研究[3]以国内外文献为研究对象，梳理出不同教学情境的教学行为关联要素，并从数据科学的角度探讨教学行为的过程性分析框架，以分析不同教学情境下教学行为分析的方法。研究结果表明：国内外教学行为发生的情境日益

---

① 黄荣怀、高博俊、王欢欢、徐晶晶、杜静：《基于教学过程感知的行为计算》，载《电化教育研究》2020 年第 6 期。

② Pianta, R. C., La Paro, K. M., & Hamre, B. K. Classroom Assessment Scoring System：Manual K - 3. Paul H Brookes Publishing, 2008.

③ 张文梅、祁彬斌、范文翔：《数据驱动的教学行为分析：现状、逻辑与发展趋向》，载《远程教育杂志》2021 年第 1 期。

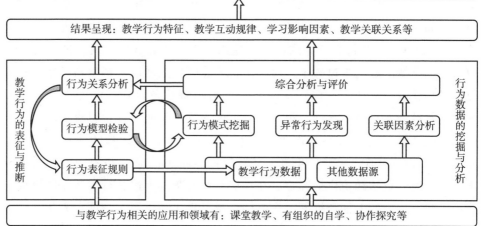

图 2 - 7　教学行为计算通用框架

资料来源：黄荣怀、高博俊、王欢欢、徐晶晶、杜静：《基于教学过程感知的行为计算》，载《电化教育研究》2020 年第 6 期。

丰富，其中国内的教学情境包含了传统的课堂教学、MOOC、在线实践社区、学习空间、数字环境、信息化课堂、智慧课堂、混合同步课堂、混合异步课堂、网络教学平台等；国外的教学情境包括翻转课堂、多媒体教室、MOOCs、SPOC、在线学习平台、交互式学习环境、开放式学习环境、移动学习环境、虚拟现实、增强现实等。从这些教学情境中可发现，技术在其中起着重要的支撑作用，而教学行为的发生情境也经历了从传统课堂教学到线上教学，再到线上线下相融合的转变，开放式、交互式、沉浸式和移动式的教学情境越来越受到关注。对不同场景下教学行为的分析方法也有所转变，逐渐呈现多种方法混合的趋势，国内采用的研究方法有：课堂观察、内容分析、S - T 分析、矩阵分析、弗兰德斯互动分析系统（FIAS）、聚类分析、交互可视化分析、在线分析模型等；而国外采用的研究方法有：课堂观察、视频注释、内容分析、学习行为分析、数据分析、教育数据挖掘、聚类分析、（滞后）序列分析、可视化、学习者建模、分层任务建模等。国内外对不同场景下教学行为的分析方法呈现对教学过程数据的线性分析，模型驱动和数据驱动是其主要特征。

2.5　本章小结

　　本章从教育数据挖掘的必要性、教育数据挖掘的概念及内涵、教育数据挖掘的相关理论三个方面来介绍教育数据挖掘的整体概况。首先，从大数据、人工智能、物联网、互联网等现代信息科学技术发展背景下的教育领域实践多样化、教育理论多元化和教育研究多样化来分析教育数据挖掘的必然性。其次，阐述数据挖掘的概念、教育数据挖掘的内涵，以及从传统教育数据库到机器和传感器数据，再到社交数据，从三个方面介绍了教育数据挖掘的对象。最后，讨论了教育数据挖掘的相关研究领域，重点介绍了数据科学、计算机科学、计算教育学、学习科学等与教育数据挖掘紧密联系的相关研究领域。突出了教育数据挖掘对于信息技术背景下教育学发展的重要性。

第 3 章

教育数据挖掘方法、过程及应用

前两章介绍了教育数据挖掘产生的背景、教育数据挖掘的基本概况，本章将在前两章的基础上重点介绍教育数据挖掘的方法、过程及应用。通过本章对教育数据挖掘的方法、过程及应用的介绍将有助于增进对教育领域中教育数据获取与应用的认识，掌握教育数据挖掘的分析方法、过程及应用。

3.1 教育数据挖掘的方法基础

随着环境技术、数据采集技术和数据分析技术在计算教育学领域中应用的纵深发展，教育学在借鉴和吸收其他学科研究理论和研究方法的基础上，也尝试着用其他学科的研究方法来发展教育学研究。本书将其他学科一系列支持教育数据的研究方法视为计算教育的方法，主要有自动信息提取、情感分析、社会网络分析、机器学习、聚类分析等。本书在此部分选取了一些重要且目前在教育领域中应用较多的方法进行简单介绍，后续章节中将会对这些方法的具体使用及应用案例进行详细介绍。

3.1.1 教育数据挖掘方法的技术基础

目前，基于大数据分析和数据挖掘的相关技术和具体应用，教育数据挖掘的主要技术基础包括文本分析中的主题抽取技术、情感分析技术，以及在数据分析过程中经常应用到的时间序列分析、关联分析、因果关系分析、分类分析、回归分析及社会网络分析等。

3.1.1.1　主题抽取技术

主题抽取技术是一种非监督式的学习方法，不需要研究者提供数据标签，其核心思想是通过训练"词语—文档"矩阵，得出"词语—主题"矩阵，可单独使用或与其他研究技术共同使用，已经被广泛应用到标签推荐、文本挖掘、主题检索以及语义分析等领域中，适用于大量文本主题结构探索，是大数据时代下抽取文本核心内容的主流方法之一。目前，较为主流的主题抽取模型主要包括 LDA 主题模型、PLSA 模型、ATM 主题模型、DTM 主题模型以及各类变体主题模型。

3.1.1.2　情感分析技术

皮卡德（R. W. Picard）在《情感计算》（*Affective Computing*）一书中正式提出"情感计算"的概念，开创了计算机科学和人工智能学科交叉的新分支——情感计算。在学习分析技术上，情感计算是学习分析的重要内容之一，2010年，被广泛应用到教育学领域中[①]。通过计算机系统识别、推理学习者学习的情感，能够全面感知和分析学习过程。文本情感分析采用自然语言处理、文本挖掘、机器学习、计算语言学等技术，实现非结构化文本中情感、情绪及态度的自动抽取[②]。文本情感分析可分为篇章级情感分析、句子级情感分析、基于评价对象及其属性的情感分析等，能够实现对给定文本的情感进行倾向性分析（如将文本分为褒义、贬义、中性三类）和多级情感分类（如将评论文本分为高兴、悲伤、愤怒、厌恶等）。

3.1.1.3　时间序列分析

时间序列分析方法是一种将数据按照时间的先后顺序排列并预测其未来发展趋势与走向的统计分析方法。根据观测值属于连续型或离散型，可以将时间序列分为连续型时间序列或离散型时间序列。根据观测变量的多少，可以将时间序列分为一元时间序列和多元时间序列，多元时间序列是指多个一元时间序列的组合。时间序列分析大致可以分为以下两类：其一是静态时间序列数据拟合与预测，拟合主要针对训练集数据以内，预测则更加强调训练集以外，数据

---

① WU C and HUANG Y and HWANG J. Review of Affective Computing in Education/Learning: Trends and Challenges. *British Journal of Educational Technology*, Vol. 47, No. 6, 2016, pp. 1304 – 1323.

② 唐晓波、刘广超：《细粒度情感分析研究综述》，载《图书情报工作》2017 年第 5 期。

增长或下降态势，一般而言，时间越长，其准确度越低；其二是动态时间序列数据的错位相关关系挖掘。

3.1.1.4 关联分析

关联分析是一种无监督的学习算法，主要用于发现大规模数据集的相关性和依存性，挖掘数据中隐藏的有价值的关系，为系统做出决策。典型的关联分析案例是"购物篮"分析。通过对大量顾客的购物小票上的商品进行分析，可以发现商品间的关系，分析顾客的购物习惯，指导商场管理人员根据顾客的购物习惯合理摆放商品，从而更大程度上刺激消费者消费。20 世纪 80 年代，沃尔玛超市就通过对顾客购物小票上的商品进行关联分析，发现爸爸通常会在购买尿布的同时顺便买两瓶啤酒来犒劳自己。于是，沃尔玛超市就将这两种商品摆放在相邻位置，从而提升了尿布和啤酒的销售量。

3.1.1.5 因果关系分析

因果关系分析是对事物本质的分析，相对关联分析而言，因果关系分析可以明确得出数据间的相互影响的关系，而关联分析中利用关联规则得到的相关关系无法表示数据间的明确关系。根据分析过程的复杂程度，可以将因果关系问题分成三个层次：常识因果关系、浅层因果关系、深层因果关系。其中，常识因果关系是从个人含因果逻辑的文本或专家的经验文本中直接抽取或推理得到，该过程简便、直接，但严谨性与可靠性无法保证；浅层因果关系是通过使用统计分析方法和因果推断模型对观测到的样本数据进行分析而得到的观测数据间的因果关系，它属于本质因果关系；深层因果关系是结合多个浅层因果或者在尝试因果与浅层因果结合的基础上进行推理得到的因果关系，即在因果关系的基础上通过进一步推理再得到因果关系。目前，主要的因果分析方法包括随机对照实验方法、准实验设计方法、联合模型方法等。

3.1.1.6 分类分析

分类分析是指通过数学模型，对数据间潜在的规律进行发现，并由此生成合适的分类器模型，预测未知数据类别的一种数据分析形式。因此，分类通常包括两个阶段：学习阶段和分类阶段。在学习阶段，将已掌握的数据分成两部分，分别为训练集和测试集。训练集用于训练分类模型，由于样本数据的类别标记是已知的，可以从训练集中提取出分类规则；测试集用于校验分类器，可以对训练出来的分类模型的准确度进行评估、调整、优化，从是否需要数据标注来看，分类器可进一步细分为有监督学习的分类器和无监督学习的分类器，前者通常需要研究者向分类器提供已经标记好的分类标注，后者通常不需要。常用的分类算法包括决策树分类算法、朴素贝叶斯分类算法、基于支持向量机的 SVM 算法、神经网络算法、K 近邻算法等。

3.1.1.7　回归分析

回归分析是指两种或两种以上的变量相互影响关系研究的一种常用统计方法，基于回归分析能够判断不同变量对因变量的权重系数，进而得到变量动态变化时对因变量的影响程度。基于回归任务以及具体数据类型，回归形式较为多样，例如，普通线性回归、SVR 回归、Naive Bayes 回归等较为适用于连续变量回归；逻辑回归、多元逻辑回归则使用于因变量为"是"或"否"的二分类任务；负二项回归、泊松回归适用于因变量为计数变量类型场景；Tobit 回归则更加面向因变量较为稀疏的情况。

3.1.1.8　社会网络分析

社会网络分析（social network analysis，SNA）是较早在社会学、心理学、人类学、数学、通信科学等领域中逐步发展起来的一个研究分支，它不仅是一种工具，更是一种关系论的思维方式①，是以社会行动者及其相互关系作为研究内容，通过对行动者的关系模型进行描述，分析这些模型所蕴含的结构及它们对行动者和整个群体的影响。社会网络指的是社会行动者（actor）及其间的关系的集合，也可以说，一个社会网络是由多个点（社会行动者）和各点之间的连线（行动者之间的关系）组成的集合。基于社会网络分析对网络整体可以分析网络密度、平均距离等；对节点群体可以分析凝聚子群、N 派系、K 核等；对于节点个体可以分析点度中心度、中介中心度、接近中心度等。通过不同的分析，可得到节点或节点群体不同的空间属性。

3.1.2　教育数据挖掘方法的工具基础

数据挖掘的工具对于教育数据挖掘来说是非常有必要的，通过数据挖掘工

---

① 约翰斯科特著，刘军译：《社会网络分析方法》（第 2 版），重庆大学出版社 2007 年版。

具的研究者可以根据其需要选择挖掘什么、用什么工具来挖，以实现自己的目的。目前，常见的数据挖掘工具分为开源性工具和商用性工具两种，开源性工具常见的有：R、Python、Weka、RapidMiner、Mahout；商用性工具有：SAS Enterprise Miner、IBM Intelligent Miner、SPSS Clementine 等。本书将从开源性和商用性的工具分别选择几个具有代表性的工具进行介绍。

3.1.2.1　R

R 是用于统计分析、数据探索、绘图的语言和操作环境中，具有免费、源代码开放、语法通俗易懂等特点。R 作为一种可编程的语言，学会以后，可通过自己编制函数的形式来扩展现有的语言，也因为 R 语言可编程的特点使得 R 的更新速度较快，在 R 中可以迅速地找到大多数最新的统计方法和技术。R 还具有很强的互动性，和其他编程语言和数据库之间有很好的接口，除了图形输出是在另外的窗口处，其输入输出窗口都是在同一个窗口进行的，在输入语法中，如果出现错误会马上在窗口中得到提示，对以前输入过的命令有记忆功能，可以随时再现、编辑修改以满足用户的需要①。

3.1.2.2　Python

Python 是一种解释型、面向对象、动态数据类型的高级程序设计语言，目前，在数据统计、机器学习方面得到了广泛的应用，已经成为人工智能领域研究较为重要的工具之一。Python 是一门易学、严谨的程序设计语言，能让用户编写出更易读、易维护的代码。Python 和 R 相比更容易上手，它能实现数据统计、分析、可视化等任务。Python 的特点有简单、易学、易读、易维护、用途广泛等。

3.1.2.3　Weka

Weka（Waikato environment for knowledge analysis），中文全称为怀卡托智能分析环境，该系统是由新西兰 Waikato 大学所开发。Weka 作为一个公开的数据挖掘工作平台，集合了丰富的数据挖掘功能模块，具体包括数据整合与处理、数据的分类与聚类、统计分析与回归以及相应的各种工具和算法，并且该系统

---

① 杨中庆：《基于 R 语言的空间统计分析研究与应用》，暨南大学，2006 年。

具有较为清晰和明确的交互界面，能够进行合理的可视化分析①。

3.1.2.4 RapidMiner

RapidMiner 是一款强大的数据挖掘软件平台，是世界领先的数据挖掘解决方案，通过在图像化界面拖拽建模，可以轻松实现数据准备、机器学习和预测模型部署，运算速度快，无需编程知识，对于初学者简单易用。其优点在于 RapidMiner 从数据准备、模型部署到正在进行的模型管理的完整工作流程，都可以在同一平台上由一个用户界面通过一个系统来实现。具有可视化的工作流设计，通过简单的拖放能快速实现端到端的数据科学，其功能超出其他可视化平台更多机器学习函数和第三方数据库②。

3.1.2.5 SAS Enterprise Miner

SAS Enterprise Miner 作为一种通用的数据挖掘工具，适用于初学者及专业使用者，其 GUI 接口是以资料流为导向，且容易了解和使用。它使用抽样（sample）、探索（explore）、修改（modify）、建模（model）、评价（assess），即 SEMMA 方法来进行数据挖掘。它支持并提供一组常用的数据挖掘算法，包括决策树、神经网络、回归、关联、聚类等，还支持文本挖掘。SAS Enterprise Miner 将统计分析系统与图形用户界面（GUI）集成起来，为用户提供了用于建模的图形化流程处理环境，可利用具有明确代表意义的图形化模块将数据挖掘的工具单元组成一个处理流程图，并依此来组织数据挖掘过程③。

3.2 教育数据挖掘的过程

数据建模步骤具体如图 3-1 所示，整体而言可以分为以下六个主要步骤。

---

① Witten I H, Frank E. Data Mining: Practical Machine Learning Tools and Techniques with Java Implementations [M]. Morgan Kaufman' 2003.
② 瓦杰·考图著，严云译：《预测分析与数据挖掘 RapidMiner 实现》，人民邮电出版社 2018 年版。
③ 刘鹏、张燕：《数据挖掘》，电子工业出版社 2018 年版。

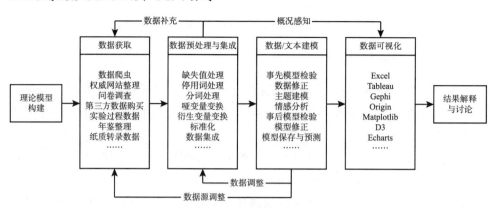

图 3 - 1　数据建模步骤

第一，理论模型构建。在数据获取以及数据建模以前，要通过阅读，研究主题的相关文献，了解目前主流学者的分析现状和不足之处，并在此基础上逐步形成具有创新性和可行性的理论模型。

第二，数据获取。为进一步验证或探究理论模型的科学性，需要选择合理的方式获取数据，数据获取路径较为多样，具体包括：使用数据爬虫工具对网络资源进行集成和获取、对一些具有较高可信度的权威网站中的文本或数值数据进行整理、采用问卷调查直接获取调查数据、通过第三方数据服务公司购买相关调查数据、在实验中发现相关的数据、借助年鉴等资料查询数据以及通过纸质转录数据。

第三，数据预处理与集成。在利用各类数据进行分析过程中，可能会存在数据缺失或数据重复等问题，数据的类型和呈现方式也存在一定的差异，需要对数据做进一步的处理与集成。具体而言，在进行数据预处理和集成过程中，首先，需要判断数据是否完整，即数据的缺失值处理；其次，针对不同类型数据选择不同的方法进行处理和集成，文本数据主要包括停用词处理、分词处理等方法，数值型数据主要通过哑变量变换、衍生变量变换、标准化以及数据集成等方法。

第四，数据/文本建模。按照既定的数据分析模型步骤来分析数据。具体而言，首先，不同模型其事先模型检验不尽相同，要按照选择的模型做相应检验。例如，面板数据需进一步明确数据是否存在单位根，使用固定效应模型还是随机效应模型，是否存在协整关系等；时间序列数据则需进一步检验数据平稳性等。若事先模型检验无法通过，则需进一步对数据做合理化修正或选择更适用模型。其次，合理的参数设置对模型的运行具有十分重要的作用，一般情况下，可通过"穷举法"进行迭代尝试和探索，最终确定最优的参数设定。再次，观察模型各类统计量结果是否符合现实客观性，并对模型做事后检验，例如，残差序列相关性检验等。最后，将训练好的模型结果保存至本地，以待下次使用时直接加载。

第五，数据可视化。研究者需要根据呈现目的，选择适当的可视化方法。目前，较为主流的数据可视化软件或第三方库主要包括 Excel、Tableau、Gephi、Origin、Matplotlib、D3 以及 Echarts 等。

第六，结果解释与讨论。为进一步加大数据分析结果的可信度以及可应用性，研究者应本着客观性原则，尝试从地区政策、发展模式、研究对象特殊性等多方面对结果做可视化解释和深入讨论。

此外，值得强调的是，在许多情况下，数据建模并非单一线性展开，研究者可按照具体数据情况做出迭代优化。例如，在"数据预处理与集成"步骤后，重返"数据获取"步骤来补充样本数据，"数据建模"步骤后重返"数据预处理与集成"调整数据处理方式或结构等，从而提高模型的科学性和合理性。

3.3　教育数据挖掘的应用

教育数据挖掘的应用场景是数据挖掘在人类教育中运作的微单元，通过时间和空间两个因素，借助技术条件使得人们对数据挖掘的场景有所感知。有研究①在 Web of Science 检索平台上的核心合集中选取以"大数据 + 教育""数据挖掘 + 教育""机器学习 + 教育"为主题词，类别限定为教育研究、心理研究、家庭研究等领域进行检索，将关键词提取并转化为简洁的和层次结构清晰的 JSON（java script object notation）数据交换格式作为可视化分析的材料，将数据导入在线复杂网络分析平台中进行分析，绘制关键词，共现知识图谱，最终得到计算教育学的七个典型的应用场景，即教学环境设计、医学教育辅助、工程教育、师生人格品质研究、师生课堂互动与学生学习分析、个性化评价、

---

① 王晶莹、张永和、宋倩茹、马勇军：《计算教育学：研究动态与应用场景》，载《开放教育研究》2020 年第 4 期。

教育政策改革。该研究全面地呈现了教育学领域中关于数据挖掘的应用场景，其中，医学教育辅助、工程教育强调利用信息技术为教育赋能，重点在与教学环境的改善上，与教学环境设计有很大的相似之处，而师生人格品质研究、师生课堂互动与学生学习分析的过程几乎同时发生，均体现在教学行为的改变上。基于上述分析，本书将教育数据挖掘的应用场景归纳为教学环境构建、教学行为分析与教育管理优化。

3.3.1 教学环境构建

教学环境是由多种要素组成的复杂系统，广义的教学环境是指影响学校教学活动的所有要素；狭义的教学环境是指班级内教学活动的全部条件，既包括物理环境，又包括文化环境。教学环境设计就是指对教学环境进行物理设计和文化设计，其中，物理设计包括设施环境，比如，教学场所、教学用具、自然环境、时空环境；文化环境包括班风、课堂氛围、情感环境、师生关系等。在大数据时代背景下，教学环境在物理设计方面和文化设计方面均发生了新的改变。例如，智慧校园的出现使得教学环境更智能、更便利，智慧校园是计算机技术与教育大数据融合发展的产物，以互联网、物联网、云计算、大数据分析等先进的信息技术为核心，创造一种能全面感知、智慧型、数据化、网络化的智慧学习环境，其目的主要是进行数据管理、业务流程和数据驱动的校园决策，是教育大数据被采集并利用的主要表现[1]；又如，将虚拟现实和模拟技术引入教学过程中，运用技术打造交互学习环境已成为主流趋势。沉浸式学习是通过交互式仿真技术创造沉浸式虚拟环境以增强学生的课堂学习体验。沉浸式虚拟环境为探讨虚拟现实技术、丰富学生学习经验的有效性提供了便利，通过为学生提供启发式、高度交互的虚拟环境提高了学习体验。

目前，关于利用技术改善教学环境设计方面的实例在医学教育领域得到了大量的应用。由于医学领域的知识与技能需要在大量真实情境下通过实践不断积累而形成，说明在医学教育中需要可靠的样本和足够的学习情境才能让学生对有关的知识进行感知和理解。而现代计算机应用程序能够模拟现实情境，从而丰富教育医学教学环境。有学者[2]利用共词分析法，采用 BICOMB、SPSS 等

---

[1] 夏小娜、戚万学：《以教学行为为关键线索的智慧校园探究》，载《现代教育技术》2020 年第 1 期。

[2] 谭积斌、罗俊、唐孙茹、陈中全：《虚拟现实技术在医学教育中的研究现状和热点——基于 CNKI 的知识图谱可视化分析》，载《中国医学教育技术》2020 年第 2 期。

软件绘制了虚拟现实技术在医学教育应用中的高频关键词聚类图谱，根据关键词在图谱中的坐标位置和与其他关键词的紧密程度，将关键词群组划分为四大研究主题。一是虚拟现实技术在医学教育中的应用研究，主题包括虚拟现实技术、医学教育、虚拟实验室、临床医学、康复医学、虚拟技术、远程医疗、医学领域、实验教学；二是构建基于虚拟现实技术的医学教育实验室；三是利用虚拟现实技术开展医学实训教学的相关研究；四是虚拟现实技术辅助教学促进教学改革研究。通过这四大主题可以看出，无论信息技术在医学教育中的作用是集中于应用研究、实验室、实训教学，还是促进教学改革，在物理教学环境和文化教学环境上均有所改善。

此外，随着人工智能技术的成熟，助力智能教学系统也得到了快速发展。智能教学系统是助推智能教育发展与实践的有力工具，是集多学科、多技术的融合体。当下许多研究正尝试将情感分析融入智能教学系统中，以提升智能教学系统的交互性。例如，特鲁萨斯（Troussas）等[1]认为，将智能导师系统结合情感分析技术，可以挖掘学生社交网络数据的情感倾向，并依据情感进行个性化分组；阿格达斯（Arguedas）等[2]在智能导师系统中融合模糊分类技术来开发情感教学导师（affective pedagogical tutor），以实现对学习情感的实时监控与反馈；奥提戈萨（Ortigosa）等[3]构建了具备情感感知的智能导师系统，支持向有消极情绪的学生推荐个性化活动来激发学习动机，避免消极情绪的持续而影响学习结果。总的来说，在教育数据挖掘背景下，以人工智能技术和情感分析等技术的支持可以实现助力智能教学系统实现依据情感状态的个性化分组、监控、反馈与调节。

3.3.2　教学行为分析

教学行为分析是指在教学过程中，教师和学生为达到教学目的而采取的行为，包括教师与学生之间的相互作用、学生与学生之间的相互作用、教师和学生与教学环境的相互作用，一般直接将教学行为分为教师教学行为、学生学习

---

① Troussas C and Espinosa K J and Virvou M. Affect Recognition through Facebook for Effective Group Profiling towards Personalized Instruction. *Informatics in Education*, No. 2, 2016, pp. 147 – 161.

② Arguedas M and Xhafa F and Casillas L et al. A Model for Providing Emotion Awareness and Feedback Using Fuzzy Logic in Online Learning. *Soft Computing*, No. 3, 2018, pp. 963 – 977.

③ Ortigosa A and Martín J M and Carro R M. Sentiment Analysis in Facebook and Its Application to E – learning. *Computers in Human Behavior*, Vol. 31, 2014, pp. 527 – 541.

行为和师生交互行为。

3.3.2.1　教师教学行为

对教师教学行为进行评价能够将教师在课堂上的教学行为的评价结果反馈给教师，有助于提高教师的教学能力。传统的教师行为评价方式在很大程度上依赖于学校管理人员、教学督导或者其他专业教师，这种评价方式比较耗时耗力且单一，只能对一节课进行评价，不能对教师课堂行为进行客观评价和长期观察。然而在大数据时代背景下，随着信息化资源和智能设备的建设及使用，使得对教师行为在评价方式和评价内容上均有了全新的可能。比如，利用视频分析的方式来观察教师的人体姿态等，视频分析法是采用智能化的手段跟踪视频的目标对象，并获得目标数据的运动数据，而对人体姿态的分析可以反映出人体的运动特征、人的情绪。在教师教学过程中，刘智等[1]发现，在小规模限制性在线课程论坛中产生的对话文本为教师了解学习者兴趣、实现智能化和个性化教学带来了契机，研究提出了一种基于情感—主题时序建模的学习者兴趣主题检测与追踪方法，剖析了 SPOC 论坛中学习者学习兴趣主题与教学内容的相关性以及对学生学习成效的影响。方旭等[2]在构建高校教师教学大数据技术行为意愿影响因素模型的基础上，进行了实证分析，对教师教学大数据技术行为意向的影响因素进行了研究，为大数据在教学中的深入应用和推广提供了一定的理论依据。杨维东等[3]通过对教育数据共享平台的舆情数据进行了预处理，完善对教育舆情决策支持系统的设计。刘清堂等[4]为探究目前教师工作坊中用户行为之间的关系、性别差异和登陆时间规律等，利用社会网络分析法对某教师工作坊活动形成的互动网络结构进行了可视化分析，通过构建用户在线交互行为投入分类指标体系，对用户行为进行测算结果分析与行为干预，提出了提高教师用户在线交互行为积极性的有效建议。

---

① 刘智、杨重阳、彭晛等：《SPOC 论坛互动中学习者情绪特征及其与学习效果的关系研究》，载《中国电化教育》2018 年第 4 期。
② 方旭、韩锡斌：《高校教师教学大数据技术行为意向影响因素研究——基于清华"学堂在线"的调查》，载《远程教育杂志》2017 年第 6 期。
③ 杨维东、董小玉：《基于多水平模型的教育舆情决策支持系统设计》，载《教育研究》2020 年第 8 期。
④ 刘清堂、张妮、朱姣姣：《教师工作坊中协作知识建构的社会网络分析》，载《中国远程教育》2018 年第 11 期。

3.3.2.2　学生学习行为

线下课堂教学过程中学生的学习行为分析主要是通过借助多种信息技术，根据学生行为的生理模式、运动方式，将教育领域常用的传感器多模态数据源分为：文本、语言、姿态、面部表情、眼动与生理标志物 6 个方面[①]。通过学生的认知、行为与心理足迹数据可以分析与预测学生的行为。基于数据的学生模型、学业成绩预测、行为模式发现、学习反馈与评价等可实现学生的个性化学习[②]。在线上教学过程中，基于学习者画像可实现对学生的个性化评价。画像技术指通过收集用户在互联网上留下的各种数据，人为地对这些数据进行贴标签，最后通过不断地概括总结得到对用户的精准刻画。学习者画像指依据学习者的基本属性和学习过程中所产生的一系列数据，对学习者进行内外部多维度的量化。用户在数字化的学习平台上学习时会留下种种数据，通过整合如学习成绩、学习时长、学习习惯等数据，利用画像技术可以精准地识别学习者的状态，以提供精准的推荐服务，并实现精准指导与干预，使教学与评价更加个性化。

随着教育数据挖掘技术的发展，越来越多的研究方法被引入教育领域中，对分析学生学习行为问题有重要作用。例如，社会网络分析已逐渐成为研究在线教学的重要分析方法之一。赖文华等[③]通过社会网络分析方法，对学习社区中的知识共享行为进行了解析，选取了技术论坛中一个月的交互数据作为样本，分别从密度、社群图、中心性、小团体以及小世界效应等方面来分析虚拟学习社区的知识共享的社会网络结构，对社区建设提出了相应的策略，以促进学习网络结构优化，促进学习社区集体智慧发展。王陆[④]以研究学习社区的关系模式为实例，介绍了社会网络分析方法在宏观、中观、微观三个层次上的具体应用，对社会网络分析方法在网络教育中的应用提出了反思。宋佳益[⑤]以可视化方式研究国内社会网络分析方法在教育领域的应用现状，分析国内教育领域这一方法的应用发展阶段和问题，帮助更好地应用社会网络分析方法服务于

---

① 张琪、李福华、孙基男：《多模态学习分析：走向计算教育时代的学习分析学》，载《中国电化教育》2020 年第 9 期。

② 牟智佳、俞显等：《国际教育数据挖掘研究现状的可视化分析：热点与趋势》，载《电化教育研究》2017 年第 4 期。

③ 赖文华、叶新东：《虚拟学习社区中知识共享的社会网络分析》，载《现代教育技术》2010 年第 10 期。

④ 王陆：《虚拟学习社区的社会网络分析》，载《中国电化教育》2009 年第 2 期。

⑤ 宋佳益：《社会网络分析在教育领域的应用》，载《科技风》2021 年第 8 期。

教育领域。张思等①以网络学习空间中学习者学习投入的视角分析网络学习空间应用的现状，在大数据分析的基础上，构建在线学习投入模型和分类测算指标，为网络学习者的学习行为和网络学习空间建设与应用提供了可资借鉴的依据。黄斌等②对慕课学习者所研究形成的一定的整体网络进行了社会网络分析，从宏观、中观、微观层次对学习者现状进行了解释，并提出增强教学干预讨论和慕课新品关注，为慕课研究转变重点、拓宽范围提供了理论指导。石月凤等③通过对云课堂平台课程论坛讨论区进行数据采集，采用社会网络分析方法，分析在线学习者在互动讨论中形成的社会网络位置关系与学习成效之间的相关性，以帮助学生有效地提高学习成绩，增强学习效果。

3.3.2.3 师生交互行为

在线课堂、在线学习社区等新的教育方式与传统课堂相比，教师和学生缺乏面对面的交流学习，但以各种交流平台为载体进行沟通交流已成为知识传播的重要手段。交互行为是在线课堂的核心，研究在线课堂中的交互行为对改善在线课堂的学与教具有重要的意义。在线课堂中，学习者通过各种交流平台来交流情感、传递信息、共享知识，会逐渐形成一定的社会网络，这个社会网络是网络课堂的重要基础，相当于在线课堂的交互模式，它可以帮助我们理解在线课堂中成员之间存在的关系，以及成员之间的交互行为④。肖莉⑤以现代教育技术网络课堂为案例，采用社会网络分析方法，在描述网络课堂社会网络的基础上分析在线课堂中学习者的交互行为。探索网络课堂中学习者的学习交互行为与网络课堂学习效果之间的关系，为网络课堂教学实践提供了一定的建议和策略。马志强等⑥发现，面向多维关联的社会认知网络分析是协作学习交互研究的新进展，通过构建社会认知网络和分析框架，融入社会网络的关键指标：节点层、关系层和网络层，实现了社会认知网络节点与关系的精准描述及社会认知网络的动态可视化呈现。

---

① 张思、刘清堂、雷诗捷、王亚如：《网络学习空间中学习者学习投入的研究——网络学习行为的大数据分析》，载《中国电化教育》2017年第4期。
② 黄斌、周一诺：《基于文献计量和社会网络分析的慕课学者研究综述》，载《中国医学教育技术》2021年第35期。
③ 石月凤、刘三女牙、刘智、韩继辉、彭晛：《基于社会网络分析的在线学习行为分析实证研究》，载《中国教育信息化》2019年第1期。
④⑤ 肖莉：《基于社会网络分析的网络课堂中的交互行为研究》，华中师范大学，2011年。
⑥ 马志强、管秀：《面向多维关联的社会认知网络分析——协作学习交互研究的新进展》，载《远程教育杂志》2020年第6期。

3.3.3 教育管理优化

随着社会经济的不断发展和教育技术信息化的不断推进，各行各业都融入了电子信息数据挖掘等相关技术支撑，在高校信息管理中也逐渐加入了大量有关数据挖掘的教学内容，大数据在高校管理工作中的作用更加突出。

3.3.3.1 教育决策

管理学家西蒙认为，"管理就是决策"，决策贯穿于管理活动的方方面面。教育决策指为了实现预定的教学目标，采用科学的理论和方法，从多种预案中选择一个最佳行动方案所做的决定。在大数据背景下，出现了一个与传统"教育决策"相对应的概念，即"基于数据的教育决策"。基于数据的教育决策在微观层面可以协助教师提高教学质量，教师可以利用教育全数据对学生进行多方位、多角度的分析，确定学生不同的学习需求，对学生进行学习诊断。在中观层面上，基于数据的教育决策有助于学校和学区实现精准化教育管理，在政策的实施上更加准确。在教育政策改革场景中，基于物联网实时和全方位的信息采集技术，人们可以拥有教育系统的整体数据流。因此，学校、班级、教师和学生等诸多教育教学问题可以综合开展全链条式研究，例如，可以测量学生的缺勤频率，通过形成数据源预测潜在的因果因素，分析学生缺勤的原因，及时改善教育环境和相应政策；再如，通过分析学生的入学数据，可以基于入学趋势预测学生的兴趣模式，从而分析引入新学科可能导致的结果，预测学生何时可以转移学分，确定学生的留校率，并试图评估学生辍学的潜在原因，及时制定相应的循证决策。在宏观上，基于数据的决策有助于国家教育行政部门更科学地制定相关政策。教育政策是教育办学的路标，准确把握政策的内涵和意义能帮助政策执行者更好地展开相应的工作。

随着大数据爆发式的增长，传统的教育决策面临着许多新的挑战，基于个体记忆中少量经验的决策已经不能适应时代发展的需求。目前，在相关研究方法的影响下，教育数据挖掘背景是教育决策的热点内容之一。例如，井世洁等①运用 LDA 主体模型进行主题提取，挖掘出网络文本中与校园欺凌相关的十

---

① 井世洁、邹利：《"校园欺凌"的网络表达与治理——基于 LDA 主题模型的大数据分析》，载《青少年犯罪问题》2020 年第 6 期。

个主题，进一步从加强反校园欺凌法律规制，构建多主体协同的反校园欺凌治理体系，并提出了教育管理的对策建议。单联臣①将数据挖掘技术应用于学生成绩管理系统，挖掘出影响学生成绩的关键因素，对高校的教学改革决策提供了有力分析。范士青等②运用社会网络分析探究了不同家庭结构学生的人际关系和社会适应情况，构建了同伴接纳、同伴拒绝、朋友提名和教师接纳四个人际网络，发现幸福美满的家庭环境的学生在人际关系中处于有利地位，帮助教师了解不同家庭结构的学生差异，促进教学管理。曾（Tseng）等③采用 LSTM 模型开发文本情感分析系统，并将此系统以模块化方式整合到高校教学管理系统，来实现对学生的开放性回答进行情感分析，以帮助管理者全面、准确地评选优秀教师。有研究通过收集 Twitter、Facebook 等社交媒体中大学生对所在院校的反馈，应用情感分析技术对文本大数据进行挖掘，可以分析学生对大学评价的整体结果，并以此作为大学排名的补充评估，辅助考生根据兴趣进行择校④。

3.3.3.2　教学过程管理

在教学过程中，运用情感分析方法可以帮助教师理解学生的学习过程，也能够实现学业预测、情感调节和相关资源的个性推荐。赵帅等⑤定义了 MOOC 课程学生的"情感指数"，构建回归模型来测算其与学生成绩之间的关系，可以帮助教师及时了解学生动态，据此优化教学，也对完善 MOOC 平台的授课反馈机制具有启发意义。刘智等⑥通过对云课堂平台中基于情绪词典的发帖内容，调查学习者情绪的表达特征和群体情绪的演化趋势，验证不同的学业成就学习者的情绪差异性以及情绪与学习效果的相关性，帮助教师及时获取学习者的心理状态和学习诉求，实施精准化的教学干预。黄昌勤等⑦聚焦学习云空间中学习者情感的获取与应用，提出了基于空间交互文本大数据的情感分析方法及其

---

①　单联臣：《数据挖掘技术在高校学生成绩管理系统中的应用》，大连交通大学，2015 年。

②　范士青、孙利、张凤娟、汪琼、张红梅：《社会适应、班级人际关系与学生家庭结构：一项社会网络研究》，载《教育研究与实验》2020 年第 6 期。

③　Tseng C W and Chou J J and Tsai Y C. Text Mining Analysis of Teaching Evaluation Questionnaires for the Selection of Outstanding Teaching Faculty Members. *IEEE Access*，NO. 6，2018，pp. 72870 – 72879.

④　Troisi O and Grimaldi M and Loia F et al. Big Data and Sentiment Analysis to Highlight Decision Behaviors：A Case Study for Student Population. *Behaviour & Information Technology*，2018，pp. 1111 – 1128.

⑤　赵帅、黄晓婷、卢晓东：《情感指数对 MOOC 学生成绩的预测研究》，载《中国大学教学》2019 年第 5 期。

⑥　刘智、杨重阳、彭晛等：《SPOC 论坛互动中学习者情绪特征及其与学习效果的关系研究》，载《中国电化教育》2018 年第 4 期。

⑦　黄昌勤、俞建慧、王希哲：《学习云空间中基于情感分析的学习推荐研究》，载《中国电化教育》2018 年第 10 期。

学习推荐机制，以此分析学习者的情感，满足基于网络空间的个性化知识建构需求。在学业预测层面，一方面，通过采用情感分析技术挖掘非结构化数据（如学生评论）中的隐含信息，能显著增强早期学业预测的准确度[①]；另一方面，将情感分析与控制价值理论结合来预测学生的辍学情况[②]，可以发现，积极低唤醒情感对学生辍学具有显著的正向影响。

3.3.3.3 教师管理与教师评教

教师管理方面。华东师范大学教育信息技术系以 TPACK 框架进行话语编码和分类，通过统计各类话语的比重，旨在测量和评价师范生在真实的教学设计过程中的关注焦点和变化情况，培养教师的信息技术整合能力为目标的教师教育课程提供了建议。马如玉[③]对产学研合作研究成果进行了社会网络分析，得出了国内关于产学研合作研究的成果现状、热点，为产学研融合发挥社会影响指明了努力方向。冯博等[④]从大学科研团队成员在团队中所处的网络位置与其知识共享行为的关系研究出发，分析了个人在科研团队中积极情绪与正向发展的影响因素，对大学科研团队建设及成员进步具有支撑意义。

教师评教方面。随着教育信息化的深入，网络化的学生评教已经广泛应用并积累了大量的原始数据。马秀麟等[⑤]借助大数据分析和数据挖掘的方法，对学校学生评教数据展开分析，基于时间序列的数据关联性分析检测了学生评教的有效性水平，探究了影响评教成绩的主要原因，从大数据挖掘的角度对学生评教和教师专业化发展提出了建议。朱乐等[⑥]通过对网络数据中能够反映用户对公共事件言语倾向性的舆情进行情感分析，分析了公众的舆情情感走向，结合深度学习和情感分析，构建了一个基于内容与结构的舆情分析模型，为教育公平网络舆情分析提供了新思路。罗玉萍等[⑦]运用语义分析技术对学生留言进

---

① Yu L C and Lee C W and Pan H I et al. Improving Early Prediction of Academic Failure Using Sentiment Analysis on Self-evaluated Comments. *Journal of Computer Assisted Learning*, No. 4, 2018, pp. 358 – 365.

② Xing W and Tang H and Pei B. Beyond Positive and Negative Emotions：Looking into the Role of Achievement Emotions in Discussion Forums of MOOCs. *The Internet and Higher Education*, Vol. 43, 2019, pp. 1 – 9.

③ 马如玉：《基于 CNKI 的产学研合作研究成果分析》，载《科技经济市场》2020 年第 11 期。

④ 冯博、刘佳：《大学科研团队知识共享的社会网络分析》，载《科学学研究》2007 年第 6 期。

⑤ 马秀麟、衷克定、刘立超：《从大数据挖掘的视角分析学生评教的有效性》，载《中国电化教育》2014 年第 10 期。

⑥ 朱乐、李秋萍、朱燚丹：《基于深度学习的"教育公平"网络舆情分析》，载《情报探索》2020 年第 6 期。

⑦ 罗玉萍、潘庆先、刘丽娜等：《基于情感挖掘的学生评教系统设计及其应用》，载《中国电化教育》2018 年第 4 期。

行情感挖掘，建立情感词库，促进学生有效评教，帮助提高教师的教学积极性和教学管理的服务水平。

3.3.3.4　教学质量评估

为解决当前高校教学质量评估过程中存在的不足，以提高高校教学质量评估的准确性，王磊等[①]对收集到的高校教学质量历史数据进行了预处理，构建了教学质量评估学习样本，更加满足高校现代教学管理要求。刘坚等[②]运用多种数据挖掘处理方法对教学评价数据进行挖掘和分析，构建了课堂教学质量的综合评价指标，更加清晰地对课堂教学水平进行等级划分，有效促进课堂教学质量的提高和教学管理的完善。

教学质量评价对改进教学策略、提升教学质量具有重要的调控和导向作用。在教育智能时代，很多研究已将情感分析作为一种可行的解决方案，用于分析和挖掘学生反馈的文本数据，实现对教学过程的综合评价。例如，梁（Leong）等[③]在大型讲座中收集学生反馈的短信文本，通过建立情感分析模型，实现对学生反馈信息的智能分析，来评价讲座中教师的教学情况；庞英旺（Pong-Inwong）等[④]在评教系统中，同样运用情感分析技术来挖掘系统中学生的评论信息，整体评估教师的教学质量，为改进教学策略提供依据。类似的，林（Lin）等[⑤]在评教系统中将学生评教的情感数据与教师的其他数据（如人口学信息、教学行为数据）结合起来构建综合评估模型，来提高教师教学评价的综合性与准确性。

从上述教育数据挖掘的应用场景可发现，目前，在教育领域中，教育数据挖掘使用涉及的技术主要包括被应用于虚拟（线上虚拟学习空间、在线学习平台）和现实（智慧课堂、智慧教室、创客空间）两类教育环境中的数据采集、分析、建模、评估和预测环节，可将这些技术总结为环境支持技术、数据采集

---

①　王磊、张慧娟：《集成神经网络的高校教学质量评估系统研究》，载《现代电子技术》2021年第3期。

②　刘坚、黄钰莹、颜李朝：《课堂教学评价数据挖掘与分析》，载《湖南师范大学》（教育科学学报）2019年第2期。

③　Leong C K and Lee Y H and Mak W K. Mining Sentiments in SMS Texts for Teaching Evaluation. *Expert Systems with Applications*, No. 3, 2012, pp. 2584–2589.

④　Pong-Inwong C and Songpan W. Sentiment Analysis in Teaching Evaluations Using Sentiment Phrase Pattern Matching (SPPM) Based on Association Mining. *International Journal of Machine Learning and Cybernetics*, No. 8, 2019, pp. 2177–2186.

⑤　Lin Q and Zhu Y and Zhang S et al.. Lexical Based Automated Teaching Evaluation Via Students' Short Reviews. *Computer Applications in Engineering Education*, No. 1, 2019, pp. 194–205.

技术、数据分析技术三大类①，如表 3－1 所示。第一，环境支持技术主要包括互联网、物联网、云计算、人工智能、大数据、VR/IR、5G、混合现实等。第二，数据采集技术主要包括课堂实录、课堂观察、视频、音频、图像、文本数据、自适应学习技术、学习管理平台技术、智能测评系统、视频监控技术、智能录播技术、用户日志、网络爬虫采集技术等。随着其他信息技术在数据采集中的运用，数据采集技术越来越倾向于多模态感知技术，即越来越准确地获取教育教学实践过程中各环节、各要素以及各要素之间相互作用而产生的各种结构化和非结构化的原始数据、过程数据和结果数据等。第三，数据分析技术主要包括学习分析技术、语音分析技术、文本分析技术、认知计算、分类算法、聚类算法、推荐算法、评估算法等。

表 3－1　　　　　　　　教育数据挖掘应用场景中的各类技术总结

环境支持技术	数据采集技术	数据分析技术
互联网、物联网、云计算、人工智能、大数据、VR/IR、5G、混合现实等	课堂实录、课堂观察、视频、音频、图像、文本数据、自适应学习技术、学习管理平台技术、智能测评系统、视频监控技术、智能录播技术、用户日志、网络爬虫采集技术等	学习分析技术、语音分析技术、文本分析技术、认知计算、分类算法、聚类算法、推荐算法、评估算法等

3.4　本章小结

　　首先本章重点介绍了教育数据挖掘的方法基础，包括聚类分析、分类分析、关联分析、时间序列分析等，在教育数据挖掘领域常见的工具有 R、Python、Weka、RapidMiner 等，通过了解这些方法基础和工具基础后，能够对教育数据挖掘的内在逻辑有所了解和掌握。其次，在教育数据挖掘的过程中介绍了数据建模步骤，具体包括理论模型构建、数据获取，数据预处理与集成，数据/文本建模、数据可视化、结构解释与讨论，在分别对六大步骤有所了解后，能够明白整个数据挖掘的过程。最后，系统地梳理了目前在教育领域中教育数据挖掘可以运用于教学环境构建、教学行为分析、教育管理优化方面。

---

　　①　贾维辰、彭俊、任英杰：《计算教育学国内发展现状分析与未来展望——基于语言模型和自然语言生成技术》，载《远程教育杂志》2021 年第 3 期。

第 4 章

教育数据的获取与预处理

获取数据是数据分析的第一步，本章4.1和4.2部分分别介绍了教育数据获取原则、教育数据获取途径，在所有类型的数据中，开放数据是较易获取且数量最为庞大的数据获取方式之一，因此，4.3部分介绍了两种基本的数据检索方法以及如何通过爬虫对开放的教育数据进行获取，包括数据爬虫的基本流程、较为常用的模组以及爬虫工具软件。由于爬虫获取的数据通常需要进一步处理，其与数据挖掘真正所需要的数据之间仍存在一定距离[①]，故4.4部分分别从数值型数据和文本型数据两个方面介绍了预处理工作：数值型数据预处理工作包括数据清洗、数据集成、数据变换等；文本型数据预处理包括分词、文本清洗和标准化等。

4.1 教育数据的获取原则

数据获取也被称为数据采集，是指通过各种方式获取所需要的数据。数据获取是数据得以利用的第一步，也是关键的一步。数据获取工作的好坏，直接影响数据处理结果的质量。为保证所获取到的数据的质量，应坚持以下几条原则。

4.1.1 可靠性原则

可靠性原则要求获取到的数据要真实、可靠。数据必须是真实对象或环境所产生的，必须保证数据来源是可靠的，且获取到的数据能够反映真实的情

[①] 杨炳儒：《知识工程与知识发现》，冶金工业出版社2000年版。

况。这个原则是数据获取工作的最基本要求。为达到这样的要求，数据获取者在获取数据前必须先进行调查研究，去伪存真，深入细致地了解数据源的可靠程度，必须对获取到的数据进行核实与检验，力求把误差减少到最低限度。

4.1.2 全面性原则

全面性原则要求所获取到的数据要广泛、全面、完整。只有广泛、全面地获取数据，才能完整地反映所要分析的内容及其发展的全貌，为研究的科学性提供保障。当然，在实际中获取到的数据不可能做到绝对的全面完整，因此，如何在不完整、不完备的数据下得到科学的结论就是一个非常值得探讨的问题。

4.1.3 时效性原则

数据应该能反映出事物当前活动的现状，及时准确地传达事物的个性信息。数据从发生到被获取的时间间隔越短，其时效性越强。只有将数据及时、迅速地提供给它的使用者才能有效地发挥作用，过时、滞后数据的使用价值不高。特别是当数据分析的目的是为了提出决策时，数据的时效性就显得尤为关键。

4.2 教育数据的获取途径

在大数据环境下，由于教育数据体量庞大，来源丰富多样，因此，可根据其来源的不同，将教育数据分为传统数据、物理数据、数据库数据以及开放数据四种类型。

4.2.1 传统数据

传统数据是指通过线下发放问卷、调研采访等方式，获取被访者对事物的理解、看法的数据。如果想通过传统方法获取到范围广泛、代表性强的数据，则需要耗费大量的时间、人力、物力，效率低下，但是这种方式获得的数据可靠性较高。

4.2.2　物　理　数　据

物理数据是指用户在物理世界中产生的数据。这类教育数据一般是在线下的教育活动中通过佩戴可穿戴设备而产生的交互数据，这类数据的采集一般需要通过传感器来进行 AIDC 采集，对硬件的要求较高。

4.2.3　数　据　库　数　据

在信息技术快速发展之前，传统数据库以人工调查方式为主来收集和存储数据，这种传统的数据库在今天的教育领域中仍然扮演着较为重要的角色。用户可以自己构建数据库，但这种方法较为费时费力，还可以向已经构建好的、较为完善的数据库直接购买、获取相应的数据，如常用的中国知网、维普期刊、万方期刊等都属于在线数据库。

4.2.4　开　放　数　据

开放数据是可以被任何人自由获取，没有来自版权、专利或其他机制限制的数据①，它面向所有人开放，是最常见、体量最大的一类数据，也是较容易获取的一类数据，一般是网页的内容，形式包括文字、语音、图片等，也包括各行业、机构公开的数据，可以通过搜索引擎、爬虫技术等来获取该类数据。

开放数据作为一种最常见的数据类型，又可以根据数据的提供者分为三类，分别是政府或机构数据、企业数据以及个人数据。

政府提供的数据具有较强的权威性，数据的来源和样本量也相对较大。美国政府通过 Data. gov、国家教育统计中心（National Center for Education Statistics，NCES）等多个网站发布教育数据，并提供数据发布和共享技术。我国国家统计局网站也提供开放数据，既包括按主题划分的 13 个部门的数据，又包括按时间和地区进行分类的数据，并且提供可以导出下载的电子版统计年鉴。机构则指的是除政府之外的各类机构，如各级各类学校、调查组织、校外教育

---

① 朱玲、聂华、崔海媛、罗鹏程、刘丹、吴越：《北京大学开放研究数据平台建设：探索与实践》，载《图书情报工作》2016 年第 4 期。

培训机构等。如中国教育追踪调查（CEPS）提供了被调查学生的综合认知能力、基本人格等测试结果以及学生的重要考试成绩等数据；中国家庭追踪调查（CFPS）提供了经济活动、教育成果、家庭关系、家庭动态、人口迁移、健康等多个维度的数据。

企业产生的开放数据一般是在线平台或网络社区上产生的数据，既包括参与教育活动的专门在线学习工具和平台（如大学 MOOC 平台、雨课堂等网络学习平台上产生的课程资源、课程参与情况、评论区留言及问答、教学过程互动行为等数据），又包括其他网络社区中与教育主题相关的数据（如哔哩哔哩平台、知乎问答社区中用户对教育相关内容发布的文字、视频内容等）。一些企业还开放了平台的宏观数据，如百度、微博分别提供了百度指数和微指数对其平台上用户的检索和讨论情况进行了公开。

个人数据是参与个体所产生的数据，如学习者发布的学习心得、学习视频等，这类数据分布零散，内容丰富多元，是数据量最大的一类开放数据。虽然个人数据的所有权归公民自己，但大部分并非自身持有，而是被第三方收集和使用。机构和企业等收集的个人基本数据及行为数据，经过授权允许也可以转变成为机构数据或企业数据。

通过利用教育活动所产生的数据，研究者可以诊断教育中存在的教学问题、预测教育的发展方向；企业可以通过对数据的分析与挖掘，丰富为用户提供的服务种类，提升产品和服务质量，从而促进整个教育行业的良性发展；政府可以促进教育决策的科学化，推进教育治理体系的现代化，从而提升教育治理能力。

4.3　教育数据的获取方法

4.3.1　教育数据的检索方法

在对教育数据进行发现与获取时，最常用的数据检索方法有两种。一是搜索引擎检索。可以使用数据搜索引擎进行检索，这种方法也可以直接进入数据网站门户，按照所需数据的门类、主题来进行筛选。部分数据是可以通过网站提供的途径直接下载的，如政府网站提供的年鉴、机构的调查数据结果等。二是数据库检索。可以通过学术资源数据库来进行数据的检索。用户可以通过已有的数据库来进行筛选、下载所需的数据。下面将详细介绍这两种数据检索方法。

4.3.1.1 搜索引擎检索

搜索引擎是指根据一定的策略、运用特定的计算机程序从互联网上采集信息，在对信息进行组织和处理后，为用户提供检索服务，将检索的相关信息展示给用户。在面对互联网的海量数据资源时，搜索引擎能够根据使用者输入的信息需求，通过关键词匹配、结果排序等过程，有针对性地对数据进行筛选检索，为用户提供准确、高效以及可靠的检索结果。

现代意义上最早的搜索引擎是 1990 年由麦吉尔大学（University of McGill）的师生开发的阿奇（Archie）。在 1994 年初，第一代真正基于 WWW 的搜索引擎 Lycos 诞生。在此后的发展过程中，搜索引擎开始大规模出现，其中较为著名的搜索引擎有 Google、Bing、百度、搜狗等。目前，搜索引擎的使用也已经成为收发电子邮件之后的第二大互联网应用技术。

随着搜索引擎技术的不断发展，其种类也越来越丰富，可以按照工作方式、搜索内容等加以划分。

搜索引擎按照其工作方式主要可以分为三种：分别是全文搜索引擎（full text search engine）、目录索引类搜索引擎（search index/directory）和元搜索引擎（meta search engine）。

全文搜索引擎能够根据用户所提供的关键词来进行搜索，并将查找的结果反馈给用户。用户得到的检索结果通常是网址或者相关文字，并一定有用户输入的词组或与之相关的内容。全文搜索引擎的优点是信息量大、更新快，但缺点是信息量过大、有许多无关信息，需要用户自行筛选，效率相对较低。常见的全文搜索引擎有百度、Google 等。

目录索引类搜索引擎是依据一定的标准对 Internet 站点进行分类，形成一份站点目录，目录下有网站的站名和网址的搜索引擎。目录索引类搜索引擎具有很强的系统性，信息准确，但检索不够全面，部分搜索引擎分类不够科学，导致检索结果不理想。常见的目录索引类搜索引擎有 Yahoo、网址之家等。

元搜索引擎是将多个独立的搜索引擎集合在一起，通过一个统一的检索界面，将用户的请求提交给多个独立的搜索引擎，并将检索结果输出给用户。元搜索引擎没有自己独立的数据库，是一个有多个独立搜索引擎构成的虚拟整体。元搜索引擎具有扩大检索范围、提高检索效率等优点，常见的元搜索引擎有 Dogpile、比比猫（bbmao）等。

搜索引擎按照搜索内容进行划分，可以分为通用搜索引擎和垂直搜索引擎（vertical search engine）。

通用搜索引擎是指面向所有用户，不特别针对某一行业或领域的综合性搜索引擎。其优点是信息量大，但存在对于特定领域查询不准确、深度不够等问题，如百度、Google 等提供综合搜索服务的搜索引擎。

垂直搜索引擎是指针对某一行业或领域进行专业搜索的搜索引擎。垂直搜索引擎相比通用搜索引擎针对性更强，更有深度，专业性也更强，能够达到更深的信息精度。

面对种类繁多，数量剧增的搜索引擎，用户需要掌握一定的应用技巧才能更准确、迅速地检索出所需要的信息。下面以全球最大的中文搜索引擎——百度搜索引擎为例，来介绍搜索引擎检索方法。

百度（http：//www. baidu. com）是目前最大的中文搜索引擎，"百度"二字，来自 800 年前南宋词人辛弃疾的一句词：众里寻他千百度。百度旨在向人们提供"简单可依赖"的信息获取方式。随着移动互联网的发展，百度网页搜索完成了由 PC 向移动的转型，用户可以在 PC、Pad、手机上访问百度主页，通过文字、语音、图像多种交互方式瞬间找到所需要的信息和服务。

百度搜索引擎提供了简单检索和高级检索。

简单检索只需用户在检索框中输入检索词，单击"百度一下"或回车键，符合要求的结果就会被查询出来。此外，简单检索支持关键词拆分来进行模糊查询，如检索"天津大学"，百度搜索引擎会将关键词拆分为"天津""大学""天津大学"进行检索。检索结果会含有"天津大学""天津理工大学""天津财经大学"等。

高级检索需要用户从百度首页右上角的"设置"中选择"高级检索"才可进入。用户可以根据高级检索中提供的各种条件来限制检索范围，满足自己的检索需求。高级检索界面如图 4 - 1 所示。

百度检索支持布尔逻辑检索式。其中，逻辑"与"用"空格"或"＋"表示；逻辑"或"用"｜"表示；逻辑"非"用"－"表示，但要注意的是，前一个关键词和"－"之间必须有空格，否则，"－"会被当成连字符处理，"－"和后一个关键词之间有无空格均可。

搜索设置　高级搜索

搜索结果：	包含全部关键词		包含完整关键词
	包含任意关键词		不包括关键词

时间：限定要搜索的网页的时间是　　　　　全部时间 ∨

文档格式：搜索网页格式是　　　　　所有网页和文件　　　∨

关键词位置：查询关键词位于　　　●网页任何地方　　○仅网页标题中　　○仅URL中

站内搜索：限定要搜索指定的网站是　　　　　　　　　　例如：baidu.com

高级搜索

图 4－1　百度高级检索界面

资料来源：百度（http：//www.baidu.com）。

此外，百度支持使用 site、inurl、intitle、filetype 检索运算语句，从而实现精确检索。

在精确检索过程中，由于百度搜索会自动拆分关键词而导致搜索结果不理想，可以给输入的查询词加上双引号（半角状态）或书名号，表示查询词不能被拆分，在搜索结果中必须完整出现，从而达到检索要求。

site 可以把搜索范围限定在特定站点中，提高查询的精确度和效率。关键词既可以在"site："前，也可以在"site："后，搜索结果是一样的，但是不管谁前谁后，关键词和"site："之间必须有空格；对于"site："搜索，关键词可以是多个，多个关键词之间以空格隔开；格式为 site：网址关键词 A 关键词 B 关键词 C；"site："后边跟的冒号必须是英文状态下的；"site："和站点名之间不要带空格；"site："后面的网址不能带"http：//"或"www"。

例如：在天津大学研究生院的网站中检索所有包含"研究生教育"的网页，检索式为：研究生教育：site：gs.tju.edu.cn，检索结果如图 4－2 所示。

inurl 可以把搜索范围限定到 URL 链接中，这种限定能够缩小检索的范围，从而能够更加准确地获得所需要的信息。inurl 语法格式为 inurl：关键词。需要注意的是："inurl："语法和后面所跟的关键词之间没有空格，后面接需要在URL 中出现的关键词。

研究生教育 site:gs.tju.edu.cn ✕ 📷 百度一下

🔍 网页　💬 贴吧　📖 知道　📄 文库　🖼 图片　📰 资讯　🗺 地图　🛒 采购　▶ 视频　更多

时间不限 ∨　所有网页和文件 ∨　gs.tju.edu.cn ∨　✕ 清除

天津大学研究生院官网

 《天津大学一流研究生教育行动计划》正式发布 对标世界一流研究生教育水平,深入推进新时代研究生教育改革创新发展! 天津大学第四次研究生教育工作会议胜利闭幕 时不我待,只争朝夕,落实研究生教育...

gs.tju.edu.cn/　⊙ 百度快照

天津大学召开2020年研究生教育年终总结会-天津大学研究生...

 2021年1月17日 2020年是天津大学全面贯彻落实全国研究生教育会议精神,深入推进研究生教育改革创新发展的重要年份。1月15日下午,我校2020研究生教育工作年终总结会在北洋园校区机械工程学院宏远报...

gs.tju.edu.cn/info/1132/15...htm　⊙ 百度快照

...财政部关于加快新时代研究生教育改革发展的意见(教研〔...

2020年9月30日 研究生教育肩负着高层次人才培养和创新创造的重要使命,是国家发展、社会进步的重要基石,是应对全球人才竞争的基础布局。改革开放特别是党的十八大以来,我国研究...

gs.tju.edu.cn/info/1013/14...htm　⊙ 百度快照

天津大学启动第四次研究生教育工作会议-天津大学研究生院...

 2020年9月30日 9月29日,天津大学在北洋园校区求实会堂隆重召开了贯彻落实全国研究生教育会议精神专题研讨会暨天津大学第四次研究生教育工作会议启动会。教育部学位管理与研究生教育司副司长徐维清...

gs.tju.edu.cn/info/1132/14...htm　⊙ 百度快照

图 4 - 2　百度 "site:" 检索结果

资料来源:百度(http://www.baidu.com)。

例如:要查找"天津大学"的历年招生简章,检索式为:招生简章 inurl:tju,检索结果如图 4 - 3 所示。

 招生简章inurl:tju ✕ 📷 百度一下

为您推荐:　职校学校招生简章　学校招生简章在哪里查看　招生章程　大专招生章程

计划外本科招生院校　本科招生简章

招生简章-天津大学MBA中心

 天大MBA中心MBA项目是国家教育和国务院学位办认定的工商管理硕士学位点,提供学历和学位教育。自1994年开始,迄今已招收十七届逾六千名学生,已有五千多名学生毕业,并获得了工商管理硕士学位

mba.tju.edu.cn/zsxx/zs...htm　⊙ 百度快照

本科招生网

 05/22 天津大学2021年艺术类招生简章 05/19 天津大学2021年高水平艺术团拟合格名单公示 招生快讯 查看更多 校长金东寒率队赴绍兴市重点中学进行招生宣传2021.06.25 为进一步深化与浙江省重点...

zs.tju.edu.cn/　⊙ 百度快照

图 4 - 3　百度 "inurl:" 检索结果

资料来源:百度(http://www.baidu.com)。

intitle 可以把搜索范围限定在网页标题中，同样能够缩小检索的范围，获得良好的检索效果。intitle 语法的格式为：intitle：关键词。其中，要注意 "intitle：" 和后面的关键词之间没有空格。

例如，检索标题中含有 "中小学教师教学能力" 的网页，检索式为：intitle：中小学教师教学能力，检索结果如图 4-4 所示。

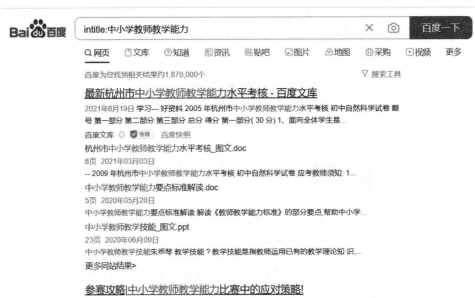

图 4-4　百度 "intitle：" 检索结果

资料来源：百度（http：//www.baidu.com）。

filetype 能够对搜索对象做出格式限制，主要用于查找文档资料。filetype 语法的格式为：filetype：文档类型关键词。但需注意的是，filetype 仅支持 pdf、doc、xls、ppt、rtf、all 文档格式，其中，all 表示前面所提到的五种格式。此外，filetype 后的冒号必须在英文状态下输入。

例如，检索含有 "圆锥曲线" 的所有课件，检索式为：filetype：ppt 圆锥曲线。检索结果如图 4-5 所示。

最后需要注意的是，百度搜索引擎不区分英文字符大小写，例如，输入 "education" 和 "EDUCATION" 的检索结果是一致的。

图 4-5 百度"filetype"检索结果

资料来源：百度（http：//www.baidu.com）。

4.3.1.2 数据库检索

数据库（database）是指至少有一种文档组成，能满足特定目的或特定功能数据处理系统需要的数据集合①。数据库主要由文档、记录、字段三个层次构成。

根据数据库反映的文献类型不同，可以将数据库分为全文数据库、事实型数据、数值型数据库和参考数据库。

全文数据库是指收录有原始文献全文的数据库，基本以期刊论文、会议论文、政府出版物、法律条文和案例等为主②。全文数据库能够直接检索出原始文献，提高检索的效率，并且还具有检索功能强大、检索范围广等优点。

事实型数据库是指以事实信息为存储对象的数据库，例如，社会调查数据库、科技成果数据库等都属于事实型数据库。

数值型数据库是指以数值为存储对象的数据库，如生物蛋白序列数据库、化学物质结构数据库等。

参考数据库也成为检索类数据库提供描述原始文献特征信息的数据库，用户可以依靠题名、作者、期刊名等信息找到原始文献。这类数据库能够帮助用户节省时间，引导用户快速、全面地检索到相关信息。

---

① 王红霞、张春蕾：《信息资源检索与利用》，机械工业出版社 2020 年版。
② 李雪飞：《信息资源检索及利用》，清华大学出版社 2018 年版。

下面分别以中国知网（CNKI）和 Web of Science（WOS）为例，来介绍数据库检索方法。

中国知网（CNKI）英文全名为 China National Knowledge Infrastructure，是以实现全社会知识资源传播共享与增值利用为目标的国家信息化重点工程，始建于 1999 年 6 月。目前，CNKI 已收录文献类型包括学术期刊、学位论文、会议论文、报纸、年鉴、专利、标准等多种知识信息资源，促进了我国信息资源的共享和传播。

中国知网提供的基本检索方式有初级检索、高级检索、专业检索。

初级检索又叫简单检索，用户可以在检索框内输入任何一个与检索条件相匹配的检索词进行检索。在检索过程中，有两种方式可以进行跨库检索和单库检索，一是在首页直接勾选，如图 4-6 所示；二是在页头的检索设置里删除或添加资源类型，如图 4-7 所示。

图 4-6 中国知网简单检索界面

资料来源：中国知网（https：//www.cnki.net/）。

图 4-7 中国知网检索设置

资料来源：中国知网（https：//www.cnki.net/）。

跨库检索之后，可以按照资源类型查看文献，例如，点击"学术期刊"，可查看学术期刊文献，如图4-8所示。

图4-8　中国知网学术期刊界面

资料来源：中国知网（https://www.cnki.net/）。

高级检索是指使用一个以上（包含一个）检索项表达式检索，对检索词进行多项限定，从而提高检索结果的准确性。与初级检索不同，高级检索可以在多个检索框中输入检索词，实现组合检索，图4-9为中国知网高级检索界面。

图4-9　中国知网高级检索界面

资料来源：中国知网（https://www.cnki.net/）。

高级检索步骤如下。

第一步：在CNKI首页中选择"高级检索"，即可进入高级检索界面。

第二步：在文献分类中选择检索范围。

第三步：选择检索项并输入检索词。

第四步：选择时间和范围。

第五步：检索。

高级检索可以通过单击检索条件右侧的" ＋"按钮增加一个逻辑检索行，也可以通过点击" －"按钮减少一个逻辑检索行。

专业检索是运用逻辑运算符、检索词等组合成合法的逻辑表达式来进行更精确的检索，专业检索界面如图4－10所示。专业检索能够提高检索效率和检索的精确度，只需按照检索时输入的法则直接输入即可。

图4－10　中国知网专业检索界面

资料来源：中国知网（https：//www.cnki.net/）。

此外，除上述三种基本检索方法外，CNKI还提供了作者发文检索、句子检索、一框式检索、引文检索等检索方式。检索者也可以根据自己的需求使用不同的检索方式来实现自己的需求。

检索完成后，会在界面显示出满足检索条件的所有记录，用户通过人工筛选进一步获得符合需求的文献后，可通过两种方式查看及保存全文。第一种方法是在检索结果列表中单击篇名的文字链接，弹出一个新的窗口，例如，单击"基于游戏的体验式学习对计算思维的影响"这篇文章的链接，新界面如图4－11所示。其中，左侧显示文章目录，单击下方相应的"阅读"或"下载"链接，即可进行查看或保存。第二种方法是直接在检索结果列表的右侧进行下载，也可实现文献的保存和下载，如图4－12所示。

图 4-11　中国知网检索新界面

资料来源：中国知网（https：//www.cnki.net/）。

□ 30	可计算思维，让"无序"走向"有序"——浅谈可计算思维下的信息技术教师专业成长	柴国芸	新课程	2021-11-17	期刊	45	
□ 31	少儿编程教育的教育学思考与实践路径	张祖昕	林区教学	2021-11-15	期刊	174	
□ 32	以计算思维培养为导向的医学数据库课程混合教学模式探索	简旭；林加论	计算机时代	2021-11-15	期刊	85	
□ 33	基于游戏的体验式学习对计算思维的影响	龚鑫；乔爱玲	现代教育技术	2021-11-15	期刊	414	
□ 34	基于OBE和计算思维的程序设计类课程教学改革	吴敏宁；艾晓燕	榆林学院学报	2021-11-15	期刊	19	
□ 35	高中学生信息技术学科核心素养的发展策略	李薇	电脑知识与技术	2021-11-15	期刊		
□ 36	漫谈儿童编程教育	孙立会	中国信息技术教育	2021-11-15	期刊	28	
□ 37	计算思维视角下信息技术校本课程跨学科设计	高萍；龚寿根	中国信息技术教育	2021-11-15	期刊	40	

图 4-12　中国知网检索结果的下载

资料来源：中国知网（https：//www.cnki.net/）。

如果需要同时看到多篇文献的题录信息，则可以选择暂时储存检索结果，操作如下：在选择的文献前进行勾选，然后单击"导出与分析"按钮，选择"导出文献"，这里提供了不同的输出字段方式，检索者可以根据自己的需求进行选择，如图 4-13 所示。

Web of Science（WOS）是世界上最大的引文索引数据库，提供自然科学、社会科学、艺术与人文等领域的信息检索，文献来源于学术期刊、发明专利、学术会议等各种高质量信息资源，用户可通过该平台迅速检索到各种不同的信息资源，从而了解到各个学术领域的发展动态等情况。

图 4-13 中国知网文献信息的导出

资料来源：web of science（https：//www.webofscience.com/）。

WOS 检索分为基本检索、高级检索、被引参考文献检索、作者检索和化学结构检索。

进入 WOS 平台后，默认检索所有数据库，也可通过选择数据库来进行单个数据库检索。用户在进行基本检索时，只需要选择相应的检索项，输入合适的检索词，即可进行搜索。图 4-14 为 WOS 界面。

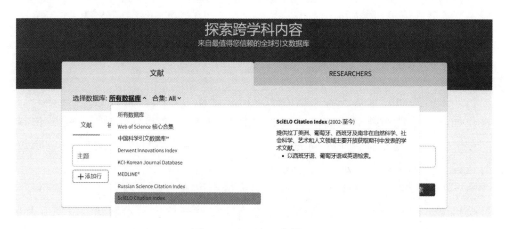

图 4-14 WOS 主界面

资料来源：web of science（https：//www.webofscience.com/）。

WOS 基本检索提供主题、标题、作者、出版年、摘要、地址、DOI 等检索项，根据用户自身的检索需求，选择不同的检索项进行组合使用。例如，如果想检索中国作者发表的有关计算思维方面的文献，则可以在主题栏中输入"computational thinking"，在地址栏中输入"China"即可进行检索。

高级检索需要用户在文本框中输入合法的布尔逻辑检索式来进行检索，检索界面如图 4 – 15 所示。例如，同样检索中国作者发表的有关计算思维方面的文献，则需要输入检索是：TS = computational thinking AND AD = China，就可以得到所需的检索结果。

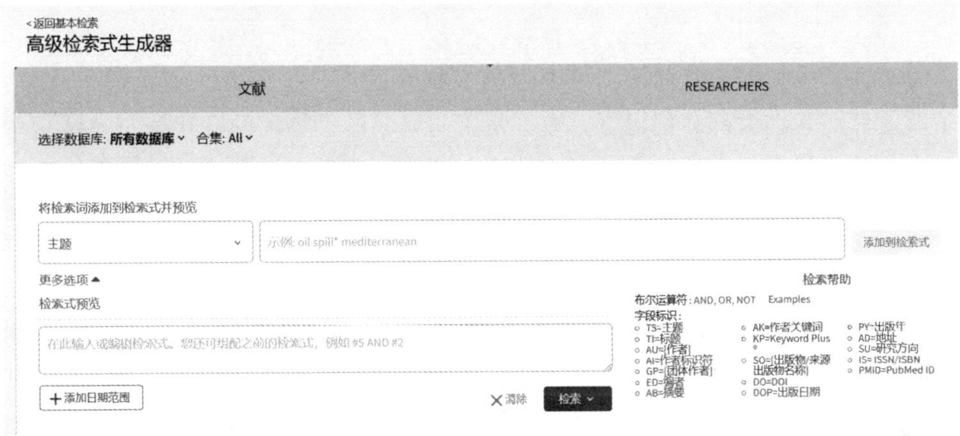

图 4 – 15 WOS 高级检索界面

资料来源：web of science（https：//www. webofscience. com/）。

被引参考文献检索提供了文献被其他文献的引用情况，WOS 给出了七个检索项，分别是被引著作、被引标题、被引作者、被引年份、被引卷、被引期和被引页，用户可以根据情况进行自由组合来检索相关信息。此外，根据文献的被引频次同样可以获取该文献的被引情况。

作者检索在基本检索的右侧，通过作者检索可以查找到特定作者所发表的文献。

WOS 还提供化学结构检索，可以通过输入化学结构或者化合物名称来检索相关的信息文献。

在输入检索词或检索式进行相关检索后，会出现检索结果的界面列表，在右侧提供相关性、被引频次、日期等检索结果排序方式，在左侧提供"精炼检索结果"功能，用户可根据自身需求，输入或勾选恰当的限定词进行二次检索过滤。单击篇名可查看文献的具体信息，如作者、出版时间、文献类型、摘要、关键词等信息，还可以点击"出版商处的全文"直接链接到原文。

对于检索结果进行标记，则可以单击"添加到标记列表"。如果要输出标记的记录，则可单击"导出"按钮，选择合适的输出方式即可。

此外，WOS还可以进行检索结果分析，通过单击"分析检索结果"可进入文献分析界面，可以选择对作者、出版年、文献类型等进行分析，从而更好地了解相关研究的发展动向。

4.3.2 教育数据的抓取方法

教育开放数据的获取虽然可通过前文提到的两种检索方法直接进行收集、下载。然而，在大部分情况下，数据是以非集成的、零散的方式分布在网页中的，如前文提到的在线学习社区中的用户评论、课程介绍等信息。如果按照传统的手动复制、粘贴的方法对这些数据进行收集，效率低下且易产生疏漏，因此，在这种情况下，更加强调使用数据爬虫获取开放数据。

4.3.2.1 爬虫的基本流程

爬虫（也称为网页蜘蛛、网络机器人、网页追逐者）是一种根据特定规则，自动地获取 Internet 信息的程序或脚本[①]。爬虫能够像蜘蛛沿着蛛网捕获猎物一样，从互联网上抓取数据，这也是其名字的由来。使用爬虫获取数据的优点是速度快，无须耗费过多人力。爬虫数据获取的一般过程大致如图 4-16 所示。

图 4-16 爬虫基本流程

具体有以下几个方面。

1. 发送请求。

以 GET 或 POST 等方式向目标站点发送请求，该请求包括请求头、请求体

---

① 金梅：《网络爬虫性能提升与功能拓展的研究与实现》，吉林大学，2012 年。

等，并由站点服务器对请求中的信息进行响应，确定其返回内容。

2. 获取响应内容。

当服务器正常响应内容，并反馈"200"状态码，爬虫程序通常会收到一个 Response。Response 包含 Html、Css、Json、二进制数据等①。

3. 解析内容。

由于响应内容或数据通常有不同的格式，解析的方式也较为多样，例如，当页面后台响应体为 Json 时，研究者可使用 Json 方式解析数据；当响应体为 Html 时，则可使用 Beautiful Soup、Re 正则或 Etree 方式解析；当响应体为二进制数据时，则可将其转为字节，并以"wb"写入。

4. 保存数据。

数据保存方式大致能够分为两类：其一是将其保存到数据库中，如 MySQL、Mongodb、Redis 等；其二是直接保存到文件中，以便后续使用。

4.3.2.2　Python 语言中的主要爬虫库

一般而言，目前较为主流的编程语言为 Python，本书技术介绍与案例介绍主要以 Python 为主。为进一步介绍爬虫使用，对 Python 语言中的常用请求库、解析库与存储库进行了介绍。

1. 请求库。

用 Python 编写爬虫程序处理 http 请求，常用的两个请求库是 urllib 和 Requests。

urllib 是 Python 的基本库之一，可以应对基本的网络请求要求。这个库中有四个模块，分别是：request 模块，用于发起请求；error 模块，用于异常处理；parse 模块，解析 url 地址；robotparser 模块，较少用。

Requests：Requests 库不是 Python 自带模块，它是一个第三方库，是在 urllib 的基础上编写的。Requests 库在处理网络请求中占据着重要的地位，它比 urllib 更加方便易用，也同样能够满足爬虫的各种需要。

2. 解析库。

Beautiful Soup：当解析 xml 或 html 格式数据时，Beautiful Soup 是一个很好的选择。它依托于 DOM 树与 html5lib 解析器，而 html5lib 解析器需要额外安装

---

① 曾晓娟：《基于 Python 爬虫技术的应用》，载《办公自动化》2018 年第 20 期。

C语言依赖库。不过，Beautiful Soup相关函数处理搜索、解析与分析Dom树等方面操作使用起来也较为方便，已经成为不少研究者的主要工具。

Lxml：该解析库也可以用来解析和提取xml及html数据，它还支持XPath解析方式，是另一个常见的解析库，解析效率相对较高。它在解析html代码时，如果html代码不规范，会自动进行调整。

Re：该解析库是正则表达式的简称。正则表达式能够为计算机操作和分析中字符串操作提供一种逻辑工具，利用事先定义好的一些特定字符以及这些特定字符的组合，组成一个"规则字符串"，这个"规则字符串"用来表达对字符串的一种过滤逻辑，从而表示某种匹配的规则①。在许多编程语言中都有正则表达式的概念，Re库就是Python中使用正则表达式的内置模块。在爬虫程序中，Re库可以用于解析数据，利用该库配合Beautiful Soup或lxml可以相对方便地从返回体中提取特定内容。

3. 存储库。

Pymysql：如果保存数据量相对较大，可选择数据库存储。Python中较为主流的数据库之一是Pymysql，它就是用于连接MySQL服务器的一个库。它支持Python3版本，并且语法兼容Python2版本中常用的MySQLdb。

4.3.2.3　现有爬虫工具软件

除编写爬虫代码外，也可运用网页数据采集工具来抽取页面内容。该方法的优势是使用方便，对操作者的编程水平要求相对较低，学习成本低；其缺点是用户自定义采集过程时，自由度较低。如果对数据质量要求较高，仍需要自写代码来获取，优化规则。不过，在无特殊需求情况下，使用现有爬虫工具软件也是一种高效省时的数据获取方式。

目前，较为成熟的爬虫工具软件有八爪鱼、火车采集器等。

1. 八爪鱼。

八爪鱼是近些年较为知名的数据爬虫软件，拥有可视化操作界面，上手简单，只需要鼠标和输入文字操作，学习成本低。对于常见网站如淘宝、百度等有内置采集模板，而对于非常用网站也支持自定义爬虫设计功能，数据抽取效率也相对较好。此外，八爪鱼软件基于浏览器内核，通过模仿人浏览网页的行为来采集网页数据，因此，其采集速度较慢。该软件有Windows客户端和Mac

---

①　沙金：《精通正则表达式》，人民邮电出版社2008年版。

客户端。

2. 火车头/火车采集器。

火车头/火车采集器可以算是数据采集领域的"先驱"，是一款功能较为强大的数据采集器。它基于 HTTP 协议，采用分布式采集系统，采集效率较高，支持采集所有编码格式网页。软件程序还可以自动识别网页编码，支持目前所有主流和非主流的 CMS、BBS 等网站程序；支持 PHP 和 C#插件扩展，方便修改处理数据。不过，这款软件功能复杂，占内存和 CPU 也较大，规则编写复杂，比较适合有编程基础的人群，上手较难。该软件仅支持 Windows 平台使用。

4.4　教育数据的预处理

获取到的数据并不能直接用于分析，即需进一步对数据进行预处理。数据预处理是数据分析前的前置工作，包括数据清洗、数据变换等多种步骤。一份优质的数据预处理工作能够使模型训练和拟合更加准确，相反，数据分析结果可能会出现较大误差。常用的教育数据可被大致分为数值型和文本型两类。其中，数值型数据是按数字尺度测量的观察值，其结果表现为具体的数值，是可以进行数值运算的数据类型[①]；文本型数据又被称为字符型数据，它不能参与算数运算，英文字母、汉字、不参与运算的阿拉伯数字、其他可输入的字符等都属于文本型数据[②]。一般而言，数据预处理工作包括数据清洗、数据集成、数据变换等步骤，但不同类型数据的预处理操作步骤有所区别。

4.4.1　数值型数据的预处理步骤

数值型数据的预处理主要包括数据清洗、数据集成、数据变换等步骤。不同的数据收集方式会在不同程度上影响最终数据结果。使用网络爬虫抽取的数据在实际采集中会出现各种特殊情况，这些情况既可能是爬虫开发者对网页结构的解析错误，又可能是原网页出现特殊字段或内容导致，进而使得最终结果出现缺失、重复，甚至错位等现象。

① 贾俊平、何晓群、金勇：《统计学》，中国人民大学出版社 2018 年版。
② 左喜林、曹霞、何欣、许宁：《应用计算机应用基础与上机指导》，清华大学出版社 2010 年版。

4.4.1.1　数据清洗

数据清洗的核心是清除一些与工作无关的数据，一般包括缺失值处理、重复值处理、噪声与异常值检测、逻辑冲突等。

1. 缺失值处理。

缺失值指记录（行）或字段（列）信息缺失，就字段而言，未必是完全性的缺失，大多数情况下是数据库一组字段中某一个发生了缺失，造成这种现象的具体原因可能是完全随机缺失、随机缺失或非随机缺失，具体问题包括网页数据解析问题、系统权限问题、人为主观因素的影响、本身就是缺失值等。缺失值对数据聚类乃至数据回归的计算具有可大可小的影响，关键在于特征工程中如何进行处理。例如，一些算法中，"年龄"对模型构建的影响较小，不成为主要成分，"年龄"字段中出现的缺失值便可以做简要处理，但在另一些模型中，"年龄"可能成为相对核心的影响属性，这就要求研究者必须花费更多的时间进行填充或者删除等工作。一般而言，缺失值的处理主要包括以下几种方式。

删除法：删除法是一种相对强硬的处理方式，它是指直接将出现缺失的对应记录或字段进行删除的一种做法。使用删除法必须具备一定的条件或环境，如在大型数据集中出现了少量的记录缺失，或字段一半以上是缺失值。

填充法：

（1）一般数值填充。若记录数据整体状态良好，可以考虑按照某些规则进行缺失值填充。填充的内容可以是固定值、均值、中位数、众数等，如果对数据质量要求较高，还可以在填充的基础上引入高斯分布，这样可以更动态、更准确地表达和填充数据。

（2）插值预测法。相较于一般数值填充，插值预测法综合考虑其他字段对缺失值所在字段的影响，可以构建贝叶斯模型、决策树、K近邻等算法进行估算，此种方法更为灵活，但同样成本也更高。

不做处理：不对缺失值数据进行任何干预，也是数据处理的一种方式。一些模型对于缺失值的出现容忍度更高，尤其是针对一些基于距离进行计算的模型，它们通常会通过各种机制消除缺失值的影响，比较典型的模型是K近邻模型。

2. 重复值处理。

重复值指的是相同记录重复出现了多次的数据结构形式。为了保证数据质量和范式合理性，需要特别注意重复值的判定范围，并通过代码编程或其他方式抽取出重复记录的内容，确认无误进行删除。另外，还有一类情况是内容含义相似或相等，但数据表达未达到统一，如在一份未做规范的数据收集中，"甲工资 5000，乙工资 5k，丙工资 5 千或者五千"等。

3. 噪声与异常值检测。

噪声指的是观测数据中的一些错误数据，其起到一定的干扰作用，也被称为随机误差或方差。异常值是正常数据系列的一部分，只是它们的数据特征与一般数据不完全一致。一个简单的案例：在身高检测报告中，大多数人的身高维持高 1.7 米左右，但张三的数据是 "－1" 米，李四的数据是 "2.3" 米，由此可以断定，前者属于噪声系列，而后者更加倾向为异常值，因为身高负数在真实世界中的确是不存在的，而 2.3 米虽然有些离群和特殊，但仍然属于正常数据。

噪声或异常值大多使用箱线图进行检测。例如，对某班的语文成绩进行分析，班级最低分为 67 分，最高分为 90 分，中间分数为 86 分，这些都属于正常分布。但图 4 – 17 左侧出现了两个 "小黑点"，通过对应的 X 轴数据可以知道，这两个黑点就是噪声或异常值，前者在 0 的左侧，说明成绩是负数，并不合理，所以是数据噪声，而后者表示 20 分，符合 0 ~ 100 分的成绩区间，只是较少由学生得到该分数，故看似较为异常和离群，称为异常值。

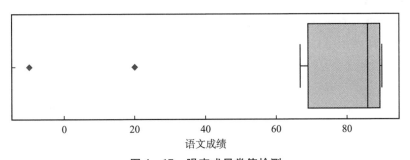

图 4 – 17　噪声或异常值检测

噪声或异常值处理方法需视具体情况而言，若数据规模较大，而噪音或异常值数据较小，且所属记录对模型贡献度较低，便可以考虑删除。若选择 SVM、随机森林等均衡性能较高的模型，便可不对这些数据做过多处理。相反，也可以按照缺失值的处理方法进行替换与修正。

4. 逻辑冲突。

逻辑冲突通常用于问卷设计中。它是指设置自相矛盾的两个题项，以确认被研究者的答案没有存在逻辑上的冲突现象，如"跨学科能力较弱"与"能够使用跨学科能力帮助科研工作""高中学历"与"本科学历"等，就出现了逻辑上的冲突，需要对该条记录进行删除。

4.4.1.2 数据集成

数据集成指的是按照指定外键进行数据仓库合并的过程。简单而言，就是将数据收集过程中的所有数据库的数据进行统一，若不需要数据合并或者数据量较大需要在做数据分析过程中进行数据库连接、选择或投影等操作，也可以选择忽略本步骤。数据集成要严格按照数据预处理的顺序进行合并。这样做的好处是能够将每个数据源当成一个独立的单位，若数据处理有误，可直接修改对应的数据源，而不用对整个数据仓库进行修正。

4.4.1.3 数据变换

1. 哑变量。

哑变量又称虚拟变量，是研究者在数据分析时赋予的变量，主要基于独热编码进行数据变换。数据模型构建时对分类变量并不敏感，不能将汉字本身引入模型中进行计算，因此，这类数据需要引入哑变量，以告诉计算机其内涵。以学生所属门类为例，具体转换方式如表 4 - 1 所示，将对应的学科门类拆分成四组相应的字段，并按照 0 和 1 的形式标记所属类别，其中 1 表示对应记录所属的门类。

表 4 - 1

类别	X_li	X_gong	X_wen	X_shang
理科	1	0	0	0
工科	0	1	0	0
文科	0	0	1	0
商科	0	0	0	1

2. 衍生变量。

在某些特殊场景，研究者也可考虑在已有变量的基础上进行简单变换，从而生成衍生变量。这些变量对整体模型的构建可能会起到至关重要的作用。例如，使用学者"参加国内会议次数"与"参加国际会议次数"的比值可生成衍生变量，使用"国内发表刊物数"与"国际发表刊物数"的总值也可生成衍生变量等。总之，研究者可使用一些合理的方式对已有数据进行变换，从而优化模型，提高算法准确率与模型适用性。

3. 函数变换。

函数变换指的是对非标准数据分布进行函数变化，以更加适用于模型的过程。函数变换的方法很多，包括对数据进行平方转换、开方转换、对数转换等。在本书时间序列模型介绍中，由于数据未呈现连贯的一致性，不利于数据拟合，故在 ARIMA 模型中用到了差分变换。数据变换的方式有很多种，但需要依据分析的模型，进行有选择的区分和保留。

4. 标准化。

对于数值型数据而言，由于不同字节变量的含义都不相同，可能造成数量级别上的差异，模型易错误地将某一特征的重要性提高，从而一定程度上导致数据聚类或分类的结果变得不准确。一般而言，常用的数据标准化指的是最大最小标准化（Max – Min）和零均值（Z – score）标准化等，两者的计算方式见式（4 – 1）和式（4 – 2），可以发现，前者更加强调相对数据的变化，并不涉及数据分布的影响，只是对同等数据大小的缩放，而后者由于基于方差计算对异常值的包容性更强，能够保证数据质量的稳定性，较前者更为常用。

$$\text{Max} - \text{Min} = \frac{(x - \text{Min})}{\text{Max} - \text{Min}} \tag{4 – 1}$$

$$Z = \frac{(x - \mu)}{\sigma} \tag{4 – 2}$$

4.4.2　文本型数据的预处理步骤

除数值型数据，教育领域也包括大量文本型数据，例如，MOOC 用户评论、政策文本等。教育文本型数据可以做关键词提取、文本相似度计算、主题模型等，但做这些数据分析前，通常也需要对文本数据做预处理，除数值型数据提到的部分预处理操作，其独有的处理方式还包括分词、文本清洗、词形转换等。

4.4.2.1 分词

通过爬虫从页面上得到的文本数据一般是完整的语篇或者句子，为了使计算机能够理解这些文本，研究者需要先进行分词处理。分词，顾名思义就是将单个或多个词语分隔开，中文分词和英文分词原理不同。对于中文文本，分词的核心是在中文句子的词与词之间加上边界标记；而对英文文本来说，其语言的基本单位就是单词，每个单词之间使用空格作为词与词之间的天然界限，因此，英文分词较中文分词更加简单。分词的操作可借助 Python 中的分词工具来完成，常用中文分词工具有 jieba、SnowNLP、pyltp 等，常用的英文分词工具有 NLTK、NLPIR 等。

中文以字为单位的，有的单字可以单独表示一定的含义，而很多单字必须和其他字组合起来才能表示意思，而且一个字和不同的字组合起来可以表达不同的含义，这就使得中文分词的难度较高。因此，如何科学有效的使计算机对中文语句分词，是多数文本分析的重要前提。目前，现有的中文分词算法大致可以分为三类：基于字符串匹配的分词方法、基于统计的分词方法和基于理解的分词方法。

第一种是基于字符串匹配的分词方法。这种方法是将待处理的文本按照一定策略和一个足够大的词典中的词条进行匹配，如果待处理文本中的某个字符串与词典中的某个词条匹配成功，则视为识别出了一个词。根据扫描方向的不同，可以分为正向匹配法和逆向匹配法；根据不同长度优先匹配情况，可以分为最大（最长）匹配和最小（最短）匹配；等等。在这种分词方法中，常用的几种策略是正向最大匹配法（由左到右）、逆向最大匹配法（由右到左）和最少切分（使每一句中切出的词数最小）。这种分词方法的优点是速度快、实用、简单；缺点是对歧义和新词识别方面效果不好。基于这种分词方法的工具有 IKanalyzer、Paoding 等。

第二种是基于统计的分词方法。在中文文本中，词是字的稳定组合，在上下文中，相邻字同时出现的次数越多，它们越有可能构成一个词。因此，可以对语料中相邻共现各个字的组合频度进行统计，计算汉字之间的相邻共现概率。当这种概率高于某一个阈值时，可以认为这种组合构成了一个词。这种方法不需要依靠词典来对文本进行切分，因此，又称为无词典分词法。这种方法的优点是对歧义词和新词识别方面效果较好，但是需要大量人工标注数据，分词时间成本较高。这种方法也有其缺点，即经常会抽出一些相邻共现概率高、并非词语的词组，如"不然""对于"等，因此，在实际应用这种方法时，会配合第一种方法来优化分词结果。常见的基于这种分词方法的工具有 jieba、ICTCLAS 等。

第三种是基于理解的分词方法。这种方法的原理最接近于人脑对语句进行分词的过程，它试图通过让计算机模拟人对句子的理解，达到识别词的效果。这种分词方法需要使用大量的语言知识和信息。由于中文语言的复杂性，很难将各种语言信息描述为机器可直接读取的形式，因此，该种方式分词工具仍在不断完善中。

4.4.2.2 文本清洗

文本清洗工作即去除掉与工作无关的内容，其中包括去除 html 代码、css 标签、停用词、建立用户词典等操作。由于歧义词以及新词的识别是分词的难点之一，故除依靠算法本身外，用户也可以通过创建停用词表和用户自定义词典来辅助完善的处理结果。

1. 噪声清除。

当从网页上爬取文本数据后，数据中通常带有非意向挖掘内容，此时需对这部分噪声数据进行清除。这部分数据包括以下几个方面。

（1）页面无关内容。响应体中大多会包括页面导航、页面广告等无关内容，若未较好屏蔽掉该些方面，文本数据也会相对较乱。解决方案是可根据标签种类、名称来区分标签内的数据内容，以决定究竟是删除标签与标签之间的内容，还是删除标签的属性[①]。

（2）HTML 或 XML 标记。当从网页中获取数据，并且以 Web 格式保存时，保存内容中会带有 HTML 或 XML 标签。在进行这部分处理时，可以依靠正则表达式或者其他函数等手段将标记去除。

（3）删除标点符号和空格。

（4）删除数字或将数字替换为对应文字。

（5）对重复值进行处理。

2. 停用词和用户自定义字典。

停用词（stop words）指的是在分词之后被剔除掉的词汇，它在一定程度上相当于过滤词（filter words），不过过滤词的范围更大一些，如黄色、政治等

---

① 王之鹏：《Web 文本分类系统中文本预处理技术的研究与实现》，南京理工大学，2009 年。

敏感信息的关键词都会被视作过滤词加以处理，停用词本身则没有这个限制。通常意义上，停用词包括：第一，使用十分广泛，甚至过于频繁的一些词，如英文的"i""is""what"，中文的"我""就"等，尽管其在大多文档上均会出现，但这些词其实际含义与价值相对较低。第二，语气助词、副词、介词、连词等。例如，"然后""接着"，副词"无论如何"等。第三，特定情境下需要被停用的词汇，这个类型一般是用户根据自身研究的主题自行添加的。例如，在用户学习效率相关研究中，"学习"或"学生"出现频率过高时，可以考虑将这些词停用以发现更多、更有意义的词组。目前，常用的停用词表有哈工大停用词表、百度停用词表等。

用户自定义词典则对新词识别有一定的帮助。停用词是帮助用户筛掉一些无关词汇，而用户自定义词典可以帮助程序识别一些原本未被识别，但用户想要其识别的词语。比如，人名、新兴的网络词汇、专业领域术语等。

停用词表和用户自定义词典都可以通过载入 txt 文档的方法来构建，具体做法为：将需要停用或新加的词汇按照每行一词的方式存入 txt 文档，分词操作时将这些词载入即可。

4.4.2.3　词形转换

英文表达通常以空格作为分割标记符，其分词更为简单。然而，英文文本中单词的变化形态很多，涉及单复数变形、不同时态变形等。故无特殊需求等任务下，统计或计算词汇都应将它们算为同一词。这一步实现的方式有两种：词形还原和词干提取。

从原理上讲，词干提取主要是采用"缩减"的方法①，将词转换为词干，如将"cats"处理为"cat"，将"effective"处理为"effect"。而词形还原主要采用"转变"的方法，将词转变为其原形，如将"drove"处理为"drive"，将"better"处理为"good"。

实现词干提取和词形还原的方法大致有两种：第一种方法是创建一个大词典，将单词映射到词干或者词的原形中。这种方法的优点是只要词干或原形可以被完美定义，则其准确度一般通常较高；缺点是字典需要占据一定的空间，而且在新词出现时需要维护和更新字典，成本相对较高。第二种方法是使用一

---

① 吴思竹、钱庆、胡铁军、李丹亚、李军莲、洪娜：《词形还原方法及实现工具比较分析》，载《现代图书情报技术》2012 年第 3 期。

组从单词中提取词源的规则。这种方法的优点是体积小，可以较好地处理新词；缺点是有时会出错。第二种方法较为常用，最著名、也最常用的词干提取算法——Porter stemmer 就是基于第二种的方法。

4.5 本 章 小 结

　　教育数据种类多样，获取方法也根据其种类的不同有所区别。在获取教育数据的过程中，要遵循可靠性、全面性和时效性原则。广泛存在于网页上的开放数据是最常用也最容易获取的数据源之一，由于数据量巨大，除了通过传统的人工方式对数据进行收集之外，还可以通过数据爬虫对开放数据进行高效的获取。Python 是数据爬虫的热门编程语言，其基本实现流程有发送请求、获取响应内容、解析内容、保存数据等几个环节，常用的模组包括 urllib、Requests、Lxml、Re 等，常用工具包括八爪鱼、火车头采集器等。数据获取以后，为保证数据分析结果的精确性和可靠性，本文介绍了数据预处理的相关内容。数值型数据预处理操作包括数据清洗、数据集成、数据变换等；文本型数据预处理操作包括分词、文本清洗、词形等。

第 5 章

文本相似度与主题分析

前文提及，文本类型数据也是教育研究的重要类型之一。相较数值型数据，文本数据具有半结构化、高维、高数据量、语义性等特点[1]。文本（text）是指由一定的符号或符码组成的信息结构体，由于文本是人主观思想的具象表述，文本的语义不可避免地会反映人的特定立场、观点、价值和利益，因此，通过对文本内容的分析，可以推断出作者潜在的表达目的和观点[2]。

中文文本的最小组成单位为字，进而可以组成词、短语。英文文本的最小组成单位为单词，进而也可以组成短语。这些表示文本的基本单位通常被称为文本的特征或者特征项，文本特征分析就是对文本特征项的分析。一般来说，特征项选取与分析要符合如下特点：一是特征项要能够标识文本内容；二是特征项应能够将目标文本与其他文本进行区分；三是特征项的个数不能太多；四是特征项要容易分离。对比字、词、短语等单位，从字到短语，表达能力逐渐递增，分析难度和切分难度也随之递增。综合考量下，词的表达能力、分析难度和切分难度相对容易操作，因此，目前大多数文本分类系统都将词作为特征项进行文本的特征分析。这些特征词作为文本的中间表示形式，可用于实现文本特征词的抽取、文本相似度计算以及文本主题模型等。

5.1 文本特征词的抽取

除特殊任务需求外，教育文本分析的基本单位是特征词。一般而言，可使

---

① 张兴会等：《复杂结构数据挖掘》，清华大学出版社 2011 年版。
② 曹雪虹：《信息论与信息编码》（第 2 版），清华大学出版社 2009 年版。

用 JIEBA、NLTK 等经典模组，搭配用户词表和停止词表抽取或过滤相关特征词。统计与分析特征词的分布状况在一定程度上有利于说明文本表达的观点或内容，为文本相似度计算或文本主题模型等复杂任务奠定基础。本节主要介绍两种应用较为广泛的文本特征词分析算法：TF－IDF 算法和 TextRank 算法。

5.1.1　TF－IDF 算法

20 世纪八九十年代，索尔顿（Salton G）[1] 在 IDF（逆向文档频率）算法的基础上，进一步提出了一种新的计算特征词，其对一个文档或一个资料库重要程度的算法——TF－IDF（词频—逆向文档频率）算法，它可以过滤掉文本中常见但没有实际意义的词语，同时保留真正影响文本的词语。该算法简单，容易理解，被不少研究者所重视，并广泛应用于文本处理的相关任务中，是计算文本关键词的主流算法之一。

TF 指词频（term frequency），是某一给定词语在当前文件中出现的次数。IDF 指逆向文档频率（inverse document frequency），是一个词语普遍重要性的度量，即如果一个词语只在很少的文件中出现，表示更能代表文件的主旨，它的权重就越大；如果一个词语在较多文件中都出现，表示其代表内容较为模糊，它的权重就越小。TF－IDF 的主要思想是，如果某个词语在一篇文章中出现的频率较高，并且在其他文章中较少出现，则认为该词语能较好地反映当前文章的主题。即一个词语的重要性与它在文档中出现的次数成正比，与它在语料库中出现的频率成反比[2]。

在 TF－IDF 算法中，先选择一个基于词或者词组的基本词汇，然后对于语料库中的每个文档，分别统计其中每个词的出现次数。经过一定的匹配后，再将词的频率计数和逆向文档频率计数相比较，得到一个词数乘以文档数的向量 X。向量的每个行中都包含着语料库中每个文档的 TF－IDF 值。Python 第三方工具包（Scikit-learn）提供了 TF－IDF 算法的相关函数，主要用到 sklearn. feature_ extraction. text 下的 CountVectorizer 和 TfidfTransformer 函数。其中，CountVectorizer 函数用来构建语料库中的词频矩阵，TfidfTransformer 函数用来计算词语的 TF－IDF 权值。

---

[1]　Salton G，Yu C T. On the Construction of Effective Vocabularies for Information Retrieval. *Acm Sigplan Notices*，Vol. 10，No. 1，1975，pp. 48－60.

[2]　曹树金、陈桂鸿、陈忆金：《网络舆情主题标引算法与实现》，载《图书情报知识》2012 年第 1 期。

5.1.2　TextRank 算法

TextRank 算法是基于 PageRank 算法思想改进的。PageRank 算法是 Google 的创始人拉里·佩奇（Larry Page）和谢尔盖·布林（Sergey Brin）于1998 年在斯坦福大学读研究生期间发明的，PageRank 算法可以通过网页间的超链接关系来计算网页的重要性。PageRank 算法的核心思想是：网页的重要性由两部分组成，首先，如果一个网页被大量其他网页链接，说明这个网页比较重要；其次，如果一个网页被排名很高的网页链接说明这个网页比较重要[①]。

而 TextRank 算法借鉴了 PageRank 算法的思想，并将其应用于文本处理领域中，将文本中的词汇看作网络节点，组成词汇网络图模型，将词语间的相似关系看成一种推荐或投票关系。如此就可以计算每一个词语的重要性[②]，权重高的节点可以作为关键字。基于 TextRank 的文本关键词抽取是利用局部词汇关系（共现窗口），对候选关键词进行排序，该方法的步骤如下：（1）对文本 D 进行预处理操作；（2）构建候选关键词图 G =（V，E），其中 V 为节点集（由候选关键词组成），并采用共现关系构造任意两点之间的边，两个节点之间仅当它们对应的词汇在长度为 K 的窗口中共现则存在边，K 表示窗口大小即最多共现 K 个词汇；（3）根据公式迭代计算各节点的权重，直至收敛；（4）对节点权重进行倒序排列，得到排名前 TopN 个词汇作为文本关键词。在 Python 语言中，可通过第三方库 jieba 中的 jieba. analyse. textrank 函数直接实现 TextRank 算法。

5.2　文 本 相 似 度 计 算

林德康（Dekang Lin）[③] 从信息论的角度阐明了文本相似度的概念：相似度与文本之间的共性和差异有关，共性越大，差异越小，相似度就越高；共性

---

①　Brin S，Page L. The Anatomy of a Large-scale Social Search Engine. In：Thistlewaite P，etal.，eds，Proceedings of the 7th ACM－WWW Internet Conference. Brisbane：ACM Press，1998，pp. 107－117.

②　Mihalcea R，Tarau P. Textrank：Bringing Order into Text. In：Proc. of the EMNLP. Stroudsburg：ACL，2004，pp. 404－411.

③　Lin D. An Information-theoretic Definition of Similarity. Proceedings of the 15th International Conference on Machine Learning，1998.

越小，差异越大，相似度就越低；相似度最大的情况是文本完全相同。文本相似度的计算方法有很多种，大致可将这些方法分为两大类：字面相似度计算方法和语义相似度计算方法①。

5.2.1　字面相似度计算方法

计算文本字面相似度的方法直接分析原始文本，作用于字符串序列或字符组合，原理较为简单，便于实现，适用于部分相对简单的任务。本节将介绍几种基于字面相似度的计算方法，具体包括编辑距离、海明距离以及杰拉德系数等。

5.2.1.1　编辑距离

编辑距离（levenshtein distance，LD）是一种经典的距离计算方法，常用来输入字符串的快速模糊匹配，度量字符串之间的相似差异。该算法认为，将字符串 A 不断修改（包括插入、删除和替换）直至成为字符串 B，所需要的最少编辑次数代表了这两个字符串之间的差异大小。一般情况，编辑距离越小，字符串相似度越大。这个方法的不足之处在于当文本量较大时，它所需要的计算成本巨大，较为耗费时间②。

举例来看，计算单词 cafe 和 coffee 的编辑距离。

其最佳编辑过程为：cafe→caffe→coffe→coffee。

共编辑了 3 次，因此，cafe 和 coffee 这两个单词的编辑距离为 3。

5.2.1.2　海明距离

海明距离（hamming distance）又称码距③，是一种广泛应用于通信编码领域的相似度计算方法，它计算的是两个相等长度字符串中对应元素不一样的个数。这种方法原理简单，但是未考虑到字符串的长度。

举例来看，现在有两组字符要进行对比，第一组是 10110001 和 11000001，

---

① 王春柳、杨永辉、邓霁、赖辉源：《文本相似度计算方法研究综述》，载《情报科学》2019 年第 37 期。

② 姜华、韩安琪、王美佳：《基于改进编辑距离的字符串相似度求解算法》，载《计算机工程》2014 年第 40 期。

③ Liu A X，Shen K，Torng E. Large Scale Hamming Distance Query Processing［C］. IEEE，International Conference on Data Engineering. IEEE Computer Society，2011：553 – 564.

这两个字符串有三位是不同的，因此，第一组的海明距离就是3；第二组是1011和1100，它们的海明距离同样是3，但是显而易见这两组字符串之间的文本相似度是不同的。

因此，在进行文本相似比较时，将字符串长度作为分母是比较可取的办法，在Python中，hamming distance也是这样操作的。这样一来，海明距离的长度就被约束在了0～1之间，0为最小，1为最大。

5.2.1.3 杰卡德系数

杰卡德（Jaccard）系数又称杰卡德相似性系数[①]，其思想相对简单：两个文档间共有词占比越高则越相似。其计算方法为两篇文档的交集除以它们的并集，两篇文档所共同拥有的词除以两个文档所有的词，即：

$$J = \frac{|A \cap B|}{|A \cup B|} \tag{5-1}$$

举例说明，现有两个文本：

$s1 = $'天津滨海科技馆'$\rightarrow A = \{$天津，滨海，科技馆$\}$；$s2 = $'天津大学'$\rightarrow B = \{$天津，大学$\}$。它们的交集 $A \cap B = \{$天津$\}$，并集 $A \cup B = \{$天津，滨海，科技馆，大学$\}$，因此，它们之间的杰卡德系数就是 $1/4 = 0.25$。

5.2.1.4 基于 VSM 的方法

VSM即向量空间模型（vector space model），该模型是一种较为常用的文本相似度计算模型[②]。在该模型中，每一篇文档都用向量来表示，这些向量是不具有语义信息的，单纯将文本表示为向量形式以便于运算。其中的每一维对应一个词组，如果某个词组出现在该文档中，那么它在向量中的值就是非零的。简而言之，就是将一个文档（document）抽象成一个向量，该向量由 n 个关键词（term）组成，每个词都有一个权重（term weight），不同的词根据自己在文档中的权重来影响文档相关性的重要程度[③]：

——————————

① Christiani T, Pagh R. Set Similarity Search beyond MinHash [C]. ACM Sigact Symposium on Theory of Computing. ACM, 2017: 1094-1107.

② Feldman R, Dagan I. Knowledge Discovery in Textual Databases [C]//Proceedings of the First International conference on Knowledge Discovery and Data Mining (KDD), Montre al, Canada, AAAI Press, 1995, 95: 112-117.

③ 李瀚清、房宁、赵群飞、夏泽洋：《利用深度去噪自编码器深度学习的指令意图理解方法》，载《上海交通大学学报》2016年第7期。

$$V(d) = (ti,\ \omega i(d),\ \cdots,\ tn,\ \omega n(d));$$

其中，$ti(i=1,\ 2,\ \cdots,\ n)$ 是一列相互之间不同的词，$\omega i(d)$ 是 ti 在 d 中对应的权值。

计算每组特征词的方法有很多，最常用的就是前文提到的 TF – IDF 算法。基于此，每篇文章的词组及其频率就构成了一个多维空间图，两个文档的相似度就是两个空间图的接近度。不过，对于长文档而言，由于其过小的内积和过高的维数，在使用此类方法时相似值不甚理想。

当向量空间构建完成时，基于该空间模型可以对每个文档的向量进行计算来求取文本相似度，比如，求余弦相似度就是计算两个向量夹角间的余弦值（见式 5 – 2[①]），当夹角越小时，相似度越高：

$$\mathrm{sim}(di,dj) = \cos\theta = \frac{\sum_{i=1}^{n} \omega_k(di) \times \omega_k(dj)}{\sqrt{(\sum_{i=1}^{n} \omega_k^2(di)) \times (\sum_{i=1}^{n} \omega_k^2(dj))}} \qquad (5-2)$$

此外，还有欧氏距离[②]、切比雪夫距离、曼哈顿距离等相似度的计算方法，这些计算模块和算法都包含在 Python 的距离包 pairwise_distances 中，使用时可以直接进行调用。

5.2.2　语义相似度计算方法

基于字面相似度的方法，考虑的是文本表面信息的字词而忽略其真实含义，而计算语义相似度的方法可以识别其实际表达意义。这类方法被大致划分为基于知识库（knowledge-based）的方法与基于语料库（corpus-based）的方法[③]。

5.2.2.1　基于知识库的方法

基于知识库的方法是基于概念间结构层次关系组织的语义词典的方法，是

①　刘华锋、景丽萍、于剑：《融合社交信息的矩阵分解推荐方法研究综述》，载《软件学报》2018年第 2 期。
②　潘峰华、赖志勇、葛岳静：《经贸视角下中国周边地缘环境分析——基于社会网络分析方法》，载《地理研究》2015 年第 4 期。
③　王春柳、杨永辉、邓霏、赖辉源：《文本相似度计算方法研究综述》，载《情报科学》2019 年第 37 期。

利用概念之间的上下位和同位关系来计算词语的相似度①。根据参考对象的不同，该类方法也有两种分类：一类是基于本体的方法；另一类是基于网络知识的方法。基于本体的方法依靠语义词典作为参考工具进行计算，而基于网络知识的方法主要依靠网络知识库进行计算。

基于本体的方法使用的语义词典不尽相同，比如，在英文领域使用较为广泛的是 WordNet，而中文领域应用较广的是 HowNet、《同义语词林》等。目前常用的算法有 wup、hst 和 lin 等。该类方法可以较好地厘清常用词、通用词之间的关系，但对一些专用词、新词、网络词汇的识别较为滞后，因此，在对专业领域的文本进行识别时，需要参考领域本体来进行计算。另外，该类方法非常依靠语义词典，词典的修订和更新需要耗费大量人力、物力及时间成本，且受参与本体编撰的专家影响较大，这也是其缺点之一。

基于网络知识的方法依靠网络知识库中各个知识点之间可以相互链接的特性，将网络上零散的知识串联起来，形成巨大的知识有向图网络，对处于其中的内容进行处理。目前，该类方法大部分都是基于维基百科、百度百科等网络知识库进行开展，常用算法有 ESA、WLM 等。基于网络知识的方法的优点在于语义信息量大，更新速度较为迅速，对网络词汇、新兴词汇等反应灵敏，但其结构化水平较低，数据噪声也较大。

5.2.2.2 基于语料库的方法

语料库指经科学取样和加工的大规模电子文本库②，基于语料库的文本相似度计算，就是根据从大型语料库获得的信息来计算文本之间的相似性③。语料库根据其形成方式、应用领域等的不同可以被分为很多种类，比如，有利用不规定收集原则广泛储存预料的语料库，也有按严格的根据事先制定好的规则收集的语料库；有储存广泛知识的语料库，也有只存储特定领域内容的语料库等。基于语料库的文本相似度计算方法中，第一类方法是用文本集合作为语料库；第二类方法是将整个 Web 视为一个大型的动态语料库。

第一类方法是在基于已有文本集合的基础上，利用机器学习等相关原理，

---

① 陈宏朝、李飞、朱新华、马润聪：《基于路径和深度的同义词词林词语相似度计算》，载《中文信息学报》2016 年第 5 期。
② 于娟、刘强：《主题网络爬虫研究综述》，载《计算机工程与科学》2015 年第 2 期。
③ 王春柳、杨永辉、邓霏、赖辉源：《文本相似度计算方法研究综述》，载《情报科学》2019 年第 37 期。

对文本特征进行计算和分析，并进行相似度的判断，如利用神经网络等算法，通过将文本转化为词向量的形式，随后作为神经网络的学习特征或被输入神经网络中进行学习，这种方法可以处理复杂的上下文关系，该领域目前较为主流的模型是 Word2vec。此外，在计算文本相似度的应用范畴中，目前的文本主题分类中 LSI、PLSI、LDA 等算法都可以被划入第一类方法中。它们关注的是识别文本的真正语义，并且也都引入了"主题"的概念，通过对关键词在不同主题中出现的概率和强度进行相似度分析，处于同一主题下的词语语义相似度相对较高。

第二类方法是将整个 Web 当作一个大型动态语料库。日常工作中，通常使用网络搜索引擎获取 Web 内容，其反馈内容通常是条目、页面都较为相似的结果。在面对更新速度飞快的网络词汇、新生词汇时，该类方法具有很好的适应性和时效性，在计算成本和计算效率上，它的优势也很显著。然而，它的缺点也较为明显，例如，网络噪声较大，计算精确度相对不高，以及无法对篇章和长文本进行有效计算等。

5.3 文本主题模型

主题模型（topic model）是一种对文集的隐含语义结构（latent semantic structure）进行聚类（clustering）的统计模型[1]，通俗来讲，就是对文字中隐含主题的一种建模方法。在自然语言处理中，主题模型常用于对文本进行语义分析、降维处理、按主题对文本进行聚类等。

主题（topic）是以文本中所有字符为支撑集的概率分布，表示该字符在该主题中出现的频繁程度，即与该主题关联性高的字符有更大概率出现。主题模型尝试用数学框架来体现文档的这种特点，主题模型通过自动分析文档以及统计文档内的词语，来判断所统计的文档内有哪些主题，以及每个主题各自的占比为多少[2]。例如，在一篇文档中有"狮子""兔子"两个主题，那么在"狮子"的主题中，如"狮子""草原""群居"等词会频繁出现，而在"兔子"的主题中，"兔子""胡萝卜"等词也会频繁出现。若"狮子"的主题占比为

① Papadimitriou，C. H.，Raghavan，P.，Tamaki，H. and Vempala，S. Latent Semantic Indexing：A Probabilistic Analysis. *Journal of Computer and System Sciences*，2000，Vol. 61，No. 2，pp. 217 – 235.

② 徐戈、王厚峰：《自然语言处理中主题模型的发展》，载《计算机学报》2011 年第 34 期。

20%，"兔子"的主题占比为80%，那么在整篇文档中，"兔子"主题中的词出现的概率大约为"狮子"主题中的词出现概率的4倍。

5.3.1　主题模型的发展过程

主题模型的提出并非一蹴而就的，而是一个逐步发展的过程。本小节将介绍主题模型从提出到逐步走向相对完善的发展过程。

5.3.1.1　主题模型的出现：LSI潜在语义索引模型

前文提到的TF－IDF算法计算的是文档中词出现的频率，文本是词和文档的二级结构。潜在语义索引（latent semantic indexing，LSI）则更进一步引入了Topic，即主题的概念，其目的是发现文本中隐含的主题，它的基本思想为主题模型的发展奠定了基础[①]。在文档的空间向量模型中，文档被表示为由特征词出现概率组成的多维向量，不同的词被赋予了不同的权重。但是这个方法存在着一定的问题，即对一义多词和一词多义的情况难以处理。当一义多词的情况出现时，几个同义词被分别单独表示了，但实际上它们表达的是相同的意义；而当一词多义的情况出现时，该词拥有数个不同的词义，但这几个不同语义又始终对应同一表示。因此，当上述两种情况发生时，易导致计算向量余弦相似度不准确的情况。

为解决这一问题，LSI模型认为，要找到特征词在文档中的真正含义，就要把高维的文档降到低维的潜在语义空间。该模型的主要思想是利用矩阵的奇异值分解（SVD），将词和文档映射到潜在语义空间中，从而去除原始向量空间中的一些"噪声"，达到特征降维和提高信息检索精度的目的[②]。LSI自身也存在一定的缺陷，由于它利用SVD分解来进行降维，而SVD分解要耗费大量的时间成本，因此，它的效率相对较低。

5.3.1.2　主题模型的发展：pLSI概率潜在语义索引模型

由于LSI存在上述缺点，霍夫曼（Hofmann）提出了基于概率统计的概率潜在语义索引（probabilistic latent semantic indexing，pLSI），这个模型被看成一

---

① 徐戈、王厚峰：《自然语言处理中主题模型的发展》，载《计算机学报》2011年第34期。
② 周洲、侯开虎、姚洪发、张慧：《基于TF－IDF及LSI模型的主观题自动评分系统研究》，载《软件》2019年第2期。

个真正意义上的主题模型[①]，pLSI 通过一个生成模型为 LSI 赋予概率意义上的解释。该模型假设，每一篇文档都包含一系列可能的潜在主题，文档中的每一个单词都不是凭空产生的，而是在这些潜在的主题指引下通过一定的概率生成的[②]。在 pLSI 模型中，文档中的每个词被建模为一个来自混合模型的样本，这个混合模型中的成分可以看作"主题"的多项式随机变量[③]。因此，pLSI 是词－主题－文档的三级结构模型，每个主题都是由特定词组成的，文档中不同的词语组合表示不同的主题，每篇文档可以表示为各种主题按照一定的比例构成。

此外，pLSI 将文档—主题、主题—词的分布视为参数而非随机变量。这使得模型中的参数数目和语料库呈线性关系，随着训练数据的增多，越容易导致模型的过拟合问题，这个问题导致 pLSI 无法被更加广泛的运用。

5.3.1.3　主题模型的推广：LDA 潜在狄利克雷分布模型

进一步的，为了解决 pLSI 模型存在的缺陷，布莱（Blei）等提出了潜在狄利克雷分布（latent dirichlet allocation，LDA）模型[④]。前文讲到，pLSI 过拟合问题的根源在于参数数目和语料库之间的线性关系，而 LDA 引入了参数的先验分布概念，从而使参数不再与语料库数量线性相关。具体来讲，LDA 模型在 pLSI 模型的基础上，为主题分布和词分布分别加了一个先验分布[⑤]，这两个先验分布都是用稀疏形式的狄利克雷分布（Dirichlet）来表示的。LDA 模型也是当今主题模型领域中最经典、应用最广的模型之一。

由于 LDA 模型存在的多种优势，较快地得到了较多学者的认可，并在该模型的基础上进一步提出了 ATM、DTM 等数种模型。在文本分析和挖掘领域，主题模型的地位也变得越发重要。它的优越性具体体现在以下两个方面：一是通过主题模型可以分析出文档中的潜在主题，从而使应用者能够更快速、便捷

---

①　王燕鹏：《国内基于主题模型的科技文献主题发现及演化研究进展》，载《图书情报工作》2016 年第 3 期。

②　文健、李舟军：《基于聚类语言模型的生物文献检索技术研究》，载《中文信息学报》2008 年第 1 期。

③　Thomas Hof mann. Probabilistic Latent Semantic Inde-xing［C］//Proceedings of the 22nd Annual Inter-nation-al ACM SIGIR Conference on Research and Develop-ment in Information Retrieval. Berkeley, CA, USA, 1999：50 – 57.

④　MBLEI D, Ng A Y, JORDAN M I. Latent Dirichlet Allocation［J］. Journal of Machine Learning Research, 2003（3）：993 – 1022.

⑤　王仲远、程健鹏、王海勋、文继荣：《短文本理解研究》，载《计算机研究与发展》2016 年第 2 期。

地提取文档的主要内容；二是通过主题模型对文档进行降维，相比于词—文档的二级结构，主题模型采用的是词—主题—文档的三级结构，由于主题的个数远低于词的个数，因此，可以实现降维，这种降维可以降低数据噪声，并且有利于大数据分析操作和降低训练模型成本。

5.3.2　主题模型应用的基本原理

本节将以 LDA 和 ATM 这两种主流的主题模型为例，对主题模型应用过程中的原理进行介绍。

5.3.2.1　LDA 主题模型

前文提到的 LDA 主题模型是一种经典的主题模型，本节将具体介绍 LDA 模型的原理和应用。通俗一点理解，该模型认为，一篇文章的每个词都是通过"以一定概率选择了某个主题，并从这个主题中以一定概率选择某个词语"得到的。因此，每一篇文档代表了一些主题所构成的一个概率分布，而每一个主题又代表了很多单词所构成的一个概率分布。同时，它是一种典型的词袋模型，即一篇文档是由一组词构成，词与词之间没有先后顺序的关系。并且，一篇文档可以包含多个主题，文档中每一个词都由其中的一个主题生成[①]。LDA 模型的主要应用是根据给定的文档来反推这个文档中有哪些主题以及这些主题的分布情况。

在 LDA 模型中，一篇文档生成的方式则可以用如下步骤表示[②]，见图 5 - 1。

（1）LDA 从参数为 β 的 Dirichlet 分布中抽取主题与单词的关系 φ。

（2）从参数为 α 的 Dirichlet 分布中抽样出该文本 d 与各个主题之间的关系 θ_d，当有 T 个主题时，θ_d 是一个 T 维向量，每个元素代表主题在文本中的出现概率，满足 $\sum_T \theta_{d_T} = 1$。

（3）从参数为 θ_d 的多项式分布中抽出当前单词所属的主题 z_{dn}。

（4）从参数为 $\varphi_{z dn}$ 的多项式分布中抽取出具体单词 ω_{dn}。

---

① 吕超镇、姬东鸿、吴飞飞：《基于 LDA 特征扩展的短文本分类》，载《计算机工程与应用》2015 年第 4 期。

② Blei D M, Ng A Y, Jordan M I. Latent Dirichlet Allocation. *The Annals of Applied Statistics*, 2001.

Topic（LDA）

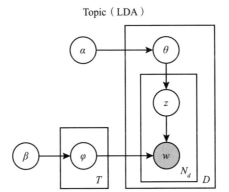

图 5 - 1 LDA 的贝叶斯网络图

资料来源：Rosen - Zvi M, Griffiths T, Steyvers M, et al. The Author-topic Model for Authors and Documents. Proceedings of the 20th Conference on Uncertainty in Artificial Intelligence, 2012.

一个文档中所有单词与其所属主题的联合概率分布如式（5 - 3）所示：

$$P(\omega, z \mid \alpha, \beta) = P(\omega \mid z, \beta) P(z \mid \alpha) \int P(z \mid \theta) P(\theta \mid \alpha) d\theta \int P(\omega \mid z, \varphi) P(\varphi, \beta) d_{\varphi}$$

$$(5 - 3)$$

在进行 LDA 主题模型分析时，常用的开发语言是 Python。Python 支持大量的第三方库安装，可直接加载调用一些已有库完成操作。Scikit-learn（sklearn）是数据挖掘、文本分析领域中最流行的模组库，它的功能中就包括了对 LDA 主题模型的使用。当然，在 Python 中，spark MLlib、gensim 等库中也有 LDA 主题模型的类库，在这里以 sklearn 为例讲解其用法。

第一，安装和调用。

确定安装 Numpy 和 Scipy 两个包，因为 sklearn 是基于它们的。在 Terminal（MacOS or Linux）或者 CMD（Windows）输入以下语句：

pip install numpy

pip install scipy

安装结束后，安装 sklearn 包，代码如下：

pip install scikit-learn

安装成功后，进入编程页面将包导入，关键代码为：

from sklearn. decomposition import LatentDirichletAllocation

LDA 的关键训练代码如下，其中 xx 表示具体参数，n_topics、max_iter 等表示其具体训练参数：

lda = LatentDirichletAllocation（n_topics = xx,

max_iter = xx,

learning_method = ' batch '）

第二，LDA 主题模型中的关键参数。

LDA 类的可输入关键参数有如下几个[①]。

（1）n_topics：即隐含主题数 K。K 的大小取决于对主题划分的需求，比如，只需要是动物、植物，还是"非生物"的粗粒度需求。如果研究目标是前者，K 取值一般相对较大；反之，研究目标是后者，K 取值则相对较小。

（2）max_iter：即 EM 算法的最大迭代次数。

（3）doc_topic_prior：即文档主题先验 Dirichlet 分布 θd 的参数 α。如果没有主题分布的先验知识，可以使用默认值 1/K。

（4）topic_word_prior：即主题词先验 Dirichlet 分布 βk 的参数 η。

（5）learning_method：即 LDA 的求解算法。有"batch"和"online"两种选择。"batch"指的是变分推断 EM 算法，而"online"即在线变分推断 EM 算法，在"batch"的基础上引入了分步训练、分批训练样本，逐步一批批地使用样本更新主题词分布的算法。

第三，主题最优数目的判定。

主题聚类数量在一定程度上决定了模型结果和分类效果，适当的主题聚类数量有利于更精准地揭示文本内容。一般而言，最优主题聚类数的选取通过困惑度进行计算，困惑度越小，模型泛化能力越强，即困惑度值越小，主题聚类效果越好。当主题数目不同时，模型的困惑度也不相同，因此，可通过计算不同主题数目下模型的困惑度来确定最优主题数目，计算公式为[②]：

$$perplexity(D) = exp\left\{\frac{\sum_{d=1}^{D} \log_2 p(w_d)}{\sum_{d}^{D} N_d}\right\} \qquad (5-4)$$

其中，$P(W_d)$ 代表生成文档 d 的概率，公式为：

$$p(w_d) = \prod_{i=1}^{N_d} \sum_{z} p(w_{d,i}|z)p(z|d) \qquad (5-5)$$

① 李威耀、范国梅、马俊才：《基于微生物分类的信息推荐模型》，载《计算机应用研究》2020年第 S1 期。

② 朱茂然、王奕磊、高松、王洪伟、张晓鹏：《基于 LDA 模型的主题演化分析：以情报学文献为例》，载《北京工业大学学报》2018 年第 7 期。

5.3.2.2 ATM 主题模型

ATM 全称为 Author – Topic Model，也即作者—主题模型，它基于 LDA 模型，但将作者信息也包含其中。每一个作者关联着主题的多项式分布，每一个主题都关联着词的多项式分布。一份包含多个作者的文档被建模成一个在主题上关于该文档作者的混合分布[1]。

传统的 LDA 模型只能识别文章中包含的主题信息，没有考虑到作者的兴趣偏好[2]，一篇文档的作者可能有多位，很多作者可能是合作。而 Author – Topic Model 是一种在 LDA 的基础上融合了作者兴趣的建模方法，将作者兴趣偏好和文章信息融合在了一起。主题的抽取来自作者对应的主题分布，而词的抽取来自该主题对应的词的分布，作者对应的主题分布 θ 服从 Dirichlet 分布，参数为 α[3]。作者对应的混合权重用来选择主题 z[4]。具体过程如图 5 - 2 所示，图中的各项参数意义如下：θ 为作者—主题概率分布；φ 为主题—词项概率分布；α 为 Dirichlet 先验参数，表示文档—主题概率分布的先验；β 为 Dirichlet 先验参数，表示主题—词项概率分布的先验；a_d 为作者集合上的均匀分布；x 为作者；z 为主题；w 为词项；D 为文档集合；N_d 为重复采样次数；A 为作者的数量；T 是主题的数量[5]。在该模型中，当出现每篇文章有且仅有一个作者的特殊情况时，ATM 模型与 LDA 模型实际上是等同的，因此，在这种情况下可以使用 LDA 模型。但相反，当研究文档中存在多名作者合著现象时，ATM 可更好地计算作者的兴趣偏好以及文章的主题分布。

通过该模型可以探索某一位作者的写作倾向，并且找到和他同样倾向的人。在 Python 的 gensim 库中有 ATM 模型的类库，因此，使用起来较为便捷，其用法如下。

在 Terminal（MacOS or Linux）或者 CMD（Windows）输入以下语句：

pip install genism

① Michal Rosen – Zvi, Thomas Griffiths, Mark Steyvers, et al. The Author – Topic Model for Authors and Documents. Twentieth Conference on Uncertainty in Artificial Intelligence（UAI – 2004），2004.

② Rosen – Zvi M, Griffiths T, Steyvers M, et al. The Author-topic Model for Authors and Documents. Proceedings of the 20th Conference on Uncertainty in Artificial Intelligence, 2012.

③ 钱晨嗣、陈伟鹤：《基于转发关系和单词特征的微博话题识别模型》，载《信息技术》2018 年第 9 期。

④ 周笛：《基于文档主题相关性的 LDA 有监督模型》，哈尔滨工业大学，2011 年。

⑤ 赵华、章成志：《利用作者主题模型进行图书馆 UGC 的主题发现与演化研究》，载《图书馆论坛》2016 年第 36 期。

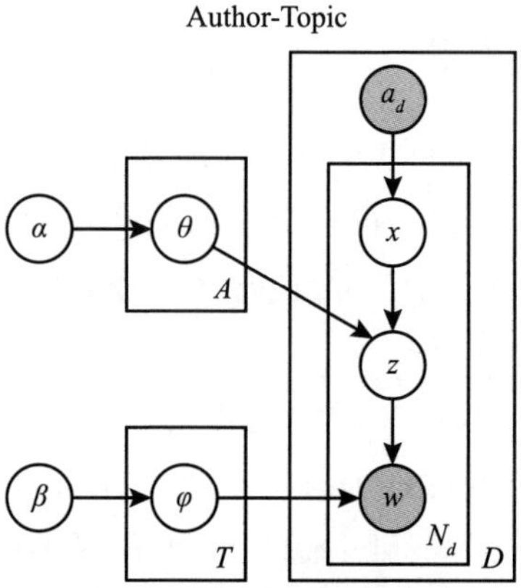

Author-Topic

图 5 – 2　ATM 结构示意图

资料来源：Rosen – Zvi M，Griffiths T，Steyvers M，et al. The Author-topic Model for Authors and Documents. Proceedings of the 20th Conference on Uncertainty in Artificial Intelligence，2012.

安装成功后，进入编程页面将包导入，导入方式为：

from gensim. models import AuthorTopicModel

另外，由于该模型在使用过程中会创建语料词语词典，因此，还需要导入 dictionary 包，代码为：

from gensim. corpora import Dictionary

ATM 的关键训练代码如下：

model = AuthorTopicModel（doc_term_matrix，author2doc = xx，num_topics = n）

5.4　应　用　案　例

目前，本章所介绍的文本挖掘方法已经在科学研究的多个领域中被广泛使用，为加强这些研究方法在教育研究中的应用，本章以政策相关文本作为分析对象，从文本特征词分析到主题聚类分析逐步予以相关介绍和说明。

5.4.1　基于 TF – IDF 算法的教育政策热点分析

5.4.1.1　高校毕业生就业政策的热点分析

1998 年起，国家陆续出台多部与高校毕业生就业的相关政策，如《面向

21 世纪教育振兴行动计划》《国家促进普通高校毕业生就业政策公告》《全国普通高校毕业生就业创业工作》等，其中，既有关于高校扩招后就业严峻形势判断和分析的政策文本，也有对高校毕业生促进就业政策的相关文本，政策的变化都与国家的社会发展、经济状况和人力资源配置等方面相关，也直接反映了当前社会的整体运行状态。因此，为探究 1999 年至今的毕业生就业政策关注热点，使用 Python 所设计的工具，合并所有文本并统计词频，其中，词频权重的计算过程是基于 TF – IDF 算法的词频提取方式，通过结合上下文中的文本内容，借助不断更新的停用词表，对关键词进行无关性和无意义的筛选，并通过计算关键词在全文中的重要性权重。相较一般性的词频统计，TF – IDF 算法能够更为准确地对具有实在意义的关键词的重要性进行分析，本研究基于该种算法得到政策文本中词频强度排名前 30 的关键词，其中，如表 5 – 1 所示，文档中词频权重数值越大，表示该词在文档中的重要程度越高。

表 5 –1　　　　　　　　　　就业政策热点挖掘

序号	关键词	词频权重	序号	关键词	词频权重
1	就业指导	0.163634	16	择业	0.020885
2	离校	0.10674	17	学费	0.019682
3	基层	0.102396	18	代偿	0.019455
4	人才培养	0.071535	19	调整	0.019319
5	困难	0.065971	20	带动	0.019288
6	用人单位	0.063236	21	志愿	0.018995
7	社会保障	0.047578	22	中西部	0.017534
8	机构	0.046298	23	面向基层	0.017201
9	家庭	0.041763	24	减免	0.016987
10	给予	0.034425	25	资格证书	0.016185
11	优惠政策	0.0307	26	科研项目	0.016037
12	边远地区	0.026621	27	三支一扶	0.016005
13	行政部门	0.022709	28	特岗	0.015801
14	援助	0.02206	29	双向选择	0.015801
15	助学	0.021437	30	创业	0.01493

权重较高的词语有就业指导、离校、基层、人才培养、困难、用人单位等。这些关键词能够反映出政策的关注点主要集中在：帮助毕业生树立正确的择业观念、提供必要的就业指导和服务、实现充分就业，尤其是解决困难家庭的实际问题。其中，"离校、困难、家庭"等热词，对政府在就业中所帮扶和支持的重点对象做了进一步明确，即不仅包括普通毕业生，还包括离校后未就业和家庭经济困难等情况的毕业生，其覆盖面相对较为全面。另外，"基层、边远地区"等词则体现了国家对就业引导的方向，即积极引导高校毕业生到中小微型企业、基层和中西部地区工作，以及到高新技术产业、战略性新兴产业和现代服务业等领域创业。此外，"优惠政策、社会保障、援助"等热词体现了政府对就业的保障措施和方法，通过多种形式鼓励毕业生在符合社会需求的前提下，通过多种渠道进行就业，提高毕业生的就业能力和满意度。

5.4.1.2 教育公平政策的热点分析

教育公平作为国家的基本教育政策，其作用是为了进一步解决不同层面的教育不平等的相关问题，教育公平政策在推进不同区域教育均衡和平等发展、优化教育资源建设、提升不同地区教师水平发展等方面起到了关键而积极的作用。教育公平政策所包含的内涵和形式十分丰富和多样，并且该政策也会随着时间和空间的不同而不同。因此，为探寻教育公平相关政策中所包含的关键内容，本案例使用 TF – IDF 方法对教育公平政策热点进行挖掘，其结果如表 5 – 2 所示。在整个文本中，"义务教育"词频权重最高，说明义务教育在教育公平相关政策文档中占据着十分重要的地位。同时，教育公平政策与财政相关的词汇出现的较为频繁，如"支出""金融""基金""预算"等，说明维系教育公平需要相当的财政支持和财力投入。此外，"义务教育""特殊教育""高等教育机构""学前教育"等关键词，说明教育公平相关政策基本上涵盖了教育的各个层次。

表 5 –2　　　　　　　　　　教育公平政策热点挖掘

关键词	词频权重	关键词	词频权重
义务教育	0.0649	中央	0.0314
保障	0.0498	金融	0.0313
特殊教育	0.0416	转移	0.0271

关键词	词频权重	关键词	词频权重
农村	0.0409	依法	0.0265
贫困地区	0.0382	基金	0.0251
支出	0.0357	城乡	0.0244
就业	0.0346	扶贫	0.0210
招生	0.0344	职业教育	0.0207
监视	0.0328	高等教育机构	0.0199
预算	0.0316	学前教育	0.0197

使用 TF – IDF 方法对政策相关内容热点进行分析，发现就业政策的主要关注点为"就业指导"，其指导对象包括贫困地区、困难、家庭、基层、边远地区等，其帮扶方式包括优惠政策、社会保障等，也发现公平政策中的面向对象包括学前教育、义务教育、高等教育等各层次。明晰政策核心热点有利于聚焦政策面向对象和帮扶方法，为实践者或科研人士提供政策感知，进而更好地理解政策。

5.4.2　基于 VSM 的政策相关文本的分析

文本相似度的分析是文档相似度分析的基础，也是后续对文档进行主题分析、情感分析等其他分析的基础。在教育数据挖掘领域，文本相似度分析的应用也日渐增多，尤其可以辅助进行教育政策文本的内容分析，具有较好的应用价值。

5.4.2.1　政策文本内容的相似度分析

信息时代"智能 +"战略已经在经济建设和社会进步等诸多领域起到了越来越重要的作用，张涛等[①]基于 TF – IDF 与 VSM 文本相似度算法对国务院发布的《新一代人工智能发展规划》和 20 个地区发布的人工智能政策文本进行了匹配分析，其匹配内容包括：任务 1：构筑开放协同的智慧科技创新体系；任

---

① 张涛、马海群：《基于文本相似度计算的我国人工智能政策比较研究》，载《情报杂志》2021 年第 1 期。

务2：发展高效的智能经济；任务3：建设安全便携的智能社会等。

任务1的整体匹配程度结果如图5－3所示，可以发现，安徽省、辽宁省等地其匹配程度最高，湖南省、河南省、山东省等地匹配程度相对较低。具体而言，任务1又包括四个子任务，首先，在基础理论上，安徽省人工智能的相关政策依据最为匹配，也即其较好地传达了国务院人工智能政策的关注要点，辽宁省、陕西省、广东省等地次之，其匹配程度大致分别为0.88、0.73以及0.71；其次，在关键共性技术上，浙江省和安徽省得分都相对较高，辽宁省次之；再次，在创新平台建设上，只有辽宁省和广东省得分最高；最后，在人才队伍建设上，甘肃省和福建省较为突出，匹配程度分别达到了0.96和0.85，吉林省和安徽省次之，匹配程度也分别达到了0.83和0.77。

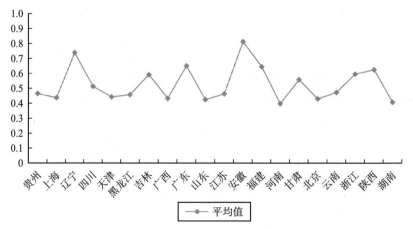

图5－3　重点任务1与地方政策相似度数值

资料来源：张涛、马海群：《基于文本相似度计算的我国人工智能政策比较研究》，载《情报杂志》2021年第1期。

任务2的整体匹配程度结果如图5－4所示，可以发现辽宁省、吉林省以及安徽省等地其匹配程度最高，黑龙江省、河南省、上海市等地匹配程度相对较低。具体而言，任务2又包括四个子任务，首先，在新兴产业上，辽宁省和安徽省匹配得分最高，其匹配程度大致分别为0.88、0.81，较好地传达了国务院规划重点；其次，在产业升级上，甘肃省和福建省的得分都相对较高，分别达到了0.86、0.85；再次，在智能企业发展上，辽宁省和福建省匹配得分最高，分别达到了0.96、0.81；最后，在创新高地建设上，广西壮族自治区和辽宁省较为突出，匹配程度分别达到了0.89和0.76。

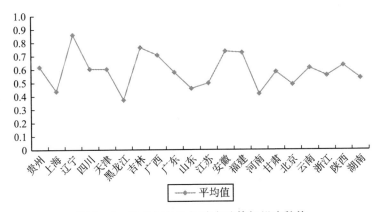

图 5-4　重点任务 2 与地方政策相似度数值

资料来源：张涛、马海群：《基于文本相似度计算的我国人工智能政策比较研究》，载《情报杂志》2021 年第 1 期。

任务 3 的整体匹配程度结果如图 5-5 所示，可以发现，安徽省、吉林省以及广西壮族自治区等地其匹配程度最高，江苏省、黑龙江省、山东省等地匹配程度相对较低。具体而言，任务 3 又包括四个子任务，首先，在智能服务上，安徽省、吉林省和贵州省匹配得分最高，其匹配程度为 0.99、0.98、0.93；其次，在社会治理上，吉林省、广西壮族自治区、安徽省得分都相对较高，达到了 0.96、0.92、0.92；再次，在公共安全保障上，辽宁省和云南省匹配度得分最高，达到了 0.66、0.63；最后，在共享互信上，只有安徽省匹配程度较为突出，匹配程度达到了 0.55。

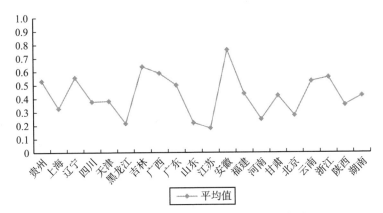

图 5-5　重点任务 3 与地方政策相似度数值

资料来源：张涛、马海群：《基于文本相似度计算的我国人工智能政策比较研究》，载《情报杂志》2021 年第 1 期。

通过相似度算法对人工智能的中央政策和地方政策的匹配分析可以发现，对于国务院人工智能的总体规划，不同地方其关注焦点不完全相同。该结论不仅有利于探讨和了解地方政策的执行情况，同时有利于揭示全国各地普遍关注相对较低的重点任务，这为未来政策制定和宏观方向调整都具有一定的参考意义。

5.4.2.2　政策舆情文本的相似度分析

通过分析政策舆情文本的相关内容，可以进一步了解政策的落地和执行，公众的具体反馈为政策的优化和实施改进提供了相应的参考。本案例利用空间距离计算，对"双减"背景下的相关舆情进行分析，为清晰展示分析结果，对政策相关微博评论的部分文本进行了相似度分析，具体如表5-3所示。

表5-3　　　　　　　"双减"政策相关微博评论文本（部分）

编号	文本内容	编号	文本内容
（1）	希望真的可以减负	（16）	我绝对支持，但是真的能执行吗？
（2）	能不能取消家庭作业呢？	（17）	升学压力让学生内卷
（3）	倒是少布置点作业啊	（18）	支持学生早睡早起
（4）	哪个年龄段睡眠是达标的？	（19）	那么多内卷，当然不达标
（5）	但是如果睡得好了，会有好的未来吗？	（20）	现在小孩压力确实很大
（6）	我那时候初一才睡六个小时	（21）	学生老师怕都不达标
（7）	能不能管管高中的睡眠质量	（22）	睡眠一直是个问题呀
（8）	作业又多，又要早起，怎么能达标？	（23）	早该减负了
（9）	开学第一周五小时睡眠	（24）	现在的小孩子压力好大
（10）	作业真的太多了	（25）	减负减到后面就是疯狂内卷
（11）	减负真的跟没减似的	（26）	减负个寂寞，作业更多了
（12）	我每天能睡六个小时就不错了	（27）	为什么不达标？
（13）	减负减的怎么睡眠还不达标了？	（28）	达标了还能考上高中和大学吗？
（14）	晚上没得睡，白天又犯困	（29）	希望能减少点作业
（15）	内卷就决定了学生睡不好觉	（30）	作业太多，写不完

资料来源：微博（https://weibo.com/）。

本书依据相似度算法，通过 Python 编程的方式对以上30句文本进行相似度的计算。首先，采用 jieba 将单句文本进行分词，再通过 doc2bow 实现词袋模型的转化，将分词后的文档进行二元组向量转换，从而构建出语料库；其次，使用 TF – IDF 和 VSM 模型对语料库进行建模和分析；最后，利用 Ucinet 软件对所计算出的相似度矩阵进行可视化分析。

表 5 – 4 是前 10 句文本之间的相似度值。从表 5 – 4 中可以看出，在前 10 句评论文本中，句（4）、句（7）和句（8）与多句文本存在一定的相似度，从内容上看，可能是由于这几句文本中包含了"睡眠""达标""作业"等关键词。而句（1）、句（6）在去除自身的前 10 句文本中，只分别与其中的一句存在相似度，即句（1）与句（10）、句（6）与句（9）等。将表 5 – 4 中的文本相似度矩阵通过社会网络分析软件 ucinet 生成无相加权图，所得出的结果如图 5 – 6 所示。

表 5 – 4 文本相似度分析矩阵

编号	1	2	3	4	5	6	7	8	9	10
1	1	0	0	0	0	0	0	0	0	0.151
2	0	1	0	0	0	0	0.058	0.042	0	0
3	0	0	1	0.108	0	0	0.047	0	0	0.102
4	0	0	0.108	1	0.032	0	0.100	0.055	0.057	0
5	0	0	0	0.032	1	0	0.031	0	0	0.048
6	0	0	0	0	0	1	0	0	0.075	0
7	0	0.058	0	0.100	0.031	0	1	0.035	0.055	0
8	0	0.042	0.047	0.055	0	0	0.035	1	0	0.083
9	0	0	0	0.057	0	0.075	0.055	0	1	0
10	0.151	0	0.102	0	0.048	0	0	0.083	0	1

在图 5 – 6 中，每个节点所代表的均为一句评论文本，而两个节点中间线段的粗细与线段上标注的数值均代表了这两句文本的相似度值。如果两个节点有线段连接，那就可以说明二者存在一定的相似度；而每个节点由于与其自身的相似度值均为 1，因此，在图 5 – 6 中将节点与自身的相似度关系进行省略。尽管图 5 – 6 中存在相似度为 0.0 的两个节点，但是其间还是存在一定的相似度，而只是相似度较小所致；未存在相似度的两句则不存在线段将其连接。

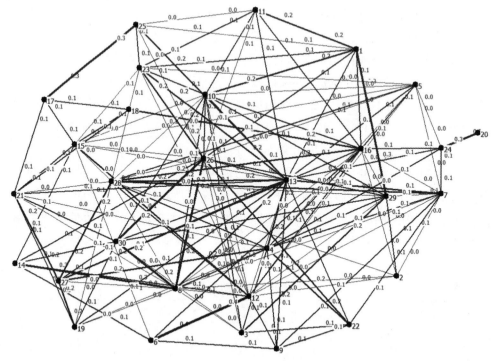

图5-6 文本相似度网络分析

从图5-6中可以看出，对句（17）、句（20）而言，与之存在相似度的句子较少，句（20）仅仅与句（24）存在相似。句（4）、句（13）、句（26）与句（28）等则与多句文本存在一定的相似度。通过相似度分析，可以进一步发现"双减"政策环境下公众的主要关注点，如句（13）、句（26）、句（28）等所提到的"作业""减负""睡眠""达标""高中"等关键词。利用文本相似度分析的相关方法，对教育政策舆情进行持续全面的跟踪，从而揭示和发现相关问题，为政策的进一步实施和调整提供一定的依据和支持。

5.4.3 基于 LDA 的教育政策文本的主题分析

5.4.3.1 教育信息化政策的主题分析

LDA 主题模型的建立是主题抽取的基础，帮助识别大规模文档中的潜在主题，处理数据容量大、结果突出，而逐渐成为分析文本主题的主要工具。将

LDA 模型用于教育领域，尤其是政策分析中的应用案例较少，本案例收集了 2011～2020 年国家层面发布的 57 份教育信息化政策文本作为数据，同时在考虑时间因素的基础上，将 10 年内教育信息化的政策发展分为两个阶段，即 2011～2015 年的教育信息化加速推进阶段和 2016～2020 年的教育信息化全面覆盖阶段，对政策文本进行主题聚类，分析教育信息化政策主题内容的动态演进。结合主题模型中的困惑度，对两个时间阶段的政策文本进行主题数目的确定，其两个阶段的主题数目为 7 个，并选取每个主题的前 10 个内容词汇，研究发现不同阶段主题的划分和内容有所不同，政策内容主题聚类结果如下。

（1）广泛共享，加速推进阶段（2011～2015 年）。这一阶段发展进程快，政策数量剧增，政策内容辐射教育的各领域。主题抽取结果包含信息资源建设、信息政策标准、应用与实践、信息化教学改革、信息化教学管理、信息政策管理和信息人才培养。政策以"公平""质量"为标准导向，重视资源共享和人才培养，在信息资源建设过程中，设备升级、模式先进，在教育部统筹下，继续推进学生信息化的应用能力和提升信息化课程开发，推动教学信息化改革，数字化管理成为改革新重点，教学资源创新成为新议题。表 5－5 为加速推进阶段主题聚类结果。

表 5－5　　　　　　　　　　加速推进阶段主题聚类结果

政策主题	主题内容
信息资源建设	管理信息系统、平台、教学方式、水平、设备、技术支持、模式、推进、贫困地区、数字化
信息政策标准	公平、服务体系、教育厅、技术、学习型、质量、资源共享、人才培养、覆盖全国、基础设施
应用与实践	基础教育、保障、现代化、高等教育、实践、方式、教学改革、国务院、学习型、工作
信息化教学改革	能力、推进、开发、统筹、服务、教学点、教育部、改革、课程、经费
信息化教学管理	组织、技术、评价、重点、数字、创新、建设、学校、培训、教学资源
信息政策管理	行政部门、信息安全、信息系统、责任、统筹规划、教学质量、教育网络、教育规划、资源、管理
信息人才培养	应用、信息化、教育、教育资源、信息技术、学习、教学、教师、学校、教育部

（2）融合创新，全面覆盖阶段（2016～2020 年）。这一阶段的政策主题涵

盖内容较多，覆盖范围广，基本能够辐射教育实践的全领域。本阶段政策管理已经全面升级为现代化互联网线上管理，已基本覆盖义务教育全阶段。政策主题出现如个性化培养、教学模式创新、高质量教育结果等新内容，要求各级各类学校共建优质教育资源、共享信息教育成果。在教学过程中，数据共享成为数字化教学的前提，信息中心为绩效评价和教学管理提供内容和技术双支撑。在资源建设过程中，以互联网技术保障资源共享、以管理信息系统保障教育服务，开放、高效、智能的数字环境中，合作创新是这一阶段信息化主题发展的重点内容。表 5-6 为全面覆盖阶段主题聚类结果。

表 5-6　　　　　　　　　全面覆盖阶段主题聚类结果

政策主题	主题词
信息政策管理	经费、办公厅、现代化、区域、特色、互联网、义务教育、覆盖、习近平、线上
信息政策标准	质量、智能、教育部、培训、能力、个性化、现代化、创新、高校、共建
应用与实践	省级、师生、信息系统、信息、统筹、职业院校、需求、校园、网信、融合
信息化教学改革	教学质量、公平、合作、数据共享、数字化、教学活动、个性化、绩效评价、特色、信息中心
信息人才培养	网络安全、学校、教育、信息化、行政部门、教师、教学、应用、教育部、学习
信息资源建设	教学资源、人才培养、管理信息系统、合作、创新、保障、环境、开放、政务、互联网
信息化教学管理	项目、共享、科技司、全面、教学模式、电教馆、安全、验收、信息技术、学习

5.4.3.2　高校毕业生就业政策的主题分析

在前文已有高校毕业生就业政策文本分析的基础上，可以进一步探究我国高校毕业生就业政策内容中的相关结构，使用 LDA 主题模型对近 20 年政策进行分析，研究数据主要来自国务院、教育部等相关官方网站，具体结果如表 5-7 所示。

表 5-7　　　　　　　　　　主题聚类结果

政策主题	主题内容
主题 1：就业帮扶	帮扶、公共、家庭、给予、困难、失业、离校、贷款、补贴、农村
主题 2：就业技能培养	指导、机构、双向选择、职业培训、主管部门、人力资源、高校、中小企业、资格证书、就业能力

政策主题	主题内容
主题3：就业引导	引导、实践、基层、西部、配合、实习、政治、志愿、应征入伍、确保
主题4：创新创业	创新、补贴、创业教育、资金、人才、减免、带动、优惠政策、人才培养、高校

结合表5-7的各类主题词的特征，对不同主题命名和分析。

主题1中的多数关键词主要反映了就业帮扶，包括就业指导、公共就业服务，给予就业困难、失业、离校未就业的学生一定的帮助等。在该主题类别中，"家庭""困难""农村"等关键词主题强度较大，直接体现了政策的帮扶对象，具体从相关政策中可以发现，家庭收入不济、农村户口、残疾、生活困难等特殊毕业生是主要帮扶人群。而"给予""贷款""补贴"等主题强度较高的关键词则反映了"就业帮扶"的具体实施过程。

主题2的多数关键词反映了就业技能培养，包括鼓励中小企业与毕业生进行对接，积极对毕业生进行职业培训，以适应产业结构变化的要求，调整人才培养结构，取得相应资格证书等。该主题还包括了政策中涉及对机构尤其是国有企业、事业单位等对人才需求制度的改进，通过关键词也可以看出，鼓励用人单位尤其是中小企业积极通过双向选择的方式吸纳高校毕业生。此外，在该主题中，也涉及了高校在毕业生就业能力培养中所发挥的作用。

主题3的多数关键词代表就业引导，包括引导学生去基层、边远地区、西部和入伍等，直接反映了就业政策在结合社会需求的前提下，通过拓宽就业渠道，积极引导高校学生进入基层进行就业，一方面，积极挖掘基层吸纳高校毕业生的巨大潜力；另一方面，有助于我国地区发展不平衡、各产业行业结构失衡等问题的解决。

主题4的多数关键词代表创新创业，包括创新创业、人才培养和国家给予创业生的资金补助、优惠政策等。主要表现为政策中要求并鼓励高校或相关机构为毕业生提供见习机会、保证创新创业与招聘信息畅通、提供创业指导课程等。随着社会的发展，创新创业更是国家实力的彰显，大学生作为创业者的后备军和生力军，政府号召高校加强学生的创业教育并成立"高校创业教育指导委员会"，通过创业讲座、创业大赛、社团活动等丰富学生的创业知识和创业体验，培养学生的创新精神和创业意识。建设高校学生创业实践及孵化基地，为大学生创业提供教育培训、配备创业导师等扶持创业。

5.5 本 章 小 结

　　文本数据是教育数据中的一个重要类型，本章为读者介绍了教育文本类型数据分析的主流方法：文本特征词的分析算法主要包括 TF – IDF、TextRank 等；文本相似度计算的算法主要包括编辑距离、海明距离、杰卡德系数算法、VSM 算法、基于知识库的方法、基于语料库的方法等；文本主题算法主要介绍了 LSI 算法、PLSI 算法、LDA 算法、ATM 算法等。此外，本章还介绍了这些教育数据挖掘方法在教育实践问题中的具体应用，主要包括对教育政策文本的内容分析，涉及了对文本热点的挖掘、对文本相似度的分析以及对政策文本主题结构的分析等。

第 6 章

情感分析

首先，本章介绍了情感分析以及情感对象等相关概念，并结合情感分析的原理，进一步说明了情感分析对象中的评价词、评价对象以及观点持有者三个内容的抽取过程；其次，重点分析了基于情感词典、机器学习和深度学习三种方法的情感分析过程；最后，对情感分析的应用领域进行了介绍，着重阐述了情感分析在教育领域中的相关研究。

6.1 情 感 分 析 概 述

6.1.1 情 感 分 析 概 念

情感分析（sentiment analysis，SA）这一术语最早是 2003 年由那素卡瓦（Nasukawa）和易（Yi）提出[1]，也称意见挖掘或倾向性分析，是借助计算机对含有情感的主观性文本内容进行分析、处理、归纳和推理的过程[2]。文本内容可以是互联网上用户对于各种产品、服务、事件或主题发表的带有喜、怒、哀、乐或批评与赞扬等各种带有情感倾向性的评论信息。

情感分析的研究和应用多是针对文本数据，因此，情感分析逐步成为自然语言处理（NLP）领域的一个重要研究方向。从自然语言处理的角度看，情感

---

[1] Nasukawa T，Yi J. Sentiment Analysis：Capturing Favorability Using Natural Language Processing. International Conference on Knowledge Capture. DBLP，2003.

[2] Liu，Bing. Sentiment Analysis and Opinion Mining. Synthesis Lectures on Human Language Technologies [J]. *Synthesis Lectures on Human Language Technologies*，Vol. 5，No. 1，2012，pp. 1 – 167.

分析的任务就是识别用户对于某一事物所表现出来的情感倾向，是语义分析在自然语言处理中的重要应用之一。

情感分析常应用于对用户购买行为进行分析、决策分析、舆情监控和信息预测等诸多领域中。随着电子商务的日渐发展壮大，越来越多的用户更愿意从网上购买产品，因此，对于用户购买行为决策的分析是情感分析技术应用最广泛的领域。用户在购买某一产品之前，他们不再仅参考家人和朋友的意见，而是更倾向于从已购买产品用户给出的评论中获取有关信息来辅助自己做出购买决策，通过分析这些在线评论来判断产品的质量和商家的可信度，并与其他产品进行对比，最终做出购买决策。在线评论的情感极性很直观地反映了用户对于产品的满意度，是影响用户购买行为的一个重要因素。情感分析技术可以很好地分析用户评论的情感倾向，为用户提供该产品的评价意见，对于帮助用户做出正确的购买决策具有重要作用。另外，由于网络的开放性、随意性、虚拟性等特征，越来越多的网络用户愿意通过这种渠道来发表自己的观点，互联网逐渐成为舆情话题产生和传播的主要场所，网络信息和社会信息的交融对社会甚至国家的治安都有着重要影响，在舆情媒体规模不断扩大、媒体种类不断丰富、媒体行业发展迅猛的情况下，舆情监测显得越发重要，因此，需要社会管理者对这些舆论进行反馈，情感分析技术可以自动地对网络中的舆情信息进行监控，并可为政府监管系统对舆情的整体走势和褒贬判断提供重要依据。

通常来说，情感分析的研究可细分为情感极性分析、情感程度分析以及主客观性分析等几个方面。其中，情感极性分析的目标是判断文本内容中所表达或隐含的情感倾向是趋于正向、中性还是负向；情感程度分析是指对同种情感极性的词语进行不同情感强度的划分；主客观性分析是区分文本内容中含有情感的主观性表达和不含有情感的客观性表达。

根据不同文本的粒度，情感分析研究从大到小可以划分为篇章级、句子级和词语级三个级别。

6.1.1.1　篇章级

篇章级情感分析的目标是判别整篇文档表达的情感倾向是正面倾向还是负面倾向，是一个二元分类任务。例如，判断一篇在线商品评论的内容在整体上对于所评价的商品表现出的情感是正向的还是负向的，但是这种方法是有前提的，即假设这篇评论内容只对一个评论对象进行评价。但在实际生活中，一篇评论中包含的评价对象或评论主题往往不仅只有一个，大多会同时对多个评价对象或主题进行评论和比较，所以这种假设显然是与现实情况不相符的。篇章级的文本情感分析技术目前还不适用于大多数的实践场景，要通过更细粒度的情感分析方法对文本内容进行分析，如基于句子级或词语级的情感分析方法，然后将细粒度的情感分析结果进行汇总处理后得到篇章级的文本情感分析结果。

6.1.1.2　句子级

句子级情感分析的目标和篇章级情感分析的目标大体相同，都是判断评论内容所表现出的情感倾向，但是二者所针对的评论内容的粒度不同，句子级的情感分析是判别每个句子中表达的情感倾向是正面倾向、中性还是负面倾向，离实际应用的情感分析需求更近一步。在对句子的情感进行识别时，可以采用基于知识库、网络或语料库的分析方法，采用包含情感词、情感强度词、修饰词等常见的情感数据库，对句子进行情感类别以及情感强度值的标注来实现对句子的情感分类。

6.1.1.3　词语级

无论是篇章级，还是句子级的情感分析都无法准确获取句子所针对的评价对象。词语级情感分析可以更直观地挖掘评论中真正针对的评论对象，并判别评论对象表现出的情感倾向是正面倾向、中立还是负面倾向。因此，词语级的情感分析是进行句子级和篇章级情感分析的基础。如句子"餐厅的服务不是很好，但我仍然喜欢这家餐厅"。我们很难说这句话表现出的情感是正向的还是负向的，只能分析出评论者对句中"餐厅"这个对象所表现出的情感是正向的，但是对"服务"这个对象表现出了贬义的情感倾向。所以词语级情感分析的目标就是分析出每个对象所表达的情感倾向。

基于词语的情感分析方法包括基于监督学习的分析方法和含基于词典的分析方法两种，基于监督学习的情感分类方法可以采用机器学习的方法从各种词语特征中自动学习，并形成一个有效的分类模型，但这种方法依赖于训练集，针对不同领域需要人工标注训练数据，不适用于大规模、多领域的场合。基于词典的分析方法可以有效避免上述所说的问题，而且还可以针对不同领域进行人工手动调整或修改，便于扩展和提升。但是构建词典的过程却需要消耗大量的人力和物力。

6.1.2　情感与观点

许多研究者搞不清楚"情感"和"观点"之间的区别，两者相同之处非常多，差别非常微弱。观点更多的是一个人对于某一事物形成的具体看法，而情感更多指的是一个人内在的某种感情。工业界通常统一称为情感分析，但是在学术界有观点挖掘和情感分析之分。观点这一术语用来整体描述情感、评价、态度以及观点的相关信息（观点持有者和观点评价对象）；情感这一术语用来描述观点中所蕴含的褒义或贬义（正面观点或负面观点）的情感倾向。

观点包括了情感、评估、评价、态度，以及观点持有者和观点评价对象。通常将其定义为一个（g，s，h，t）形式的四元组①，其中 g 表示观点评价对象或者评价对象的属性，s 表示针对目标 g 所蕴含的情感词，h 是观点持有者，t 表示发表此观点的时间节点。

需要强调的是，这四个成分都是必需的。例如，观点的发表时间，一个用户对某个评价对象的观点在不同时间段内所表现的情感是不同的，可能在此时对某个评价对象的观点是正向的，但过了一段时间后，观点也可能会转变为负向，所以说表达观点的时间是非常重要的。再如观点持有者，一个重要人物的观点比普通人的观点更重要，影响范围更广，一个组织的观点也要比个人的观点更具有代表性。另外，每一个观点都有所针对的评价对象，需要探讨针对每个评价对象所表达的观点分别是正面的还是负面的。例如，句子"在当前经济处于快速发展的形势下，交通却越来越拥堵"。既包含了正面情感也包含了负面情感，正面情感所评价的对象是当前的经济形势，负面情感所包含的对象是交通状态。

6.1.3　情感对象

情感对象也可以称为观点评价对象（目标），是观点所评价的实体、实体的一部分或实体的一个属性。一个实体 e 指的可以是一个产品、服务、机构、个人、主题或事件。可以用一个对 e：（T，W）来描述，其中 T 是一个层次关系，包含组件、子组件等。而 W 是 e 的一个属性集合，每个组件或子组件都有

---

① ［美］刘兵：《情感分析：挖掘观点、情感和情绪》，刘康译，北京机械工业出版社 2018 年版。

它自己的属性[1]。

比如，"课堂教学效果得到了较好的改善"这个句子中"课堂教学"就是一个实体，"效果"是课堂教学这个实体其中的一个属性，它还可以包含很多属性（如教学风格、课堂纪律以及学生反馈等），所以这句话的评价对象是课堂教学效果，而不是课堂教学。

实体在不同的领域会有不同的名称，例如，在政治领域中，实体通常指的就是候选人或议题等，在科研文献的研究中实体有时也被称为对象，实体属性被称为特征。

6.1.4　情感的表达

情感是观点中所蕴含的感受、态度、评价或情绪。通常用 (y, o, i) 的三元组形式进行表示[2]。其中，y 是情感类型，o 是情感倾向，i 是情感强度。

情感类型：情感表达有多种类型，总体可归纳为理性情感（rational sentient）和感性情感（emotional sentient）。理性情感来源于理性推理，切实的信念和实用主义的态度不包含任何主观的情绪，比如，"手机的音质很清晰"。感性情感存在于人们深度的心理状态之中，来自对实体的不可接触的且情绪化的反应，比如，"我对他们的服务人员很生气"，可以被称为主观情感。

情感倾向：情感的倾向可以是正面、负面或中立的。例如，"好、美、优秀、喜欢"等中文情感词表示的是正面情感，而"不好、坏的、失望、麻烦"等中文情感词表示的是负面情感。

情感强度：每种情感倾向都有不同的强度，比如，"优秀、好"这两个情感词表示的都是正面情感，但是"优秀"要比"好"的语气强度稍强一些。另外，可以采用程度副词来加强或减弱情绪强度，其中，能够加强正面或负面表达的词叫作强调词，能够削弱正面或负面表达的词叫作减弱词，常见的中文强调词有"非常""如此""十分""很"等，常见的中文减弱词有"一点""有点"和"一些"等，可以根据不同词语所表达的强度进行等级的划分。在一些实际应用中，也会采用一些离散化评分或星级评价的方法来表达情感的强度，通常分为"非常满意、满意、一般、不满意、非常不满意"5 档。

---

①② ［美］刘兵：《情感分析：挖掘观点、情感和情绪》，刘康译，北京机械工业出版社 2018 年版。

6.2　情感信息要素的抽取

情感信息要素的抽取作为情感分析的一个重要子任务，旨在抽取文本内容中有价值的情感信息单元，将无结构化的文本内容转化为计算机容易识别和处理的结构化文本，是一种关于细粒度文本的情感分析①，情感信息要素主要包括评价词、评价对象、观点持有者。其中，评价词是指带有情感倾向性的单词或短语元素，评价对象是评论文本中评价词所修饰的对象，观点持有者指的是辨别情感文本的意见主体。

6.2.1　评价词抽取

评价词抽取指的是识别带有情感色彩的词语，并判断评价词情感极性的过程。评价词又称极性词、情感词，特指带有情感倾向性的词语，主要采用基于词典的方法和基于语料库的方法进行评价词的抽取。

基于词典的抽取方法根据已构建好的情感词典中词语之间的词义联系挖掘情感词。一般采用的词典是 WordNet 词典②、BosonNLP 词典③和 HowNet 词典④等，其中，WordNet 词典是一款最为常用的英文情感词典，BosonNLP 词典是中文词典，HowNet 词典既包含中文又包含英文，是当前中文领域应用最普遍、最广泛的情感词典。基于词典的抽取方法可以通过计算词语与词典中词语的关联度值来判断该词是不是评价词，情感词的极性一般分为正向、负向、中性三种，为更加准确地判断情感词所表达的极性关系，情感词典中需加入否定词、程度副词等影响情感极性的特征词。如王昌厚等⑤在 2014 年提出了一种基于规

———————

　①　戴敏、朱珠、李寿山：《面向中文文本的情感信息抽取语料库构建》，载《中文信息学报》2015 第 29 期。

　②　Baccianella, S, Esuli, Sebastiani, F. Sentiwordnet 3.0: An Enhanced Lexical Resource Forsentiment Analysis and Opinion Mining. Proceedings of the Seventh Conference on International Language Resources and Evaluation, 2010.

　③　DING XW, LIU B, YU A. Holistic Lexicon-based Aproach to Opinion Mining//Proceedings of the 2008 International Conference on Web Search and Data Mining. 2008：231 – 240.

　④　董振东、董强：《知网和汉语研究》，载《当代语言学》2001 年第 3 期。

　⑤　王昌厚、王菲：《使用基于模式的 Bootstrapping 方法抽取情感词》，载《计算机工程与应用》2014 年第 50 期。

则的 Bootstrapping 方法，利用程度副词和上下文语义关系完成对情感词实例的抽取。王乐怡（Wang LY）等[1]在 2017 年利用神经网络从词、句子、文档多级别学习情感词的向量化表示，融合了词汇和文档级别的有监督的情感分类方法，能够有效缓解单一文档集监督方法粒度过大的问题。

基于语料库的抽取方法，主要是基于语料库的统计特征抽取评价词并判断其情感极性。早期有学者发现，由 "and" 或 "but" 等英文连词或是由 "并且" 或 "但是" 等中文连词连接的两个形容词的极性往往存在一定的关联性，具体表现为：具有并列关系的连词连接的形容词呈现相似的情感极性，具有转折关系的连词连接的形容词呈现相反的情感极性。基于此，威贝（Wiebe）在 2000 年采用相似度分布的词聚类方法挖掘具有形容词词性的评价词语[2]。然而，仅挖掘形容词词性的评价词语存在一定的词性限制，忽略了其他带有情感色彩的词语，因此，里洛夫（Riloff）等[3]在 2003 年手工制定出一些模板并选取种子评价词语，使用迭代的方法获取了名词词性的评价词语。总而言之，基于语料库抽取评价词的方法实现过程较为简单，但同时也存在可用评论语料库有限、评论词语在大语料库的分布不易归纳等问题。

6.2.2　评价对象抽取

评价对象是指某段评论文本中所讨论的主题，具体表现为评论文本中情感词语所修饰的对象，例如，商品评论中的 "手机音质" 或 "电池"，新闻领域中的 "事件" 等都是评价对象。评价对象的抽取是情感信息抽取中研究最为广泛的一项任务。

传统方法采取基于规则的方法抽取评价对象，规则的制定通常要基于词性标注或句法分析等一系列的语言分析与预处理过程，且规则的制定也包括词序列规则、词性规则以及句法规则等形式，但这种传统的抽取方法需要人工编写规则，工作量太大，成本较高。如林（Lin）等学者在 2007 年采用基于句法分

① Wang L Y, Xia R. Sentiment Lexicon Construction with Representation Learning Based on Hierarchical Sentiment Supervision. Proceedings of the 2017 Conference on Empirical Methods in Natural Language Processing, 2017.

② Wiebe. Learning Subjective Adjectives from Corpora. Proceedings of the 17th Conference of the American Association for Artificial Intelligence, 2000.

③ E Riloff, J Wiebe. Learning Extraction Patterns for Subjective Expressions CLUES and CLASS. Proceedings of the 2003 Conference on Emprical Methods in Natural Language Processing, 2003.

析的关联规则算法挖掘评价对象，这种方法只能挖掘到频繁项集，却找不到非频繁项集中的评价对象①。波佩斯库（Popeseu）等人从另一个角度诠释了评价对象的抽取，他们将评价对象看作产品属性的一种表现形式，继而考察候选评价对象与领域指示词间的关联度来获取评价对象②。这种方法相对来说效果会好一些，但也存在一定的问题，就是领域的指示词比较难获取。近年来，有学者将话题模型应用于挖掘情感文本中的评价对象，如穆克吉（Mukherjee）等人基于 LDA 模型构建抽取评价对象的规则，使用词频、情感词距离等特征挖掘评价对象和确定文本中的情感③。除基于无监督学习的方法外，刘鹏飞等人在 2015 年将评价对象抽取转为一个序列标注任务，将文本中的词语作为观测序列，提出了一种基于 CRF 模型为观测序列的有效监督学习的抽取方法④。

6.2.3　观点持有者抽取

观点持有者抽取的目的在于辨别情感文本的意见主体是谁，对意见主题进行更加精细的分类和分析会对不同意见的评论有更加深刻的理解，所以抽取观点持有者在情感分析中显得尤为重要，尤其是在新闻领域或政治领域。如在政治选举中，对观点持有者进行分类可以有效地辨别出拥护者和反对者分别是哪一类人群。

评论中的观点持有者一般是由命名实体（如人名或机构名）组成的，因此，可以借助于命名实体识别技术或自然语言处理技术来获取观点持有者⑤。此外，学者金姆（Kim）在 2006 年曾尝试借助语义角色标注来完成观点持有者的抽取⑥。上述两种方法对自然语言处理计算有较强的依赖性，未覆盖、适应多方面的语言现象和不同领域特征。相关学者通过对观点持有者分类的方法

①　Ni M, Lin H. Mining Product Reviews Based Association Rule and Polar Analysis. the NCIRCS – 2007, 2007.

②　Popeseu AM, Etzioni O. Extracting Product Features and Opinions from Reviews. Proceedings of the Conference on Human Language Technology and Empirical Methods in Natural Language, 2005.

③　Mukherjee A, Liu B. Aspect Extraction through Semi-supervised Modeling. Proceedings of Annual Meeting of Association for Computational Linguistics, 2010.

④　Liu P F, Joty S, Meng H. Fine-grained Opinion Mining with Recurrent Neural Networks and Word Embeddings. Proceedings of the 2015 Conference on Empirical Methods in Natural Language Processing, 2015.

⑤　Kim S M. Determing the Sentiment of Opinions. Proceeding of Conference on Computational Lin-guistics, 2004.

⑥　Kim S M. Extracting Opinions, Opinion Holders, and Topics Expressed in Online News Media Tex. Proceedings of the ACL Workshop on Sentiment and Subjectivity in Text, 2006.

进行抽取工作，如蔡（Choi）等人将观点持有者的抽取当作一个独立的序列标注问题[1]，使用 CRF 模型融合各种特征来完成观点持有者的抽取。也有学者表示，观点持有者一般是和观点同时出现的，可以将观点和观点持有者的识别作为一个任务同时解决。2004 年，贝莎德（Bethard）等人抽取出情感文本中的观点单元（多是由一些短语组成）之后，分析句中观点和动词的句法关系，即可同步获取观点持有者[2]。另外，在在线课程或者学习社区的评论中，一般会默认发表评论的用户就是观点持有者，所以很少有学者会挖掘该领域的观点持有者。

6.3 情感分析的主流方法

大多情感分析的研究主要采用基于情感词典的方法、基于机器学习的方法和基于深度学习的方法，下面将从以上三个研究方法出发，分析介绍情感分析中的常用算法和模型。

6.3.1 基于情感词典的方法

基于情感词典的方法是借助词典将文本的非结构化特征提取出来。分析方法思路主要是通过构建情感词典和规则，对文本依次进行分句分词、词性分析、句法分析和匹配词典等处理工作；根据词典中对情感词权值的分配计算句子、段落乃至篇章的情感值，不同的情感词典对情感值的分配是不相同的；最后以情感值作为文本情感倾向性判断的依据，实现对文本大数据的情感倾向分析。情感词典的好坏将在一定程度上直接影响情感分析的效果。

基于情感词典方法进行情感分析的大致过程见图 6-1。依据第 4 章中对文本内容进行基本的文本预处理；与情感词典进行匹配，挖掘句子中带有情感倾向的词语；处理否定关系和程度评级；根据词语的极性和情感程度进行加权求和，计算整句话的情感得分；根据情感得分输出句子的情感倾向。

---

① Choi Y, Cardie C, Riloff E, et al. Identifying Sources of Opinions with Conditional Random Fields and Extraction Patterns. the Conference Association for Computational Linguistics, 2005.

② Bethard S, Yu H, Thornton A, et al. Automatic Extraction of Opinion Propositions and Their Holders. In 2004 AAAI Spring Symposium on Exploring attitude and Affect in Text, 2004.

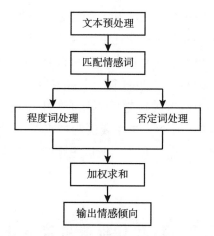

图 6 – 1　基于情感词典的情感分析过程

6.3.1.1　常见的情感词典

1. WordNet 情感词典。

WordNet 是一款最为常用的英文情感词典[①]。它根据每个词的不同语义划分到对应的同义词词集中，并标注了其在正向、负向及中性三种情感倾向上的情感强度。

2. LIWC 情感词典。

该词典是由彭尼贝克（Pennebaker）等人构建的[②]，将 6862 个词划分为 72 个类别，包含 positive，negative，anxiousness，anger 和 sadness 等情感，同时也包含了影响情感因素的副词和否定词等。

3. 知网情感词典。

知网情感词典（Hownet）是由中科院董振东教授所发布的情感分析用语词集，是当前中文领域应用最广泛、最普遍的情感词典[③]。知网提供的情感词典共有 12 个文件，分为"英文情感分析用语词集"和"中文情感分析用词的词集"，共计 17887 个词语。其中，中文情感分析用词的词集包括：评价（正面、

---

① Baccianella, S, Esuli, Sebastiani, F. Sentiwordnet 3.0: An Enhanced Lexical Resource Forsentiment Analysis and Opinion mining. Proceedings of the Seventh Conference on International Language Resources and Evaluation, 2010.

② Pennebaker J W, Booth R J, Francis M E. Operator's Manual Linguistic Inquiry and Word Count. LIWC, 2007.

③ 董振东、董强：《知网和汉语研究》，载《当代语言学》2001 年第 3 期。

负面）、情感（正面、负面）、主张和程度等情感类型，接下来详细介绍知网
情感词典中所包含的基础情感词、程度副词、否定词表以及基于知网情感词典
的情感分析过程。

第一，基础情感词：情感词是主体对一个客体表示主观评价的带有强烈感
情色彩的词语[1]，具有极性和强度两个属性。根据极性可将情感词典分为正向
情感词典和负向情感词典，例如，"清晰""表扬""及时"等词为正向情感词
典，其极性设置为 1；"憎恨""讨厌"和"差劲"等词为负向情感词典，极
性设置为 -1，见表 6 - 1。

表 6 - 1　　　　　　　　　　知网部分基础情感词

类别	基础情感词示例	个数
正向情感词	表扬、称赞、喜欢、及时、清晰	4566
负向情感词	讨厌、后悔、悲哀、憎恨、差劲	4370

第二，程度副词：程度副词本身没有情感倾向性，当它和情感词结合一起
使用后，虽然不一定会改变句子的情感倾向性，但一定能够增强或减弱句子所
表达的情感强度。根据强度判断情感强弱，一般用数字表示，数值越大表示情
感强度越强。例如，句子 1 "小明喜欢打游戏"和句子 2 "小明迷恋打游戏"，
句子 2 比句子 1 的喜欢程度要强很多，句子 2 的情感强度更高，见表 6 - 2。

表 6 - 2　　　　　　　　　　知网部分程度副词

量级	权值	副词示例	个数
及其/extreme/最/most	2	倍加、超级、极度、绝对、十足	69
很/very	1.75	过度、过分、非常、分外、特别	42
较/more	1.25	更加、较为、有点、益发、尤甚	37
稍微/lish	0.75	略微、略加、稍许、少许	29
欠	0.5	半点、不大、不甚、轻度、丝毫	42

第三，否定词表：否定词本身也没有情感倾向性，但是它能够改变句子的
情感倾向性，不能增强和减弱句子的情感强度。一般否定词有毋、非、不、不

---

[1]　杨奎、段琼瑾：《基于情感词典方法的情感倾向性分析》，载《计算机时代》2017 年第 3 期。

曾等，否定词一定赋予权值为 -1，将情感倾向性进行反向改变。

第四，基于知网情感词典的情感分析过程如下：

首先，对数据文本进行分句、分词、去除停用词等文本预处理工作。其次，判断每一句话中所包含的情感词数目，含有积极倾向的词，则积极词数量加 1，含有消极倾向的词，则消极词数量加 1。再次，匹配情感词前是否存在程度副词或否定词，若存在程度副词，要根据程度词典中词语的级别大小给该情感词赋予不同的权重，若存在否定词，要赋予权值 -1，然后计算整句话情感得分（积极词的权重 - 消极词的权重）。最后，对每一句所表现出的情感倾向进行加权求和，统计出一段话的情感值。

4. BosonNLP 情感词典。

该情感词典是由波森自然语言处理公司基于微博、新闻、论坛等数据来源构建的已经标准好情感词分值的情感词典。

5. 大连理工情感词汇本体库。

大连理工情感词汇本体库由大连理工大学信息检索研究室独立整理标注完成①。该词典较为全面，从词性、情感类别和情感强度出发构建，共包含 11229 个正向词和 10783 个负向词，相对于其他情感词典来说，可以在多类别的情感分析中得到有效应用。

6.3.1.2 情感词典构建

在实际应用过程中，任何一种词典都不可能是通用的和完整的，情感词典中的情感词往往在较大程度上有领域依赖性，同一词汇在不同领域可能会表达出完全不同的情感。而且随着近年来网络用语的发展和普及，越来越多的网络词汇开始作为一种表达情绪的词语出现，所以情感词典存在词量不足和语义宽泛等问题，不能满足每个领域对情感词典的需求。因此，需要根据不同领域有针对性地对词典进行补充完善，目前，也有越来越多的学者开始关注情感词典构建和扩充的研究。扩展情感词典有人工构建词典、基于词典的构建方法以及基于语料库的构建词典三种方法。

1. 人工构建词典。

对于没有在所采用情感词典中出现的词语，通过人工标注将词语表现出来的情感倾向进行正负向和强弱程度区分。加入表情包、标点符号等情感影响因

---

① http：//ir. dlut. edu. cn/Emotion On to logy Download.

素逐步扩展情感词典，可使情感词更加全面。基于人工标注构建词典的方法在扩充词条信息和便利性方面有一定的优势，较为实用，但准确度较低，耗时费力，大大增加了人工开销，并且设计的范围有限，不适合跨领域研究。

2. 基于词典的构建方法。

使用已有词典信息对情感词典进行补充和完善，形成新的情感词典是最常见的一种方法。对于情感词典方法来说，词典的构建是影响实验结果的关键因素，而构建词典时，否定词、程度副词对情感极性和情感强度的影响是需要重点考虑的地方。目前，我国还没有通用的情感词典，而且不同领域内表达情感的词语也不同，所以我们需针对不同领域的情感分析构建不同的情感词典，情感词典包含的情感词越全面，则对情感极性和情感强度的分类结果越准确。不同的情感词对情绪强度和极性有不同的影响。而在在线课程平台或者学习社区中，除了文本形式的评价之外，还有通过图片和表情符号的方式表达情感的方式，这些图片和表情符号也会影响情感计算的准确性。对于基于词典构建的方法来说，可以方便快捷地添加大量的情感词汇，也许会出现很多错误，但是可以通过手工的方法进行清理，缺点就是花费的时间较多，过程也比较复杂。

3. 基于语料库的构建词典方法。

基于语料库的构建词库方法主要应用于两个场景：一是给定已知情感倾向的词汇集，从一个领域语料库中发现其他情感词及其情感倾向；另一个是利用一个与目标情感分析应用相关的领域语料库和一个通用的情感词典，生成一个新的领域情感词典。识别情感词可以通过利用语义相似度的计算规则和连接词的惯用法，结合机器学习鉴别出给定的语料库中的情感词和情感倾向，统计情感词的情感极性，自动构建情感词典。还可以通过利用观点和目标之间的语法联系抽取情感词。基于语料库和相似度构建的情感词典更加丰富，在语料所属的领域内表现较好，但是构建的成本较高，且需要对语料进行预处理。

基于情感词典的文本情感分析技术由于构建的词典往往只针对某个领域，对于跨领域情感分析的效果不够好，而且词典中的情感词可能不够丰富，对于短文本和特定领域文本进行情感分析的效果更好。对于长文本来说，更好的解决方法是利用机器学习方法。

6.3.2 基于机器学习的方法

先将文本信息进行特征处理，然后对模型进行有监督的学习训练，训练好的模型用于预测新的文本信息的情感极性。根据分类算法的不同，可分为朴素贝叶斯和支持向量机两种方法。

6.3.2.1 朴素贝叶斯

朴素贝叶斯（Naïve Bayes）是基于特征条件相互独立的前提，以贝叶斯定理为基础对文本进行分类的一种概率模型，通过计算概率对文本情感进行分类，适合增量式训练，而且算法比较简单，是机器学习中应用最广泛的一种分类算法。

朴素贝叶斯的基本原理是：对于给定的训练集，假设特征条件间相互独立，计算求出先验概率、条件概率和联合概率分布①。再根据贝叶斯定理计算后验概率，最后以后验概率的大小为基准，输出测试数据的分类结果。

设有样本数据集 $D = \{d_1, d_2, \cdots, d_n\}$，对应样本数据的特征属性集为 $X = \{x_1, x_2, \cdots, x_d\}$，类变量为 $Y = \{y_1, y_2, \cdots, y_m\}$，即 D 可以分为 y_m 类别。其中 $x_1, x_2, \cdots, x_d$ 相互独立且随机，则 Y 的先验概率 $P_{prior} = P(Y)$，Y 的后验概率 $P_{post} = P(Y|X)$，由朴素贝叶斯算法可得，后验概率可以由先验概率 $P_{prior} = P(Y)$、证据 $P(X)$、类条件概率 $P(X|Y)$ 计算出后验概率为：

$$P_{post} = P(Y|X) = \frac{P(Y)\prod_{i=1}^{d}P(x_i|Y)}{P(X)} \qquad (6-1)$$

由于 $P(X)$ 的大小是固定不变的，因此，在比较后验概率时，只比较式（6-1）的分子部分即可，因此，可以得到一个样本数据属于类别 y_i 的朴素贝叶斯计算：

$$P(y_1|x_1, x_2, \cdots, x_d) = \frac{P(y_i)\prod_{j=1}^{d}P(x_i|y_i)}{\prod_{i=1}^{d}P(x_i)} \qquad (6-2)$$

基于朴素贝叶斯情感分析的过程：（1）获取文本数据，由于评论数据的语料来源丰富，并且评论文本一般可视为主观性文本，所以利用爬虫技术从网络上获取的评论数据是较常见的语料库资源；（2）对收集的文本数据进行分词、去除停用词等预处理工作，接着采用词向量的方法将文本转换为数字表示的向

---

① 葛霓琳、凡甲甲：《基于朴素贝叶斯和支持向量机的评论情感分析》，载《计算机与数字工程》2020 年第 48 期。

量，从而利用向量来表示一个文本数据；（3）利用分类器对其进行情感分类。

6.3.2.2 支持向量机

支持向量机 SVM 是 1995 年由瓦普尼克（V. Vapnik）提出的一种新型的有监督的机器学习方法。支持向量机 SVM 是在高位特征空间使用线性函数假设空间的学习系统，在分类方面具有良好的性能，对高维数据的处理效果良好，能够得到较低的错误率，但该方法对参数调节和核函数的选择较为敏感。广泛应用于短语识别、词义消除、文本自动分类、信息过滤等方面，而且对于训练样本较小的文本可以得到很好的情感分析效果，目前，大多数人认为，基于 SVM 的文本情感分析方法是最好的情感分析方法。

给定输入数据和学习目标：$x = (x_1, x_2, \cdots, x_N)$，$y = (y_1, y_2, \cdots, y_N)$，在线性可分问题中求解最大边距超平面的算法，约束条件是样本点到决策边界的距离大于等于 1。

$$\max_{w,b} \frac{2}{\|W\|} \Leftrightarrow \min_{w,b} \frac{1}{2} \|w\|^2 \qquad (6-3)$$

由式（6-3）得到的决策边界可以对任意样本进行分类：$sign[y_i(w^T x_i + b)]$。

基于支持向量机方法的分析过程：首先，对评测进行数据处理并将文本通过分词工具进行分词和词性标注；其次，将数据样本分为训练集、验证集和测试集，训练集用来训练模型，验证通过模型得到的情感是否正确，及时反馈给模型，并优化模型；测试集主要用来测试模型，将词向量所得到的高维数据用 Word2vec 中的方法将相近的词进行汇聚，再对情感字典进行降维和扩充等操作；最终用基于支持向量机的情感分析方法对评论中的正面、负面和中性情感进行分类。

6.3.3 基于深度学习的方法

随着深度学习在图像处理的领域不断发展创新，深度学习技术也开始涉及文本情感分析领域。随着深度学习的快速发展，词向量模型的提出恰好为相关研究提供了契机。在深度学习中，可以应用于情感分析的技术有很多，比如，Word2Vec 词嵌入技术、卷积神经网络（CNN）和循环神经网络（RNN）。

6.3.3.1 Word2Vec 词嵌入技术

Word2Vec 有效地推动了自然语言处理领域相关研究的发展，使用

Word2Vec训练所得到的词向量，不仅能够消除词语的歧义，同时在词语的聚类和分类中有良好的应用。在情感分析领域，Word2Vec可通过扩展情感词典来使情感的计算与分析更为准确[①]，Word2Vec对短篇文章进行分析有不错的效果，但是如果忽略上下文和单词的顺序信息，就会丢掉很多重要信息，所以有学者提出Doc2Vec方法，这种方法是对Word2Vec的扩展。Word2Vec方法的主要步骤如下。

（1）训练模型：在训练数据中得到词向量、相关参数以及句子向量、段落向量。

（2）推断过程：对于新的段落，得到其向量的表达，具体通过在矩阵中添加更多的列，再进行训练，使用梯度下降的方法得到新段落的向量表达，在模型训练中，训练句子向量的方法与训练词向量的方法非常相似。

6.3.3.2 卷积神经网络（CNN）

卷积神经网络（convolutional neural networks，CNN）是一类包含卷积计算且具有深度结构的前馈神经网络，是深度学习的代表算法之一。

卷积神经网络经常被用作情感极性分析的模型工具，卷积神经网络是借助深度学习的方法将词语转换成为词向量，同时利用神经网络构造情感极性分类器，判断词语的情感极性，从而避免分类不准确情况的产生。曹（Cao）等人[②]用卷积神经网络构建句子的特征向量，然后利用支持向量机SVM实现对微博语句的情感分析。肖（Xiao）等人[③]在文献中提出了扩展内容的卷积神经网络微博情感分析，利用把一条微博扩展到多条微博语料的方法解决了一条微博短小稀疏的问题。

6.3.3.3 循环神经网络（RNN）

循环神经网络（recurrent neural network，RNN）是一类以序列数据为输入，在序列的演进方向进行递归且所有节点（循环单元）按链式连接的递归

① Xue B，Fu C，Zhan S. A Study on Sentiment Computing and Classification of Sina Weibo with Word2vec. IEEE International Congress on Big Data，2014.

② Cao Y，Xu R，Tao C. Combining Convolutional Neural Network and Support Vector Machine for Sentiment Classification. *Chinese National Conference on Social Media Processing*，Vol. 568，No. 12，November 2015，pp. 144–155.

③ Xiao S，Fei G，Li C，et al. Chinese Microblog Sentiment Classification Based on Convolution Neural Network with Content Extension Method. 2015 International Conference on Affective Computing and Intelligent Interaction（ACII）. IEEE Computer Society，2015.

神经网络[①]。循环神经网络的输出节点定义为一个线性函数：

$$O^{(t)} = vh^{(t)} + c \qquad\qquad (6-4)$$

式（6-4）中 v、c 是权重系数。根据循环神经网络结构的不同，一个或多个输出节点的计算结果在通过对应的输出函数后，可得到输出值 $\hat{y} = g(o)$。对于分类问题，输出函数可以是归一化指数函数。

彤（Tong）等人[②]在文献中提出了基于递归神经网络循环神经网络的微博情感分析方法，该方法首先利用循环神经网络训练微博语料的词向量，然后再利用循环神经网络训练得到微博语料的句子向量，通过这种训练方法获得词的语义和序列特征。唐（Tang）等人[③]在文献中提出了基于 LSTM 的微博情感分析方法，主要从文本方向实现微博情感分析。闫梅（Yanmei）等人[④]在文献中将卷积神经网络和递归神经网络循环神经网络的微博情感分析方法相结合，对微博语料的情感进行分类，首先，利用卷积神经网络学习特征向量，然后再利用递归神经网络循环神经网络训练分类器进行微博情感分析。

6.4　应　用　案　例

随着互联网上评论文本的爆炸式增长，无论是个人、企业、机构还是政府部门，都迫切需要对评论文本进行加工整理，并通过评论中表达出的情感信息辅助进行决策的制定。因此，情感分析研究具有十分广泛的应用，下面将对情感分析的应用现状以及应用前景进行概括介绍。

伴随着情感分析技术的完善，情感分析的应用领域并不局限于上述领域，而是有着更广阔的应用空间。在信息化的时代背景下，学习资源共享、平台共享的应用受到很多学习者的青睐，进而催生出海量的实时学习数据，形成复杂的教育大数据。越来越多的学者开始利用数据挖掘、机器学习、情感分析等新一代信息技术来探讨在线教育相关的问题。

① Bisong, E. Regularization for Deep Learning. *In Building Machine Learning and Deep Learning Models on Google Cloud Platform*, 2019, pp. 415 - 421.

② Tong Y, Zhang Y, Jiang Y. Study of Sentiment Classification for Chinese Microblog Based on Recurrent Neural Network. Chinese Journal of Electronics, Vol. 25, No. 4, 2016, pp. 601 - 607.

③ Tang D, Qin B, Liu T. Document Modeling with Gated Recurrent Neural Network for Sentiment Classification. Conference on Empirical Methods in Natural Language Processing, 2015.

④ Yanmei L, Yuda C. Research on Chinese Micro - Blog Sentiment Analysis Based on Deep Learning. 2015 8th International Symposium on Computational Intelligence and Design (ISCID). IEEE, 2015.

6.4.1 基于情感分析的学习效果预测

6.4.1.1 学业情绪对教学评价的研究

学业情绪是指在教学或学习过程中，与学生学业活动相关的各种情绪体验，包括在课堂学习活动中和完成作业过程中以及考试期间的情绪体验。学业情绪与成就动机、归因、自我效能感有着密切的联系，良好的学业情绪不仅有助于学生认知活动的开展和主动学习态度的培养，而且有助于建立良好的师生关系，促进学生身心健康发展。采用情感分析技术提取学习者的学业情绪对于教师及时并有针对性地调整课程安排、教学方法以及改善教学质量、提高学生学习效率[①]等方面起着重要作用。

国内学者王琳使用学业情绪的概念建立了分类标准，将学习者分为积极高唤醒、积极低唤醒、消极高唤醒和消极低唤醒四种类别[②]，并根据图 6-2 构建了学业情绪评价模型。

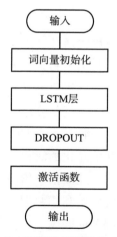

图 6-2 LSTM 模型的构建流程

资料来源：王琳：《基于学习者学业情绪的 MOOC 评价与改进研究》，西安电子科技大学硕士论文，2019 年 6 月。

首先，选取来自中国大学 MOOC 在线教育平台课程评论区的自然科学类课程评论数据和人文社会科学类课程评论数据，两种课程类型的课程评论共20417 条，然后对评论文本进行分词、去除停用词的文本预处理的过程，基于所构建的学业情绪评价模型将课程评论的文本进行了分类，评论文本的情感分类结果如表 6-3 所示。

表 6-3 　　　　　　　　　　　　　情感分类结果

课程类型	情感状态	个案数（条）	百分比（%）
自然科学类	积极高唤醒	10364	98.5
	积极低唤醒	65	0.6
	消极低唤醒	40	0.4
	消极高唤醒	52	0.5
人文社会科学类	积极高唤醒	9620	97.2
	积极低唤醒	97	1
	消极低唤醒	92	0.9
	消极高唤醒	87	0.9

资料来源：王琳：《基于学习者学业情绪的 MOOC 评价与改进研究》，西安电子科技大学硕士论文，2019 年 6 月。

从统计结果可以看出，课程学习者的积极状态远远多于消极状态，且理工类课程与人文类课程的学习者情感状态存在显著性差异，其中，自然科学类课程评论中的积极高唤醒学习者评论的比例达到了98.5%，人文社会科学类的课程评论中积极高唤醒的比例为97.2%。

其次，将分类后的文档以逗号为切分点切分为语句，基于邱均平教授在2015 年提出的 MOOC 质量评价指标，从教学队伍、教学内容、教学资源、教学效果以及教学技术五个维度对文本语句进行分类，如表 6-4 所示。

表 6-4 　　　　　　　　　　　　　课程单元分类结果

学业情绪	教学队伍	教学内容	教学资源	教学效果	教学技术
积极高唤醒	0.52	0.15	0.08	0.07	0.16
积极低唤醒	0.10	0.38	0.16	0.23	0.01
消极低唤醒	0.14	0.27	0.22	0.21	0.13
消极高唤醒	0.14	0.21	0.14	0.14	0.32

资料来源：王琳：《基于学习者学业情绪的 MOOC 评价与改进研究》，西安电子科技大学硕士论文，2019 年 6 月。

从表6-4可以看出，积极状态下的学习者提到最多的是教师队伍，说明教师在MOOC学习过程中发挥的作用非常重大而且明显；消极状态下的学习者最关注的是教学内容；积极低唤醒的学习者在教学技术方面的讨论较少；消极高唤醒的学习者的评论内容主要集中在教学技术上。

6.4.1.2 情感状态与学习成绩的关系

国内学者刘智以课程论坛发帖为研究对象，基于情绪词典的特征匹配及情绪密度的计算方法探讨了情感状态与学习成绩间的关系，发现学习者的积极情绪与学习效果呈现正相关关系，学习者的消极情绪与学习效果呈显著负相关[1]。如图6-3所示，平均每个学期内学习者的积极情绪（PED）密度最高，消极情绪（CED）密度次之，困惑情绪（NED）密度最低。这表明学习者对该课程的学习态度和学习感受较为积极和乐观，但同时也产生了困惑及消极情绪。

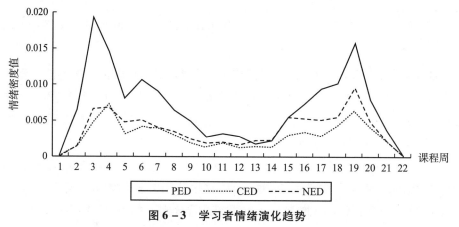

图6-3 学习者情绪演化趋势

资料来源：刘智、杨重阳、彭晛等：《SPOC论坛互动中学习者情绪特征及其与学习效果的关系研究》，载《中国电化教育》2018年第4期。

图6-4显示，学习者在第5、第7、第9、第14、第15、第16、第17及第20周的积极情绪与学习效果呈显著正相关关系；学习者在第6、第14、第17、第18及第20周的困惑情绪与学习效果呈显著正相关关系；学习者在第9、

---

[1] 刘智、杨重阳、彭晛等：《SPOC论坛互动中学习者情绪特征及其与学习效果的关系研究》，载《中国电化教育》2018年第4期。

第 14、第 17、第 18、第 20 及第 21 周的消极情绪与学习效果呈显著正相关关系，而第 10 周的消极情绪与学习效果呈显著负相关关系。

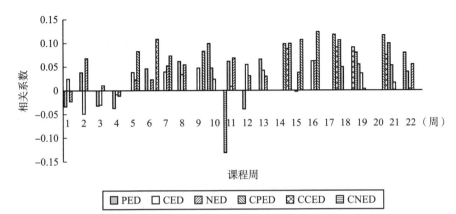

图 6-4　学习者情绪与学习效果在每周的相关性变化趋势

资料来源：刘智、杨重阳、彭晛等：《SPOC 论坛互动中学习者情绪特征及其与学习效果的关系研究》，载《中国电化教育》2018 年第 4 期。

但赵帅等提出不同看法，他认为，具有正向积极情感与成绩无显著关联，但消极负向情感能显著且正向地预测成绩[1]，并通过计算 MOOC 学习者在课程学习过程中的情感倾向进行验证。朱小栋等另辟蹊径，研究了学习者的情感倾向对 MOOC 持续使用意愿的关系，发现学习者的平台的情感依恋对持续使用意愿具有积极影响[2]。

除此之外，国外学者瓦拉孔德（Valakunde）等还基于支持向量机、机器学习、情感词典等多种情感分析算法对学生提供的评论内容进行了情感分析的研究[3]，万利（Wanli）等[4]采用支持向量机的方法探索了情绪对学生辍学率的影响；阿里塔布什（Altrabsheh）等[5]采用机器学习的方法对学生在课程反馈中

①　赵帅、黄晓婷、卢晓东：《情感指数对 MOOC 学生成绩的预测研究》，载《中国大学教学》2019 年第 5 期。

②　朱小栋、王亚非、邓光辉等：《MOOC 持续使用意愿的影响因素研究》，载《中国教育信息化》2019 年第 19 期。

③　Valakunde N D, Patwardhan M S. Multi-aspect and Multi-class Based Document Sentiment Analysis of Educational Data Catering Accreditation Process. International Conference on Cloud & Ubiquitous Computing & Emerging Technologies. IEEE, 2014.

④　Xing W, Tang H, Pei B. Beyond Positive and Negative Emotions: Looking into the Role of Achievement Emotions in Discussion Forums of MOOCs. *The Internet and Higher Education*, Vol. 43, 2019, pp. 100690. 1 – 100690. 9.

⑤　Altrabsheh N, Cocea M, Fallahkhair S. Predicting Learning-related Emotions from Students' Textual classroom Feedback Via Twitter. The 8th International Conference on Educational Data Mining, 2015.

与学习相关的情绪变化进行了预测；朱（*Zhu M*）等①和阿迪利夫（Adinolfi）②等采用情感词典的方法分别对学习者和教师在课程评论中的情绪进行主题聚类和建模，以监测不同时间段内学习者的情感倾向变化和行为变化，预测学习者对平台和课程的满意度③。

6.4.2 基于情感分析的课程质量评价

左明章等④从整体和个人两方面对 MOOC 论坛中的评论内容进行了情感分析，发现评论内容的情感和学习者情绪存在一定关联，分析评论内容能够有效地帮助教师观察学生的态度、甄别学生的学习行为并进行学习干预；罗玉萍等⑤利用情感分析方法将学生的留言内容转化为量化情感强度值，以帮助教师了解教学过程中的优点和不足；而阿里塔布什等⑥使用情感分析技术分析学生的反馈，快速识别学生对当前教学的积极感受或消极感受，从而有效改进教学质量。

学习者发表的在线课程中蕴含了学习者丰富的情感，这些情感可清晰地反映出学习者对教师、平台、课程资源等多维度的质量感知和学习诉求。因此，近年来，情感分析方法逐渐被应用于在线教育课程质量评价中。通过情感分析技术来分析学习者反馈的课程评论内容的情感倾向，挖掘影响课程质量的重点要素和学习者讨论热度较高的话题，进而构建在线教育课程质量评价体系，有效地实现在线课程质量的评判。

如张新香⑦等以"中国大学 MOOC"网的在线评论文本为例。

首先，通过主题提取方法提炼学习者评论文本的主题集，并基于主题中的

① Zhu M, Sari A, Lee M M. A Systematic Review of Research Methods and Topics of the Empirical MOOC Literature (2014 – 2016). *The Internet and Higher Education*, Vol. 37, 2018, pp. 31 – 39.

② Adinolfi P, D'Avanzo E, Lytras M D, et al. Sentiment Analysis to Evaluate Teaching Performance. *International Journal of Knowledge Society Research*, Vol. 7, No. 4, 2016, pp. 86 – 107.

③ Elia G, Solazzo G, Lorenzo G, et al. Assessing Learners' Satisfaction in Collaborative Online Courses through a Big Data approach. *Computers in Human Behavior*, Vol. 92, March 2019, pp. 589 – 599.

④ 左明章、赵蓉、王志锋等：《基于论坛文本的互动话语分析模式构建与实践》，载《电化教育研究》2018 年第 9 卷。

⑤ 罗玉萍、潘庆先、刘丽娜等：《基于情感挖掘的学生评教系统设计及其应用》，载《中国电化教育》2018 年第 4 卷。

⑥ Altrabsheh N, Gaber M M, Cocea M. SA – E: Sentiment Analysis for Education. The 5th KES International Conference on Intelligent Decision Technologies（KES – IDT），2013.

⑦ 张新香、段燕红：《基于学习者在线评论文本的 MOOC 质量评判——以"中国大学 MOOC"网的在线评论文本为例》，载《现代教育技术》2020 年第 30 期。

一级主题词和二级主题词确立评价指标的维度，结果如表 6 - 5 所示。

表 6 - 5　　　　　　　　　　　　学习者评论文本主题集

一级主题词	二级主题词	例句
视频制作	时间、视频、平台、形式、问题、清晰、方便、课件	视频安排的结构太零碎了，分成这么多小块，每个时间都很短
课程内容	内容、丰富、理解、案例、知识点、深入、角度、方面	内容由浅入深，老师讲得很好！案例充分，语言浅显，五分好评
知识量	知识、了解、基础、深刻、提高、掌握、丰富、不大	老师深入思考过，很多知识点的结构和一般的书不一样，老师的总结更高级一些，并有一些应用案例分析
教学风格	教学、生动、交流、有趣、理论、实用、有效、枯燥	这么枯燥的课程让老师讲得如此生动、有趣，期待后续的课程
学习感受	喜欢、享受、学到、价值、帮助、专业、体系、感谢	本人小白，老师讲的知识点难度可能并不大，但自成体系，对系统的入门学习者（爱好者）很有帮助

资料来源：张新香、段燕红：《基于学习者在线评论文本的 MOOC 质量评判——以"中国大学 MOOC"网的在线评论文本为例》，载《现代教育技术》2020 年第 30 期。

其次，采用知网情感词典的方法从学习者的关注程度和学习者的情感两方面计算各个主题的情感得分。结果如表 6 - 6 所示，以情感值为基础并结合熵权法计算每个主题的权重。

表 6 - 6　　　　　　　　　10 门课程中 5 个主题的情感得分

评价维度	C1	C2	C3	C4	C5	C6	C7	C8	C9	C10
视频制作 X1	0.8667	1.4754	1.1652	1.3867	1.0432	1.6844	0.9799	0.9042	0.7939	1.6722
课程内容 X2	1.5055	1.4248	1.3710	1.3391	1.3825	1.7013	1.5358	1.6109	1.7947	1.6353
知识量 X3	1.1447	1.2667	1.162	1.2984	1.348	1.4943	1.1839	1.1168	1.2763	1.4416
教学风格 X4	1.9375	1.8062	1.6478	2.1076	1.525	1.5583	1.5413	1.6343	1.6977	2.0707
学习感受 X5	1.1356	1.6880	1.3212	1.4582	1.8743	1.938	1.5427	1.4949	1.369	2.2585

资料来源：张新香、段燕红：《基于学习者在线评论文本的 MOOC 质量评判——以"中国大学 MOOC"网的在线评论文本为例》，载《现代教育技术》2020 年第 30 期。

最后，随机选取 10 门"中国大学 MOOC"网上评论数量较多的课程作为实验案例，基于灰色关联分析实施 MOOC 课程质量评判，为整改课程、充分发挥 MOOC 教育模式的优势提供科学指导。验证结果如表 6 - 7 所示。

表 6 - 7　　　　　　　　　　10 门课程灰色关联度

课程代号	C1	C2	C3	C4	C5	C6	C7	C8	C9	C10
灰色关联度	0.0683	0.1128	0.0797	0.1066	0.0803	0.1667	0.0724	0.0695	0.0716	0.1722
排序	10	3	6	4	5	2	7	9	8	1
网站相对排名	10	5	2	6	4	1	7	8	9	3
网站绝对排名	139	10	3	24	9	2	33	48	67	5
课程评分	4.7	4.8	4.8	4.8	4.7	4.9	4.7	4.7	4.9	4.8

资料来源：张新香、段燕红：《基于学习者在线评论文本的 MOOC 质量评判——以"中国大学 MOOC"网的在线评论文本为例》，载《现代教育技术》2020 年第 30 期。

在已有研究的基础上，本书以 MOOC 平台中学习者反馈的评论文本为研究对象，基于情感分析的研究方法也构建了一套适用于 MOOC 课程质量评判的评价体系。具体过程如下。

首先，采集"中国大学 MOOC"网站中计算机学科参与人数最多的 4 门课程评论作为分析数据，经过分词、停用词去除等预处理工作后人工剔除无实际含义的无效数据后，基于 TF - IDF 模型和齐普夫定律提取出现频次较高的关键词，并将提取出的高频关键词视为影响课程质量的相关要素。其中，TF - IDF 模型用来计算每个词所对应的 TF - IDF 值；齐普夫定律作为确定高低词频分界点的依据，最终筛选出 135 个关键词作为 MOOC 课程质量的影响要素，部分结果如表 6 - 8 所示。

表 6 - 8　　　　　　　　影响课程质量的相关要素（部分）

关键词	TF - IDF 值	关键词	TF - IDF 值	关键词	TF - IDF 值
内容	0.218	视频	0.041	兴趣	0.016
基础	0.193	循序渐进	0.037	难度	0.014
通俗易懂	0.168	由浅入深	0.032	课件	0.014
清晰	0.089	练习	0.031	PPT	0.013
详细	0.085	丰富	0.027	时长	0.013

续表

关键词	TF – IDF 值	关键词	TF – IDF 值	关键词	TF – IDF 值
知识点	0.076	设计	0.024	节奏	0.011
初学者	0.071	习题	0.024	形象	0.008
方法	0.057	答疑	0.023	证书	0.007
实例	0.048	语速	0.022	字幕	0.007
有趣	0.044	透彻	0.019	专业	0.006

其次，通过 K – Means 算法挖掘影响要素间的关联关系，对选取的 135 个关键词进行聚类。聚类结果如表 6 – 9 所示。

表 6 – 9　　　　　　　　　　影响要素聚类结果

聚类名称	影响要素
Cluster0	内容、入门、干货、教材、基础、实例、丰富、详细、版本、重难点、新颖、案例、初学者、知识点、通俗易懂
Cluster1	结构、脉络、严谨、章节、清晰、框架、逻辑、体系、完善、组织、衔接、紧密、循序渐进、由浅入深
Cluster2	细致、耐心、术语、简洁、理论、方法、语速、设计、铺垫、节奏、表达、引导、生动有趣、条理、演示、透彻
Cluster3	课上、课下、交流、互动、参与、氛围、积极、分享、助教、讨论区、回复、指导
Cluster4	结课、测试、习题、解决、难度、数量、频繁、答疑、解析
Cluster5	界面、操作、美观、便捷、布局、合理
Cluster6	PPT、课件、视频、画质、字幕、错别字、同步、跳转、剪辑、时长、倍速、图片、动画、零碎、流畅、声音、讲义
Cluster7	名校、经验、水平、职业、素养、专业、认真负责、亲和力、形象、外表、气质、衣着、普通话、学历、方言
Cluster8	收获、掌握、证书、预期、兴趣、思维、能力、技能、体验感、成就、实用、价值、效果、推荐、感谢、期待
Cluster9	平台、形式、问题、希望、资源、下载、提醒、微信群、链接、QQ
Cluster10	免费、精品课、周期、更新、速度

再次，基于聚类结果的内容特征，结合相关成果将每个类别中的影响要素进行优化整合后视为三级评价指标；将 K - Means 聚类形成的类别个数作为二级评价指标应确立的数量，将三级评价指标按照其内容的描述特征进行编码，向上合并，形成"内容设置""结构设置""教学设计""师生互动""课程测验""界面设计""资源质量""教师传授""学习收获""平台功能"和"课程服务"11 个二级评价指标；参考 Schmitt 用户体验理论将二级指标向上合并形成"内容体验""行为体验""感官体验""情感体验"和"服务体验"5 个一级评价指标。各级评价指标确立完成后，基于情感词典的情感分析方法计算各评价指标的情感值，以情感值为基础结合变异系数法的计算方法对每一个指标所应分配的权重形成完整的 MOOC 课程质量评价体系，如表 6 - 10 所示。

表 6 - 10　　　　　　　　　　5 门课程评分结果

一级指标 ＼ 课程	C1	C2	C3	C4	C5
内容体验	5.996	6.838	4.573	6.073	6.599
行为体验	5.513	5.729	5.631	5.844	5.131
感官体验	4.227	3.657	3.756	4.052	3.324
情感体验	5.498	6.334	4.698	5.636	6.017
服务体验	5.567	5.695	5.776	5.472	5.496
课程总得分	88.350	91.843	76.097	88.474	84.734
网站评分	4.8	4.9	4.5	4.8	4.7

最后，选取实验案例验证 MOOC 课程质量评价体系的可行性，情感值大于 0 表示评论属于正向情感，情感值小于 0 表示评论属于负向情感。

本书所构建的评价体系相较于 MOOC 现在所应用评星打分的方式来说，可以将学习者评论文本数据转变成课程质量评判的量化信息，把每个评价指标的评分结果都进行细化揭示。依据课程指标的细化评价，揭示学习者对平台和课程设置的不同需求，情感值为负的评价指标即为学习者对课程设置不满意的方向，是影响课程质量的关键因素，MOOC 平台管理者和课程设计者可准确地定位课程所欠缺的地方，着重关注并及时解决这些问题是提升 MOOC 课程精准教学质量的关键措施。另外，课程设计者也可利用本书所构建的 MOOC 课程质量评价体系及时发现学习者的负面情绪，分析学习者产生消极情绪的原因，对负面情绪进行有效的干预和调节，使负面情绪淡化，逐渐提高学习者的学习热情，收获良好的学习感受。

6.5　本章小结

本章介绍了情感分析研究方法的基本概念，根据不同文本的粒度，情感分析研究可分为篇章级、句子级和词语级三个级别。情感分析的研究也可细分为情感极性分析、情感程度分析以及主客观性分析等几个小问题。

本章描述了情感信息的抽取过程，主要包括评价词、评价对象以及观点持有者三方面内容的抽取。其中，评价词是指带有情感倾向性的单词或短语元素，评价对象是评论文本中评价词所修饰的对象，观点持有者指的是辨别评论文本的意见主体。

同时，本章也相对详细介绍了主流的情感分析技术以及相关的算法，包含基于情感词典的方法、基于机器学习的方法、基于深度学习的方法，其中，基于情感词典的方法实现过程较为简单，对情感词典中的情感词往往存在较强的领域依赖性，同一词汇在不同领域可能会表达完全不同的情感。使用情感词典方法进行情感分析时，情感词典的构建是影响情感分析结果的关键因素。基于机器学习的方法的灵活性不高，针对领域变化的适应性需要花费很长时间来训练。基于深度学习的方法实现过程较为困难。

情感分析在教育领域中的应用比较少，多集中于在线教育平台中的评论内容研究，探讨在线教育平台中课程参与度、完成率以及辍学率等问题，研究方向比较固定和局限，未来研究者可以使用基于情感分析的方法多维度多角色地进行研究，推动线上教育和线下教育共同进步。而且目前大部分情感分析的研究都是针对英文进行的，虽然有许多研究者开始致力于中文文本的相关情感分析问题的研究，但还是存在一些问题，在未来的研究中，学者可以采用多种不同的研究方法，从中文文本出发，探讨教育领域更多的研究问题，丰富情感分析在教育领域的研究成果。

第 7 章

时间序列、关联规则与因果关系

一般而言，时间序列数据主要针对个人或统一整体而言，表现为其在不同时间节点上具体指标的变化情况，指标可以是一元或多元，对于后者称之为多元时间序列数据。在生活中，时间序列数据较为常见，是研究者数据分析的基本数据类型之一，例如，某地区高校创新能力的历年数据等，欲对这些数据做进一步分析，观察其间规律或回归关系，则首先要按照时间序列类型数据做相关处理，排除调节时间序列数据可能存在的问题（具体可见 ARIMA 模型正式建模前的系列步骤）。目前，主流的时间序列模型主要包括差分自回归移动平均（ARIMA）模型、灰色预测模型以及 Prophet 模型。

时间序列模型主要研究数据的纵向变化关系，而关联规则与因果关系更加倾向于研究数据横向之间的相关或因果关系，也即数据之间的相互影响。具体而言，关联规则主要分析多个指标潜在具备的关系，例如，学生错题出现的"连贯"现象，学生行为与学生成绩之间的相关现象等，这是教育领域新发展的重要方向，目前，较为主流的分析算法主要包括 Apriori、FP – growth。因果关系是一种比相关关系更强劲、带有方向的关系，可以说，若两者具有因果关系就一定具有相关关系，但具有相关关系却不一定有因果关系，目前，较为主流的算法包括格兰杰因果算法、互相关、断点回归等。

7.1　时间序列模型

7.1.1　差分自回归移动平均（ARIMA）模型

差分自回归移动平均模型（autoregressive integrated moving average model，

ARIMA)，是时间序列模型的重要组成部分，建立在平稳的序列数据基础上，通过该模型能对样本内外数据进行拟合和预测。所谓平稳性，即数据具有一定的连贯性，能够通过一定量的历史数据对数据的趋势进行拟合，均值方差不存在过大变化。ARIMA 模型的建构相对较为简单，能够被广泛应用到各个领域。

7.1.1.1 基本原理

差分自回归移动平均模型是一种组合模型，可以拆分为三组小模型。

其一是自回归模型（autoregressive model），区分于一般的回归分析，该模型不需要多元变量就可完成预测，即通过对自身的分析从而预测自身，故也需要上述平稳性的要求作为基本支撑，基本数据定义如式（7-1）所示，其中，y_t 为当前值，c 为常数项，p 是阶数，ϕ_i 是自相关系数，ε_t 为随机误差，即当前预测值与前 p 个时长的数值都有关。

$$y_t = c + \sum_{i=1}^{p} \phi_i y_{t-i} + \varepsilon_t \qquad (7-1)$$

其二是移动平均模型（moving average model），该模型关注的是 t 时刻的值与不同时刻的值之间的干扰值关系[①]，基本定义如式（7-2）所示，它假设当前值与前 n 个时刻的随机误差有一定的相关关系，即当前预测值与前 q 个时长的误差干扰值都有关，通过计算最优 θ_i 以在较大程度上消除随机误差对整体所带来的影响。

$$y_t = c + \sum_{i=1}^{q} \theta_i \varepsilon_{t-i} + \varepsilon_t \qquad (7-2)$$

其三是自回归移动平均模型（autoregressive moving average model），简单理解就是上述两种模型的结合体，基本定义如式（7-3）所示，当前值不仅与前 n 个时刻的系统值有关，同样也与不同时刻的干扰值有关，相比单一的 $AR(P)$ 与 $MA(Q)$ 模型具有更强的预测分析能力。

$$y_t = c + \sum_{i=1}^{p} \phi_i y_{t-i} + \sum_{i=1}^{q} \theta_i \varepsilon_{t-i} + \varepsilon_t \qquad (7-3)$$

由此，差分自回归移动平均模型的工作内容基本明确，即对平稳化的序列数据通过上述算法确定最优 p 值以及 q 值，建立模型，然而 p 值与 q 值的确定仍需进一步讨论。q 值的确定方式主要通过自相关函数（autocorrelation function）进行识别，所谓自相关与双变量相关的作用机制一致，只是变量由原来

---

① 侯成琪、徐绪松：《计量经济学方法之时间序列分析》，载《技术经济》2010 年第 8 期。

的双变量转为了与自身进行比较。计算方法如式（7-4）所示，其中，Cov 与 Var 表示统计学中的协方差与方差，k 表示滞后阶数，即通过不同的滞后阶数确定截尾位置，从而得到相应的 q 值。而 p 值的确定方式主要通过偏自相关函数（partial autocorrelation function）进行识别，所谓偏自相关描述的是剔除中间观测值之后两者之间的关系，同样地通过判断截尾位置确定 p 值。若 $k=2$，即 ACF 描述的 y_t 是 y_{t-2} 与之间的相关性，但 y_{t-1} 仍具有中间影响，而 PACF 描述的是纯两个时间戳的相关性。

$$ACF(k) = \frac{Cov(y_t,\ y_{t-k})}{Var(y_t)} \qquad (7-4)$$

截尾指的是 ACF 或 $PACF$ 趋势大于某个 k 值后快速趋近于 0 或落入置信区间内；拖尾指的是趋势以指数衰减或者震荡的情况。具体对应关系如表 7-1 所示。若自相关函数拖尾，偏自相关函数截尾需要考虑使用 $AR(p)$ 模型；若自相关函数截尾，偏自相关函数拖尾可使用 $MA(q)$ 模型；若自相关函数和偏自相关函数均拖尾则需使用 $ARMA(p, q)$ 模型。

表 7-1   根据样本自相关与偏自相关函数特征识别模型

模型	ACF	PACF
$AR(p)$	拖尾	截尾
$MA(q)$	截尾	拖尾
$ARMA(p, q)$	拖尾	拖尾

7.1.1.2　具体建模步骤

ARIMA 模型大致流程如图 7-1 所示。

第一步，需要研究者先对原始数据进行平稳性检验，即上述章节提到的"平稳化数据"。是否平稳检验可以先通过视觉经验对其进行观察，再利用单位根检验（ADF）的方式进行验证。如果不符合条件则有两种方式能够进行调和并矫正，若发现数据呈指数级增长可使用"对数转换"将其转换为线性趋势，并再次进行单位根检验；若数据非平稳，可进行"差分转换"，即计算 t+1 时刻与 t 时刻差值，需要注意的是，若一阶差分不符合要求，需要在一阶差分的基础上再进行差分，以此类推，而非从源数据上进行"一步式"操作。由此，将得到参数 D，即进行了 D 次差分。

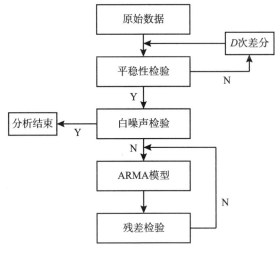

图 7 - 1 ARIMA 建模流程

第二步，要进行白噪声检验，一组数据是白噪声序列，则说明该部分数据是一组没有任何规律可循的数列，也就无法进行相应的预测，分析直接结束，不能再进行研究。相反，如果检验通过，则可继续进行分析。

第三步，需要通过自相关函数和偏自相关函数确定影响的 q 值以及 p 值，其确定的核心规则主要参照表 7 - 1 所示的原理。并且根据目前得到的 p、d、q 三个值去建立模型。最终，理论上要求其残差应该符合白噪声的要求，这表明所建立的模型是有效的，具体可以通过观察残差自相关函数和偏自相关函数进行判定。

7.1.1.3 应用场景

差分自回归移动平均模型用途广泛，被相关学者广泛应用到了能源、经济、教育、环境、卫生健康以及交通等多个领域。如刘勇等[1]利用对数转化和二阶差分能源消耗数据进行建模和预测，提出开发与节能并重，亟须转化为技能优先的政策建议；华鹏等[2]对广东省的 GDP 数据进行了平稳化检验与综合分析，构建了相对误差较小的 ARIMA（1，1，0）模型，为相关省份战略定制与

---

[1] 刘勇、汪旭晖：《ARIMA 模型在我国能源消费预测中的应用》，载《经济经纬》2007 年第 5 期。
[2] 华鹏、赵学民：《ARIMA 模型在广东省 GDP 预测中的应用》，载《统计与决策》2010 年第 12 期。

计划提供了参考；孙梦洁等[①]对内蒙古研究生招生数进行了分析，提出要进一步扩大学位研究生的培养规模，提高质量；孟凡强[②]选取了广州、南京、西安、北京以及哈尔滨五个城市的空气污染指数，并且分别进行了参数的确定，结果表明，不同城市的 p，q 阶值都不一样，而差分 d 阶则相同统一，这为相关研究奠定了基础；吴家兵等[③]论述了差分自回归移动平均模型在传染病发病率中应用的可能性，并使用 SPSS 融合季节性因素对 16 年的发病率序列进行了拟合，分析了传染病预报的重要意义；张杰等[④]从《中外城市交通基础信息大全》上摘取了中国近十年的交通事故十万人死亡率，以 AIC 最小信息量表确定了最优参数 p，q，结果显示，该模型效果较好，其结果能够作为相关部门预防事故发生的数据支持。

总之，尽管 ARIMA 在教育领域的应用目前仍较为稀缺，但其作为时间序列相关模型是较为主流的研究方法之一，无论在经济还是教育领域都具有较强的适用性。因此，教育领域学者也完全可以使用该方法解决属于教育领域亟待解决的难题。

7.1.2　灰色预测模型

灰色是介于白色和黑色之间的系统，白色系统指系统内的信息全部已知，黑色系统指系统内的信息全部未知，故而灰色系统即系统内既具已知信息又有部分信息未知的系统，或者说其未知部分即我们所需要预测的部分。一般表示为 GM（1，1），G 即 gray，M 即 model，（1，1）即 1 阶 1 变量。

设原始随机序列为 $X^{(0)} = \{X^{(0)}(1)，X^{(0)}(2)，\cdots，X^{(0)}(n)\}$，通过式（7-5）的生成具有一定规律的新序列 $X^{(1)} = \{X^{(1)}(1)，X^{(1)}(2)，\cdots，X^{(1)}(n)\}$，其中 $k=1，2，3，\cdots，n$，i 表示项数。一般而言，将这一过程称为"一次累加生成"。灰色预测模型推导结果如式（7-6）所示，其中，m 称为发展系数，l 为灰色作用量，l 和 m 是需要依据数据列求得的参数，如式（7-7）所示。

---

① 孙梦洁、陈宝峰、温春卉、任金政：《基于 ARIMA 模型的研究生招生规模建模与预测》，载《统计与决策》2010 年第 12 期。

② 孟凡强：《ARIMA 模型在空气污染指数预测中的应用》，载《统计与决策》2009 年第 7 期。

③ 吴家兵、叶临湘、尤尔科：《ARIMA 模型在传染病发病率预测中的应用》，载《数理医药学杂志》2007 年第 1 期。

④ 张杰、刘小明、贺玉龙、陈永胜：《ARIMA 模型在交通事故预测中的应用》，载《北京工业大学学报》2007 年第 12 期。

$$X^{(1)}(k) = \sum_{i=1}^{k} X^{(0)}(i) \tag{7-5}$$

$$\hat{X}^{(1)}(k) = \left(X^{(0)}(1) - \frac{l}{m}\right)e^{-m(k-1)} + \frac{l}{m} \tag{7-6}$$

$$[m, \ l]^T = (B^T B)^{-1} B^T Y \tag{7-7}$$

进一步，式（7-7）中的 B 和 Y 分别如式（7-8）和式（7-9）所示，简单理解 B 为矩阵第一列即新序列的滑动平均值，Y 为原序列第二个到第 n 个数值组成的序列。通过式（7-7）可以算得 m 和 l，代入式（7-6）求得新序列数值，此时求得的值是按照式（7-5）形成的序列，故而需要反向递减得到预测真实值，具体转换方式如式（7-10）所示。

$$B = \begin{bmatrix} -\frac{1}{2}(X^{(1)}(1) + X^{(1)}(2)) & 1 \\ -\frac{1}{2}(X^{(1)}(2) + X^{(1)}(3)) & 1 \\ \vdots & \vdots \\ -\frac{1}{2}(X^{(1)}(n-1) + X^{(1)}(n)) & 1 \end{bmatrix} \tag{7-8}$$

$$Y = [X^{(0)}(2), \ X^{(0)}(3), \ \cdots, \ X^{(0)}(n)]^T \tag{7-9}$$

$$\hat{X}^{(0)}(k) = \hat{X}^{(1)}(k) - \hat{X}^{(1)}(k-1) \tag{7-10}$$

模型拟合效果评价一般通过后验差比（C）检验进行测量，计算方式如式（7-11）所示，其中，var 表示方差，e 表示原始值 $X^{(0)}(k)$ 与估计值 $\hat{X}^{(0)}(k)$ 之间的误差。一般而言，$C < 0.35$ 说明模型效果较优，$0.3 < C < 0.5$ 说明模型效果合格，$0.5 < C < 0.65$ 说明模型效果基本合格，$C > 0.65$ 则说明模型效果不合格。针对每条记录的拟合效果评价方式为模型残差检验，使用相对误差值（ε）进行衡量，计算方式如式（7-12）所示，$\varepsilon < 20\%$ 说明效果较好，$\varepsilon < 10\%$ 说明效果较优。

$$C = \frac{var(e)}{var(x^{(0)})} \tag{7-11}$$

$$\varepsilon = \left| \frac{\hat{X}^{(0)}(k) - X^{(0)}(k)}{X^{(0)}(k)} \right| \tag{7-12}$$

灰色预测模型也是时间序列模型中较为主流的算法之一，但其可适用时间范围相对较短。因此，在教育科研领域中，研究者要具体依据研究需要与拟合时间长短选择 ARIMA 或灰色预测模型。

7.1.3 Prophet 模型

Prophet 模型是 Facebook 公司开源的一款时间序列预测工具，目前，有 R 语言和 Python 语言两种版本，其核心思想都是通过对时间序列进行分解，包括发展趋势项 $g(t)$、周期项 $s(t)$、节假日项 $h(t)$ 和误差项 ε_t 对序列进行估计，基本定义如式（7-13）所示。

$$y(t) = g(t) + s(t) + h(t) + \varepsilon_t \qquad (7-13)$$

其中，趋势项 $g(t)$ 在 Prophet 模型中分为两种函数。

第一种是逻辑回归函数，基本计算方式见式（7-14）。其中，C 表示最大容量，可以通过其他外部资料对研究数据最大量进行查阅；k 表示增长速率；m 为偏移量。当增长速率突变，则将对应的点位称为突变点，而这样的点位越多，拟合就更加需要自适应。假设这样的点存在 S 个，对应的则需要 δ_i 对不同突变点进行平衡，一般而言，参数值越大，其拟合效果就越灵活。因此，对于复杂的时间序列，其函数定义可见式（7-15），同理，$k + \alpha(t)^T\delta$ 表示增长率，该值越大，越是容易达到最大容量，速率就越大，$\alpha(t)^T\gamma$ 为偏移量。

$$g(t) = \frac{C}{1 + exp\{-k(t-m)\}} \qquad (7-14)$$

$$g(t) = \frac{C}{1 + exp\{-(k + \alpha(t)^T\delta)(t - (m + \alpha(t)^T\gamma))\}} \qquad (7-15)$$

第二种是分段线性模型（piecewise linear model），即当对应数据序列呈现线性关系时，对原有公式进行的修正，如式（7-16）所示。

$$g(t) = (k + \alpha(t)^T\delta)(t + (m + \alpha(t)^T\gamma)) \qquad (7-16)$$

周期项 $s(t)$ 使用的是傅里叶级数进行建模，最终推导结果见式（7-17），其中，a_n、b_n 为傅里叶系数，P 表示周期，年度数据（或以天为单位）P 定值为 365.25，周数据 P 定值为 7，对应的 N 对取值分别是 10 和 3。

$$s(t) = \sum_{i=1}^{N}\left(a_n\cos\frac{2\pi nt}{P} + b_n\sin\frac{2\pi nt}{P}\right) \qquad (7-17)$$

节假日项 $h(t)$ 认为，特定节假日或者重要事件对某目标序列仍然存在可能的影响，且这些影响也需具有显著的作用。这就需要先根据时间梳理出该段时间内的时间表，针对每个节假日 i，建立特殊日期的集合 D_i，共 L 种节日，可通过 κ_i 定义窗口期对拟合数据的影响，也可简单抽象为当前节日对预测值影响的权重，且 $\kappa \sim Normal(0, v)$。

$$Z(t)k = \sum_{i=1}^{L} k_i \cdot I_{\{ \in D_i\}} \qquad (7-18)$$

$$h(t) = Z(t)\kappa \qquad (7-19)$$

由此可以发现，相对于差分自回归平均移动模型，该模型通过广义加法模型进行数据拟合和预测，擅长处理具有突变点和趋势变化的周期数据，对带有节假日和重要事件的影响进行量化，也可同时模拟多个季节性周期数据①。此外，该模型为一般研究者带来了更加友善的体验和包容性，研究者无须过多干涉差分阶数、自回归项数以及移动平均项数等内容，更加适用于缺乏模型知识的学者，但同样也能够做出合理有意义的预测。

依据已有资料，Prophet 模型是近些年才被提出的一种时间序列模型，基本时间点可追溯至 2017 年。因此，目前应用领域相对较窄，杨爱超等②对比了 Prophet 和 BP 神经网络两种算法，提出前者对电子式互感器误差的预测效果明显优于后者；陆圣芝等③提出电力的使用受外部环境影响的因素较多，而 Prophet 模型能够较有成效地对电量季节性、节假日的影响进行拟合和预测，为电力资源分配和计划制定提供了合理的依据；王晓等④对比了 Prophet 和 LSTM 两种模型，提出在铁路客流量预测的研究中，前者更加合理和准确，因为该模型对节假日更加敏感，能够有效预测特定时间点的客流量；再或者利用 Prophet 模型对乘用车消费税进行分析⑤；对江坪河水电站面板堆石坝变形⑥进行预测。

可知，Prophet 模型大多被用于交通运输、电力工程以及经济消费等领域，即在特殊节点，这些领域内容的使用会突变，产生突变点，从而引起平稳数据的激增或激降，这些特殊节点大多指向了休息日、法定节假日、特殊事件日期等。基于上述模型特性，研究者可对此种思想进行迁移，如在社会科学教育领域中，以年为单位对教育经费投入进行拟合和预测，对周六日在线教育情况进

① Zhao N Z, Liu Y, Jennifer K Vanos（ed.）, Day-of-week and Seasonal Patterns of PM2. 5 Concentrations Over the United States: Time-series Analysis Using the Prophet Procedure. *Atmospheric Environment*, 192: 116 – 127, 2018.

② 杨爱超、吴宇、邓小松等：《基于 Prophet 的电子式互感器误差预测方法》，载《自动化与仪器仪表》2020 年第 6 期。

③ 陆圣芝、金诚、卜广峰、姚奔、徐恒：《基于 Prophet 模型的电量预测技术研究》，载《机电信息》2020 年第 18 期。

④ 王晓、揣锦华、张立恒：《基于 Prophet 算法的铁路客流量预测研究》，载《计算机技术与发展》2020 年第 6 期。

⑤ 赖慧慧：《基于时间序列 Prophet 模型的乘用车消费税预测》，载《税收经济研究》2020 年第 1 期。

⑥ 冷天培、马刚、殷彦高、谭瀛、周伟：《基于 Prophet 模型的江坪河水电站面板堆石坝变形预测》，载《水力发电》2020 年第 6 期。

行拟合和预测，对特殊日期、节假日的教育情况进行拟合和预测等。

7.2 关 联 规 则

所谓"关联规则"，即在海量数据中寻找两个事物同时出现的潜在规律与联系，是数据分析领域较为主流的核心算法之一。"啤酒和尿布"的案例可谓经典，20 世纪 90 年代，在美国一家沃尔沃超市中，"啤酒"和"尿布"经常会被摆放到一起，不免引起许多人的注意，两件看似毫不相关的产品根本不属于同一类产品，摆放顺序为何如此"紊乱"？经调查，在美国，有些年轻的父亲周五下班后经常会去超市为孩子买尿不湿，而他们中的许多人同时也会"犒劳"自己，买上一些啤酒。为此，超市通过分析发现了该规律，专门将两个产品放在一起，这既能为顾客提供方便，也潜在地"促进与刺激"了客户消费。

从数据挖掘的视角来看，上述案例是对个体购买产品间的"关联规则"进行分析，完成商品摆放设置的任务。但关联规则绝不仅适用于经济或商业服务，也同样适用于教育、管理等领域。目前较为主流的"关联规则"算法包括 Apriori 算法、FP – Growth 算法等。

7.2.1 Apriori 算法

Apriori 算法最早由艾格拉沃提出，其一般思想即通过逐层寻找频繁项集获取符合规则的关联规则。目前，Apriori 算法的应用范围较为广泛，例如，对用户与网站访问间的关系日志关联规则进行分析[1]，基于 Apriori 实现产品特征的自动抽取等[2]。

Apriori 算法中涉及了若干专业术语，为更清晰阐述 Apriori 算法的计算，先对其基础内容进行梳理。设一份关于教育的统计数据，分析班级学生错误题目间的关联关系，提升教师教学能力，具体如表 7 – 2 所示，其中，$S1 \sim S6$ 表示六名学生，$t1 \sim t10$ 表示学生错误题目编码。

---

① 李娇、刘西林：《基于 Apriori 的电子政务个性化信息服务的实现》，载《情报理论与实践》 2010 年第 1 期。

② 李昌兵、庞崇鹏、李美平：《基于权重的 Apriori 算法在文本统计特征提取方法中的应用》，载《数据分析与知识发现》2017 年第 1 期。

表 7 – 2   学生错误题目编码

学生	错误题目编码
$S1$	$t2$、$t4$、$t6$、$t8$
$S2$	$t4$、$t5$、$t10$
$S3$	$t1$、$t2$、$t4$
$S4$	$t2$、$t4$、$t5$、$t7$
$S5$	$t2$、$t4$、$t6$
$S6$	$t2$、$t4$、$t10$

以上述案例为例，对 Apriori 算法的若干专用术语做简要说明，具体梳理如表 7 – 3 所示。

表 7 – 3   术语说明

名称	说明
项目	每一个错误题目，如 $t1$、$t2$、$t3$
项目集	错题集合，如 $\{t1$、$t2$、$t4\}$
K 项集	项目数长度，如 $\{t1$、$t2$、$t4\}$ 为三项集
支持度	指定项目集出现概率
频繁项目集	满足最小支持度的 K 项目集
置信度	输入错题项（集）的条件概率
提升度	抽取规则是否具有足够价值，须大于 1

其中，支持度即特定项目集在所有学生错题项目集中的比例，或称之为"概率"，用以描述关联规则的基本阈值，具体计算方式见式（7 – 20），其中 X，Y 可以为任意项目或项目集，n 为特定项目集次数，N 为所有学生错题项目集。置信度即项目集 $\{X, Y\}$ 出现的概率与项目集 X 出现概率的比值，也可以理解为条件概率，用以描述 X 项目出现的同时 Y 项集同时出现的概率，具体计算方式如式（7 – 21）所示。提升度即 Y 基础上 X 发生的概率与 Y 单独发生概率的比值，如该值大于 1，则说明项目集共同出现具有价值。

$$Support(X, Y) = \frac{n_{\{X,Y\}}}{N} \tag{7 - 20}$$

$$Confidence(X \Rightarrow Y) = \frac{Support(X, Y)}{Support(X)}$$

$$= \frac{P(X, Y)}{P(X)} \tag{7 - 21}$$

$$Lift(X => Y) = \frac{Confidence(X \Rightarrow Y)}{Support(Y)} \qquad (7-22)$$

Apriori 算法一般包括以下三个核心步骤。

(1) 确定最小支持度（*support*），抽取所有频繁 1 项集。

(2) 生成高阶候选项目，并通过最小支持度寻找合适项目集，直到无法继续生成结束（即带有循环）。

(3) 获取最终 *K* 项集结果，计算置信度和提升度。

分别针对以上三个不同步骤做具体实验。

针对步骤（1）：

确定最小支持度为 0.25，主要项目集分别为 $\{t1\}$、$\{t2\}$、$\{t4\}$、$\{t5\}$、$\{t6\}$、$\{t7\}$、$\{t8\}$、$\{t10\}$，与此同时，分别计算其支持度，可知：

$$Support(t1) = \frac{1}{6} = 0.17, \quad Support(t2) = \frac{5}{6} = 0.83$$

$$\vdots$$

$$Support(t8) = \frac{1}{6} = 0.17, \quad Support(t10) = \frac{2}{6} = 0.33$$

依次类推可知 $t1 \sim t10$ 的所有出现项目的支持度分布情况，由于设置了最小支持度为 0.25，故大于 0.25 的错题项目可初步删除。最终剩余项目为 $t2$、$t4$、$t5$、$t6$、$t10$。

针对步骤（2）：

第一遍循环：

基于步骤（1）的最终结果，生成新的项目集，具体方式为两两配对，故候选项目集可以确定为 $\{t2, t4\}$、$\{t2, t5\}$、$\{t2, t6\}$、$\{t2, t10\}$、$\{t4, t5\}$、$\{t4, t6\}$、$\{t4, t10\}$、$\{t5, t6\}$、$\{t5, t10\}$、$\{t6, t10\}$。

通过最小支持度（0.25）筛选项目集：

$$Support(t2, t4) = \frac{5}{6} = 0.83, \quad Support(t2, t5) = \frac{1}{6} = 0.17$$

$$\vdots$$

$$Support(t4, t10) = \frac{2}{6} = 0.33, \quad Support(t6, t10) = \frac{0}{6} = 0$$

依次类推，最终排除 $\{t2, t10\}$、$\{t4, t10\}$、$\{t5, t6\}$、$\{t5, t10\}$、$\{t6, t10\}$ 等，剩余：

$\{t2, t4\}$、$\{t2, t6\}$、$\{t4, t5\}$、$\{t4, t6\}$、$\{t4, t10\}$

第二遍循环：

按照上述计算方法，对上一轮剩余项目集的结果做进一步整理，则有：

$\{t2, t4, t6\}$、$\{t2, t4, t5\}$、$\{t2, t4, t10\}$、$\{t2, t6, t4, t5\}$、$\{t2, t6, t4, t10\}$、$\{t4, t5, t6\}$、$\{t4, t5, t10\}$

$$Support(t2, t4, t6) = \frac{2}{6} = 0.33, \quad Support(t2, t4, t5) = \frac{1}{6} = 0.17$$

最终无法继续循环，只有 $\{t2, t4, t6\}$ 项目集符合条件。

针对步骤（3）：

基于步骤（2）可知，$\{t2, t4, t6\}$ 为最终符合支持度结果，可将该项目集依次取出，则有：

$\{t2\}$、$\{t4\}$、$\{t6\}$、$\{t2, t4\}$、$\{t2, t6\}$、$\{t4, t6\}$

至此，对上述结果做进一步关联规则，其一，错题项目带有顺序性；其二，合并两集合不具有同一错题项。则有：

$\{t2\} => \{t4\}$，$\{t4\} => \{t2\}$，$\{t2\} => \{t6\}$，$\{t6\} => \{t2\}$，$\{t2\} => \{t4, t6\}$，$\{t4, t6\} => \{t2\}$，$\{t4\} => \{t6\}$，$\{t6\} => \{t4\}$，$\{t4\} => \{t2, t6\}$，$\{t2, t6\} => \{t4\}$，$\{t6\} => \{t2, t4\}$，$\{t2, t4\} => \{t6\}$

根据置信度与提升度公式，则有：

$$Confidence(t2 \Rightarrow t4) = \frac{Support(t4, t2)}{Support(t2)} = \frac{5/6}{5/6} = 1$$

$$Lift(t2 \Rightarrow t4) = \frac{Confidence(t2 \Rightarrow t4)}{Support(t4)} = \frac{1}{6/6} = 1$$

$$\vdots$$

$$Confidence(t6 \Rightarrow t2) = \frac{Support(t6, t2)}{Support(t6)} = \frac{2/6}{2/6} = 1$$

$$Lift(t6 \Rightarrow t2) = \frac{Confidence(t2 \Rightarrow t4)}{Support(t2)} = \frac{1}{5/6} = 1.2$$

$$\vdots$$

$$Confidence(t4 \Rightarrow \{t2, t6\}) = \frac{Support(t4, \{t2, t26\})}{Support(t4)} = \frac{2/6}{6/6} = 0.33$$

$$Lift(t4 \Rightarrow \{t2, t6\}) = \frac{Confidence(t2 \Rightarrow t4)}{Support(\{t2, t6\})} = \frac{0.33}{2/6} = 1$$

$$\vdots$$

$$Confidence(t6 \Rightarrow \{t2, t4\}) = \frac{Support(t6, \{t2, t4\})}{Support(t6)} = \frac{2/6}{2/6} = 1$$

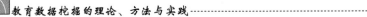
$$Lift(t6 \Rightarrow \{t2, t4\}) = \frac{Confidence(t6, \{t2, t4\})}{Support(\{t2, t4\})} = \frac{1}{5/6} = 1.2$$

最终结果如表 7 – 4 所示。

表 7 – 4　　　　　　　　　置信度—提升度结果 1

规则前件 (antecedents)	规则后件 (consequents)	支持度 (support)	置信度 (confidence)	提升度 (lift)
$t4$	$t2$	0.833	0.833	1.000
$t2$	$t4$	0.833	1.000	1.000
$t6$	$t2$	0.333	1.000	1.200
$t2$	$t6$	0.333	0.400	1.200
$t4$	$t6$	0.333	0.333	1.000
$t6$	$t4$	0.333	1.000	1.000
$t4, t6$	$t2$	0.333	1.000	1.200
$t2, t6$	$t4$	0.333	1.000	1.000
$t4, t2$	$t6$	0.333	0.400	1.200
$t6$	$t2, t4$	0.333	1.000	1.200
$t4$	$t2, t6$	0.333	0.333	1.000
$t2$	$t4, t6$	0.333	0.400	1.200

由于仅当表 7 – 4 中提升度 lift 大于 1 时，才能说明前者 antecedents 对后者 consequents 的出现具有提升效果，且一般要求置信度大于 60% 才有效，故最终结果如表 7 – 5 所示。

表 7 – 5　　　　　　　　　最终结果

规则前件 (antecedents)	规则后件 (consequents)	支持度 (support)	置信度 (confidence)	提升度 (lift)
$t4$	$t2$	0.833	0.833	1.000
$t2$	$t4$	0.833	1.000	1.000

续表

规则前件 (antecedents)	规则后件 (consequents)	支持度 (support)	置信度 (confidence)	提升度 (lift)
t6	t2	0.333	1.000	1.200
t6	t4	0.333	1.000	1.000
t4, t6	t2	0.333	1.000	1.200
t2, t6	t4	0.333	1.000	1.000
t6	t2, t4	0.333	1.000	1.200

基于表 7 - 5 可知，t6 的出现将在一定程度上增加 t2 错题的概率；t4，t6 的出现也将在一定程度上增加 t2 错题的概率；而 t6 的出现对 t2，t4 的错题概率也会有所增加，上述结论置信度均为 1。此外，尽管部分数据 lift 小于 1，未具有关联出现概率增加的现象，但该部分数据也可理解为具有关联关系。综上所述，关于 Apriori 算法的一个简单案例到此结束，但在具体科研实践特别是教育领域实践中，项目集和内容远比案例复杂，建议研究者按照本书步骤逐步层层推进。

7.2.2 FP – growth 算法

FP – growth 即频繁模式增长算法，由韩家炜在 2000 年提出，也是目前较为常用的关联分析工具之一。FP – growth 算法通常将候选记录逐步读入，并将其映射到 FP 树中，树中包括项目名称及其频率，因此，对于重复出现链路可通过共用链路增加频次加以区分和节省复杂度。相比 Apriori 算法，每次操作都需要扫描整个数据集，FP – growth 算法执行速度更快，但两种算法各有利弊，前者不仅能发现频繁 K 项集，同时能够挖掘其关联规则，而后者主要用于发现具有关联关系的项集。

FP – growth 算法相对简单，没有复杂的计算过程，其步骤大致包括构建 FP 树、抽取条件模式基、绘制条件 FP 树三个主要步骤。

7.2.2.1 步骤一：构建 FP 树

首先，假设一份关于文本特征数据集，如表 7 - 6 所示，句子 S 经分词与停用词表处理，剩余特征 W，核心目的在于抽取关联关系较高的特征对。因此，需构建 FP 树，统计特征项目出现频次（见表 7 - 7），并通过指定阈值过滤不符要求数据。此处，设置阈值为不小于 2，因此，可将 $W8$、$W9$ 与 $W10$ 剔除。

表 7 - 6　　　　　　　　　　　　　　文本特征

句子	构成文本特征
$S1$	$W1$，$W3$，$W5$，$W7$
$S2$	$W2$，$W5$，$W8$
$S3$	$W3$，$W7$，$W9$
$S4$	$W2$，$W4$，$W7$
$S5$	$W1$，$W5$，$W10$
$S6$	$W2$，$W4$，$W5$

表 7 - 7　　　　　　　　　　　　　　特征出现频次统计

特征	频次
$W5$	4
$W2$	3
$W7$	3
$W1$	2
$W3$	2
$W4$	2
$W8$	1
$W9$	1
$W10$	1

其次，重新对每条记录做重新降序排序，原有数据集如表 7 - 8 所示。

表7-8	重新排序表（剔除不符合阈值项目）
句子	特征重新编码
$S1$	$W5$，$W7$，$W1$，$W3$
$S2$	$W5$，$W2$
$S3$	$W7$，$W3$
$S4$	$W2$，$W7$，$W4$
$S5$	$W5$，$W1$
$S6$	$W5$，$W2$，$W4$

最后，依据表7-8绘制图形，首先，针对 $S1$ 可得到图7-2，其中，关联分析为根节点，也可使用 Null 表示，其余节点按照 $S1$ 文本特征顺序顺排，并以"："作为间隔，间隔右边为频次，由于图7-2暂仅针对 $S1$，故频次均为1。

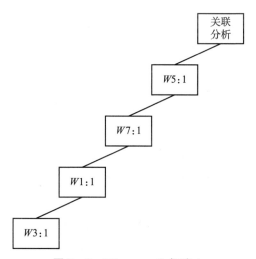

图7-2 FP-growth 初建立

进一步引入 $S2$，则有图7-3。

进一步将所有结果引入，则有图7-4。构建树的过程中要注意任何结合均从根节点（关联分析节点）出发，若不存在，就要新建节点，频次标记为1；若存在，则按照已有路径继续增加频次，对于单节点也是如此。

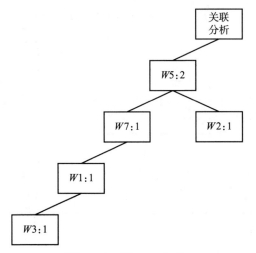

图 7-3　引入 *S2* 结果

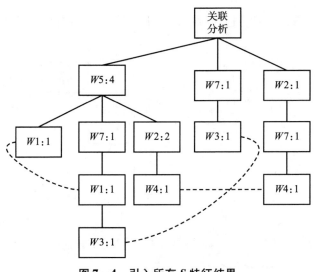

图 7-4　引入所有 *S* 特征结果

7.2.2.2　步骤二：抽取条件模式基

条件模式基（conditional pattern base）定义为：以所查找元素为结尾的所有前缀路径（prefix path）的集合①。通过逆向遍历节点，可快速寻找每个节点

---

　　① 王宏、于勇、印璞等：《基于关联规则的 MBD 数据集定义研究与实现》，载《北京航空航天大学学报》2015 年第 12 期。

的条件模式基，见表 7 - 9。

表 7 - 9   条件模式基

特征	前缀路径集合
$W1$	"$W5$"：1，"$W5$，$W7$"：1
$W2$	{}：1，"$W5$"：2
$W3$	"$W5$，$W7$，$W1$"：1，"$W7$"：1
$W4$	"$W5$，$W2$"：1，"$W2$，$W7$"：1
$W5$	{}：4
$W7$	{}：1，"$W5$"：1，"$W2$"：1

表 7 - 9 中，冒号以后仍为频次，空集合（"{}"）表示自身就是其根节点的下方节点，即总频次较大。此处，也可进一步观察各特征的条件模式基中是否含有频次低于指定阈值项目，有则删除，例如，假设 $W5 = > \{W4, W8\}$：1，则此处要考虑删除 $W8$，而仅保留 $W4$。

7.2.2.3　步骤三：绘制条件 FP 树

依据步骤一的过程，对所有文本特征做最终绘制。

对于 $W1$，则如图 7 - 5 所示。

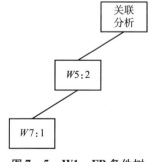

图 7 - 5　W1 - FP 条件树

对于 $W3$，则如图 7 - 6 所示。

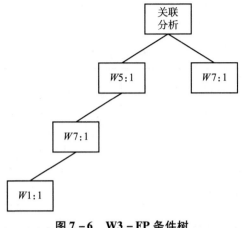

图 7 - 6 　 W3 - FP 条件树

依此类推，最终通过遍历所有关系和已经筛选条件，得到潜在关联关系：{ ' $W1$ '、' $W5$ '}、{ ' $W7$ '、' $W3$ '}、{ ' $W2$ '、' $W4$ '}、{ ' $W2$ '、' $W5$ '}、这些特定"关系对"说明对应两种文本特征同时出现的概率更大。在具体教育领域实践中，" $W1$ "或" $W2$ "同样可替换为其他因素，FP - growth 主要反映为一个"要素"的出现对另外一个"要素"出现不确定性减少的描述。

7.3　因果关系

因果关系是一个事件（即"因"）和第二个事件（即"果"）之间的作用关系，其中，第二个事件被认为是前一个事件的结果，即事件 A 的变化导致了事件 B 的结果，一般需满足三个方面的条件。其一，事件 A 与事件 B 必须具有一定的相关性，相关不一定具有因果关系，但具有因果关系的两个事件一定具有相关性；其二，不应当存在其他解释结果的因素；其三，事件 A 在时间上应当先于时间 B 的结果变化。因果关系检验是一种典型的自上而下的研究范式，需要研究者基于数据分布提出假设，并选择合适的因果关系模型对其进行验证，在日常科研和工作中极为常见，目前，因果关系推断方法主要包括格兰杰因果检验法（Granger causality test）、互相关分析（cross-correlation）以及断点回归（regression discontinuity）三种，本书依次对其进行介绍。

7.3.1　格兰杰因果检验法

格兰杰因果检验法由格兰杰在 1969 年提出，经由西蒙斯的发展，格兰杰因果检验法作为一种统计计量方法开始被经济学家们普遍接受并广泛使用[1]，但最初的检验法模式仅对变量线性关系具有较高的敏感性，而对非线性关系则具备较少的灵活性。1980 年，格兰杰进一步在原有模型的基础上提出了广义的因果关系模型，如果变量 Y 的历史观测有助于预测变量 X 未来的条件分布，则称变量 Y 是在 X 分布上的格兰杰原因[2]（自回归），而后也有不少学者对其算法进行了优化，以使其更具适用性和解释性，如基于方差的格兰杰因果检验、基于方位差的格兰杰因果检验[3]、基于 VEC – VAR 的格兰杰检验[4]等。

格兰杰的核心思想过程主要在于[5]以下几个方面。

（1）给定 X 集合 $\{x_1, x_2, x_3, \cdots, x_n\}$，Y 集合 $\{y_1, y_2, y_3, \cdots, y_n\}$。

（2）自回归：依据 X 的过去对 X 进行拟合与预测，即使用 $x_1 \sim x_{n-m}$ 预测 x_{n-m+1} 的过程，其间产生误差 ε_1。

（3）联合回归：同理，利用联合回归思想基于 X 的过去以及 Y 的过去同时对 x_{n-m+1} 进行拟合与预测，其间产生误差 ε_2。

（4）若 $\varepsilon_1 < \varepsilon_2$，即自回归预测的误差项小于联合回归预测的误差项，说明集合 Y 的介入在一定程度上降低了误差，Y 对 X 的预测具有影响作用，故称 Y 对 X 有格兰杰因果关系。其中，误差项公式参见前文均方根误差。

格兰杰操作的主要步骤与差分自回归移动平均模型大多相似，即先进行平稳性检验，再进行白噪声检验等，具体可参见 ARIMA 章节。值得强调的是，在进行平稳化之前要对原始数据进行零均值化操作，使其围绕在 0 上下波动，最后要进行 F 检验以保证其残差符合正态分布趋势。

两个平稳序列 X_t 与 Y_t，后者对前者的滞后模型为式（7 – 23）。

$$y_t = \sum_{i=1}^{m} \alpha_i x_{t-i} + \sum_{j=1}^{m} \beta_j y_{t-j} + c + \varepsilon \qquad (7-23)$$

①② 赵国昌：《格兰杰因果关系的新发展》，载《统计研究》2008 年第 8 期。

③ 潘慧峰、袁军：《Granger 因果检验的文献回顾》，载《科学决策》2016 年第 9 期。

④ 袁绍锋、甄红线：《H 股指数期货对现货市场信息效率影响的实证研究——基于非线性 Granger 检验》，载《财经问题研究》2011 年第 3 期。

⑤ 贾欣欣：《格兰杰因果关系在神经科学领域的发展及缺陷》，载《电子科技》2015 年第 8 期。

其中，m 阶数的选择可按照经验进行选取，c 为常数项，ε 为误差项，β_j 与 α_i 为回归系数，x_{t-i} 以及 y_{t-i} 检验公式为相应的滞后期数。最后 F 检验公式为式（7 - 24）。

$$F = \frac{(RSS_0 - RSS_1)/n}{RSS_1/(N - 2n - 1)} \qquad (7-24)$$

其中，RSS 表示残差平方和，N 为样本量，n 为滞后期数。若 F 值大于给定显著水平 α 下 F 分布的响应的临界值 $F_\alpha(n, N - 2n - 1)$ 则拒绝原假设，即认为 X 是 Y 的格兰杰原因。

目前，该种检验法被广泛应用于金融领域方面，如曹啸等人较早使用格兰杰检验和特征分析法，用商业银行的资产运用指标来研究金融发展和经济增长之间的关系，揭示了金融资产数量扩张的重要性[①]；郭燕枝等[②]在验证数据平稳性的基础上，利用该模型得出，农业收入的单向格兰杰原因包括农业用电、金融机构农业贷款额、农村固定资产、农村从业人员等指标；印中华、宋维明[③]利用协整理论和格兰杰模式对我国原木进口和产品出口之间的关系进行了分析，并提出两者间存在长期稳定的均衡关系；王伟等[④]对海南省旅游行业和地区经济之间的关系进行了因果检验，结果表明，两者具有一定的相关性，但前者对后者的影响并不显著，反而后者的增长在一定程度上会带动前者的发展。

可知，格兰杰检验法起源较早，在长期发展中依据需要衍生了不少改进算法，对于实际问题的预测参考和问题解决参考具有较高的使用价值。同时，格兰杰检验法已被广泛借鉴在关于经济变量之间的因果检验各个方面，但这种检验法在教育领域的应用仍然较少，如教育经费与入学人数之间的关系是怎样的？国家对学生金融补助与学生学位内期间论文产出关系是怎样的。因此，未来各位学者有必要具体了解格兰杰的具体思想，以借助其检验法帮助解决教育领域的一些现象。

① 曹啸、吴军：《我国金融发展与经济增长关系的格兰杰检验和特征分析》，载《财贸经济》2002年第5期。
② 郭燕枝、刘旭：《基于格兰杰因果检验和典型相关的农民收入影响因素研究》，载《农业技术经济》2011年第10期。
③ 印中华、宋维明：《我国原木进口与木质林产品出口关系的实证分析——基于协整分析和格兰杰因果关系检验》，载《国际贸易问题》2009年第2期。
④ 王伟、刘小伟：《基于格兰杰因果检验的我国旅游业与地区经济增长研究》，载《资源开发与市场》2015年第11期。

7.3.2　互相关

互相关又称线性互相关、交叉相关等，与格兰杰因果检验原理不完全相同。互相关主要是基于时间窗口错位进行的线性相关性分析，而由于相关不区分方向，或者说 A 与 B 的相关并不能说明 A 对 B 产生了因或果，但在窗口错位的情况下，有了领先或延迟区别，所以说互相关在一定程度上反映了 A 与 B 之间的先因后果关系。互相关的应用范围并没有严格限定，研究者可以按照既定需求对不同领域的内容进行分析。其具体计算思路如式（7 - 25）所示[①]。

$$ r = \frac{\sum_{i}^{n-k}(x(t) - \bar{x})(y(t + k) - \bar{y})}{\sqrt{\sum_{i=1}^{n}(x(t) - \bar{x})^2 \sum_{i=1}^{n}(y(t) - \bar{y})^2}} \qquad (7 - 25) $$

其中，x 为总期数，$x(t)$ 与 $y(t)$ 表示两组不相同的时间序列，$\bar{x}$ 和 $\bar{y}$ 表示均值，k 为滞后期数，没有统一设置标准，可按照具体应用场景及反馈时间进行区别，如医学方面时效发挥周期较长，可设为前后 2 个月，而事件—反应下可设为前后 15 天等。

但该方法是基于总体视角对两组数据的错位关系进行分析的，并不能具体到局部，如具体 2 个月之间的相关关系。因此，在特定研究中，通常需要人为地对数据进行处理和修正，以合理使用互相关分析结果。

7.3.3　断点回归

断点回归由坎贝尔（Campbell）于 1958 年首先提出和设计，是有关局部实验效应的估计方法[②]，能够有效解决数据内生性问题，相比于工具变量法和双重差分法，断点回归模型更接近于随机试验，因此，被认为是理论范畴上更好的因果识别方法[③]，是微观计量研究中较为常用的研究方法之一，被广泛应

———————————

①　桑燕芳、王栋、吴吉春、朱庆平：《水文时间序列小波互相关分析方法》，载《水利学报》2010 年第 11 期。

②　Imbens，G. and Lemieux，T.，Regression Discontinuity Designs：A Guide to Practice. *Journal of Econometrics*，2008，142：615 - 635.

③　Lee D S，Lemieux T.，Regression Discontinuity Designs in Economics. *Journal of Economic Literature*，2010，48（2）：281 - 355.

用于心理学、情报学、教育学等领域中。但断点回归是一种局部随机试验，即其因果关系不能推广至其他样本值。断点回归模型分为精确断点回归（sharp regression discontinuity，SRD）和模糊断点回归（fuzzy regression discontinuity，FRD），前者是指结果是一组非此即彼的效应，没有达到 A 结果，就势必是 B 结果；后者是指由于倾向性政策或其他时间对结果进行了优化或调整，使得结果可能性演化为一种概率区间。具体断点回归形式的选择需要按照研究情况进行选择。

通过图 7 - 7 可相对形象解释两者差别，其中，精确断点回归对应于中部黑色实线部分，处理概率非 0 即 1，即一旦超过 c 这个阈值，其处理变量（暂不考虑协变量等复杂情况）直接引起事件处理结果概率由 0 转为 1，反之，则只能为 0；而模糊断点回归则认为精确断点回归过于硬性，事件中总会出现各类人工干预、随机事件或倾斜性政策的影响，因此，当分组变量超过指定阈值，也存在一定的可能性使得其处理概率不能达到 100%，甚至可以将精确断点回归看作模糊断点回归的一种特殊状态。

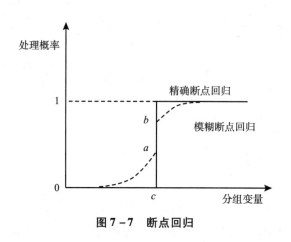

图 7 - 7　断点回归

断点回归严格意义上仍旧是基于回归算法进行数据拟合的过程，其核心思想在于找到这样一个"断点"或阈值点，对其政策或事件执行效果的前后情况进行评价，具体而言，可以选择多种拟合方式对已有数据点（包括断点前和断点后的数据）进行拟合，进而在断点附近观察两组值的显著性程度，从而判断其因果关系。一个例子如图 7 - 8 所示，改革前的数据拟合情况为 2016 年以前所示，改革后的数据拟合情况如 2016 年以后所示，两边垂直竖线表示误差范围。通过案例可以发现，政策改革以后，Y 轴数据有了较大变化，且后续数据也呈现出明显斜率增大现象，因此，我们说政策投入对现实情况具有一定的影响作用。

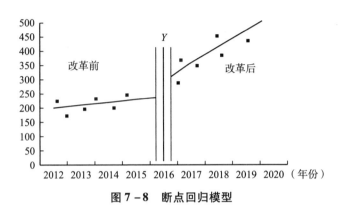

图 7-8　断点回归模型

精确断点回归的估计模型如下，其中 y、x、tm、w 分别表示结果变量、分组变量、处理变量以及前定变量，α、β、ρ 和 γ 为待估计的参数，ε 为误差项[①]，c 为断点，k 为多项式次数，即除了进行线性拟合，也可以使用前些章节提到的最小二乘法多项式进行拟合，但一般而言，为了避免过分拟合，推荐使用低阶拟合。模糊断点回归的估计模型如式（7-27）所示，其中 ↑ ↓ 箭头分别表示左极限与右极限，分母是得到处理的概率，分子是精确断点回归的局部平均处理效应。事实上，在精确断点回归情况下，$\lim_{x\uparrow c} E(D \mid x)$ 为 0，$\lim_{x\downarrow c} E(D \mid x)$ 为 1，故而省略。

$$y = \alpha + \rho * tm + \sum_{k=1}^{K} \beta_k * (x-c)^k + \sum_{k=1}^{K} \gamma_k * tm * (x-c)^k + W + \varepsilon$$

$$(7-26)$$

$$\text{LATE} = \frac{\lim_{x\downarrow c} E(y \mid x) - \lim_{x\uparrow c} E(y \mid x)}{\lim_{x\downarrow c} E(D \mid x) - \lim_{x\uparrow c} E(D \mid x)} \qquad (7-27)$$

断点回归的核心步骤主要包括以下六个方面。

其一，为避免伪回归，首先进行 ADF 平稳性检验，具体方法见 ARIMA

---

① 谢谦、薛仙玲、付明卫：《断点回归设计方法应用的研究综述》，载《经济与管理评论》2019 年第 2 期。

章节。

其二，内生分组检验。判断断点两侧是否连续、是否存在跳跃，若存在跳跃，则说明不能构建断点回归模型。目前，主流的检验方法包括 DCdensity 检验、histogram、rdcont 检验等。

其三，断点回归模型选择。通过对事件进行分析，判断选择精确断点回归还是模糊断点回归，具体检验方法包括经验判断、虚拟变量、共现矩阵等。

其四，最优带宽选择。具体识别方法可通过 BDEP 绘制其估计量对带宽的依赖性，并配合 OXLINE 进行识别，如果有需要可依据实践调整三角核与矩形核（需要反复尝试）。

其五，协变量检验。判断协变量或控制变量在断点处是否存在跳跃，若存在跳跃，则说明不能将效应结果完全归于处理变量的影响，需要做进一步的删除操作。

其六，稳健性检验。包括参考变量连续检验、带宽敏感性检验等。

目前，断点回归在教育领域的应用也相对较少，方法新颖性与选题新颖性都具有较大价值，参照上述步骤，研究者可使用该方法分析教育领域的相关问题，例如，特定教育政策实施后的教育情况是否有改观，教育经费加大或减少后的教育执行及成效是否有改观等。

7.4　应　用　案　例

7.4.1　基于 ARIMA 模型的普通高中招生发展态势的分析

本书按照差分自回归移动平均模型 ARIMA 的分析步骤，从国家统计局抽取了近 55 年的普通高中招生相关数据，并进行了分析，具体数据如图 7-9 所示。随着时间的推移，高中招生人数也在不断增加，由 1965 年的 45.9 万人增长到 2019 年的 839.49 万人，在一定程度上反映出我国教育事业规模的不断发展，以及人才培养需求的激增。可以进一步借助相关的模型对数据进行挖掘，以发现数据增长的相关规律。

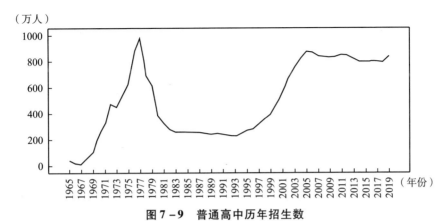

图 7 - 9 普通高中历年招生数

资料来源：国家统计局（http：//www. stats. gov. cn/）。

先对序列数据的基本数据取向进行视觉观察，由图 7 - 9 发现，趋势基本呈现了不规则态势，这表明该组数据较大程度上不符合"平稳化"的要求，基本不能通过 ADF 检验，且进一步说明数据需要差分操作。而为了论述的科学性和系统性，本书严格按照步骤进行拆分，先使用 ADF 检验对原始数据进行了平稳性分析，结果如表 7 - 10 所示，先判断 P 值，P 值结果为 0.3386，大于 0.05 的水平，故接受原假设，接受存在单位根的假设，这说明序列是非平稳的，和预期结果保持一致，没有必要再向下解读。为了使数据更加符合规范、符合条件，需进行差分操作，具体方法不再赘述，并再次进行 ADF 检验，结果发现，一阶差分 ADF 检验 P 值几乎趋近于 0，且 Test Statistic Value 同时在 1%、5% 以及 10% 的水平上均呈现了显著性水平，这说明进行了一阶差分的结果严格属于平稳性数据，参数 D 取值为 1，可以进行白噪声检验。通过白噪声检验（也称随机性检验）对普通高中招生数的数据进行了统计，统计量结果为 8.8792，P 值为 0.0029，小于 0.05 拒绝原假设，说明一阶差分后的数据不是白噪声随机数据，能够作为后续研究的基础。

表 7 - 10　　　　　　　　　　数据 ADF 检验

指标项目	原始数据	一阶差分
Test Statistic Value	- 1.8861	- 4.7034
p - value	0.3386	8.3e - 05

续表

指标项目	原始数据	一阶差分
Critical Value（1%）	− 3.5602	− 3.5602
Critical Value（5%）	− 2.9179	− 2.9179
Critical Value（10%）	− 2.5968	− 2.5968

然后需要确定参数 P 和 Q，主要通过 ACF（自相关）和 PACF（偏自相关）两种方式进行确定，软件工具类可以使用 SPSS、EViews 等进行绘制，模型类可以通过 Statsmodels、Pyramid 等进行绘制，具体统计结果如图 7 − 10 和图 7 − 11 所示。按照拖尾与借位规则，ACF 在 2 阶以后的 95% 的数据点基本落在置信区间内，因此，可以判断为截尾，即 $Q = 3$。PACF 图有两种解读方式，其一，可以认为是震荡衰减的拖尾现象，其二，也可以认为是 2 阶截尾现象，因此，P 的取值可以为 0 或 2。至此，P 和 Q 的值就都已经确定下来了，有两种组合方式，分别是（0，3）和（2，3）。

此时，需要进一步引入最小信息量表，一般使用赤池信息准则（akaike information criterion，AIC）或贝叶斯信息准则（bayesian information criterion，BIC），其核心计算方式如式（7 − 28）和式（7 − 29）所示。其中，k 为参数个数，L 为似然函数，n 为样本量，换言之，P 或者 Q 取值越大，公式的参数

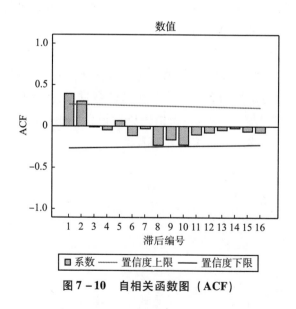

图 7 − 10　自相关函数图（ACF）

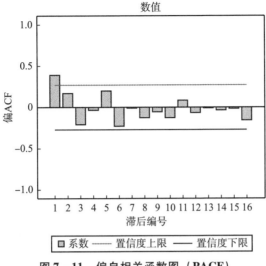

图7-11 偏自相关函数图（PACF）

项也就越多，似然函数 L 也会增大，从而整体结果变小。BIC 考量了样本数据量，惩罚项更大，针对数据拟合更加有效。因此，可以选择 AIC 或者 BIC 其中的一种作为参考和依据，两种算法比较的标准都是越小越好。本书为了演示效果，对其都进行了分析，结果如表7-11所示。（0，3）的值无论在 AIC 算法上还是 BIC 算法上都相对较小，更加符合要求，因此，确定 P 和 Q 的值应该取0，3。值得一提的是，在此次分析中，两种比较分析结果是一致的，但在其他量化研究中可能会出现不一致的情况，这就需要研究者根据实际拟合效果和倾向进行选择。

$$AIC = 2k - 2\ln(L) \qquad (7-28)$$

$$BIC = k\ln(n) - 2\ln(L) \qquad (7-29)$$

表7-11　　　　　　　　　　　　最小信息量表

P，Q	AIC	BIC
0，3	618. 2824	626. 2384
2，3	618. 4871	630. 4210

使用 SPSS 对 ARIMA 模型结果进行绘制，模型最终参数 P、D、Q 依此取值为0、1、3。具体拟合效果如图7-12所示。其中，横坐标1表示1965年，2表示1966年，依此类推，55表示2019年，由于进行了一阶差分，因此，拟合效果是从1966年到2019年的。整体而言，拟合效果基本合理，随着数据的变化，具体预测也更加准确，RMSE 误差保持在71左右。

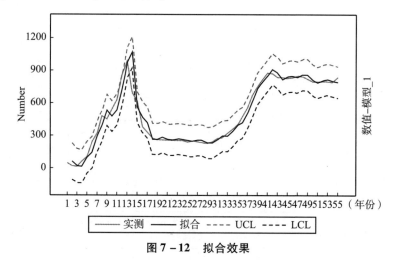

图 7 – 12 拟合效果

最后，还应当对模型残差进行分析，其结果如图 7 – 13 所示。可以发现，无论是残差 ACF 还是残差 PACF，相关系数都落在了置信区间以内，这就说明目前的残差数据不存在相关性，是一组白噪声序列，即模型 ARIMA（0，1，3）对数据特征和信息的抽取较为完全，不存在残留。

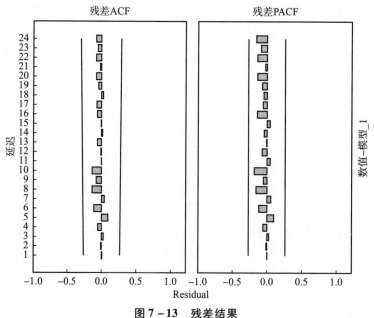

图 7 – 13 残差结果

通过前文分析可以发现，基于 ARIMA 模型的普通高中招生人数模型构建相对合理，在事前或事后检验中表现良好。通过借助 ARIMA 模型，对高中招生历年数据的拟合和有效数据模型的构建，可以相对客观地对未来高中招生人数规模进行预测，明晰未来数年招生规模，从而为培育单位动态调整教育资源投入，为教育资源的配置和管理提供一定依据，这对于保障其教育质量具有重要意义。

7.4.2　基于灰色预测模型的研究生招生数量的拟合和预测

以表 7 - 12 全国研究生招生数为例，在国家统计局官网获得了近 20 年的数据，为试验对比效果，将 2000 ~ 2018 年的记录作为训练集，2018 年和 2019 年的数据作为预测集。依据灰色预测模型步骤，首先建立一次累加，具体结果如"累加序列"所示。

表 7 - 12　　　　　　　　　全国研究生招生数　　　　　　　　　单位：万人

年份	原始序列	累加序列	年份	原始序列	累加序列
2000	12.8484	12.8484	2010	53.8177	376.8423
2001	16.5197	29.3681	2011	56.0168	432.8591
2002	20.2611	49.6292	2012	58.9673	491.8264
2003	26.8925	76.5217	2013	61.1381	552.9645
2004	32.6286	109.1503	2014	62.1323	615.0968
2005	36.4831	145.6334	2015	64.5055	679.6023
2006	39.7925	185.4259	2016	66.7064	746.3087
2007	41.8612	227.2871	2017	80.6103	826.919
2008	44.6422	271.9293	2018	85.7966	/
2009	51.0953	323.0246	2019	91.6503	/

资料来源：国家统计局（http://www.stats.gov.cn/）。

然后，建立 B 矩阵和 Y 矩阵，对式（7 - 8）进行求解，结果为：

$$B = \begin{bmatrix} 21.1083 & 1 \\ 39.4987 & 1 \\ 63.0755 & 1 \\ 92.8360 & 1 \\ \vdots & \vdots \\ 786.6139 & 1 \end{bmatrix}$$

$$Y = \begin{bmatrix} 16.5197, & 20.2611, & 26.8925, & 32.6286, & \cdots, & 80.6103 \end{bmatrix}$$

由式可进一步求得 m，l 的值分别为：

$$\begin{bmatrix} m, & l \end{bmatrix}^{T} = \begin{bmatrix} -0.0688 \\ 24.6964 \end{bmatrix}$$

可列出生成函数为 $\hat{X}^{(1)}(k)$，其中 k 为第 k 年，索引从 1 开始，为计算方便，可进一步将其改写为 $\hat{X}^{(1)}(t)$，2000 表示第 2000 年（初始年）。

$$\hat{X}^{(1)}(k) = 372.0113e^{0.0688(k-1)} - 358.9593$$

$$\hat{X}^{(1)}(t) = 372.0113e^{0.0688(t-2000)} - 358.9593$$

$$\hat{X}^{(0)}(t) = 372.0113e^{0.0688(t-2000)} - 372.0113e^{0.0688(t-2000-1)}$$

按照式（7-11）和式（7-12）可进一步对模型进行评价，结果如表 7-13 所示，后验差比 C 为 0.0748，远小于 0.35 的阈值，说明模型效果较优，针对预测的每条记录，其相对误差 ε 都远小于 20%，说明每条记录的估计值较好，具有一定的可靠性。整体拟合效果如图 7-14 所示。

研究生作为我国高校人才培养和知识创新的重要主体之一，对其未来发展趋势的拟合与的预测在一定程度上关系到教育质量。本案例通过构建灰色预测模型对近 20 年研究生招生数量的发展趋势进行了科学建模和数据拟合与预测，具有一定的客观性。同时，基于该种方法也发现，近些年研究生招生数量整体趋势仍呈现上升趋势，这表示，在未来研究生教育系统中需提前准备好教育资源、师资队伍、设备等相关内容，以保证研究生教育质量符合人才培养要求。

表 7-13   模型评价

年份	真实值	估计值	相对误差 ε
2018	85.7966	85.2273	0.66%
2019	91.6503	91.2938	0.39%
后验差比 C	0.0748		

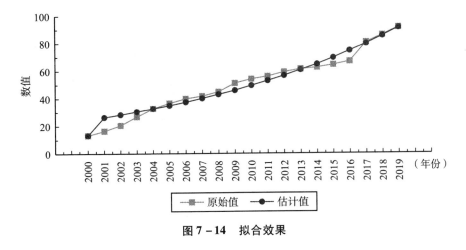

图 7 - 14 拟合效果

7.4.3 基于关联规则的教学优化路径分析

随着大数据和先进信息技术的不断发展，如何通过技术赋能教育优化教学活动已经成为许多学者关注的重点。例如，胡祖辉等人[①]为进一步研究高校学生上网行为与课程学习质量之间的关系，使用关联规则算法探究影响学习质量的具体影响因素，结果如图 7 - 15 所示，成绩类别 = 1 表示成绩相对较差，成绩类别 = 2 表示成绩相对较好。据此可知，当学生上网时长大于等于 255.84 小时，有 84% 的概率属于成绩相对较差类别；当学生上网时长在 190.44 ~ 255.84 小时之间时，有 70% 的概率属于成绩相对较差类别；当学生上网时长在 69.85 ~ 150.14 小时之间时，有 64% 的概率属于成绩相对较好的类别；当学生上网时长小于 69.85 小时，有 63% 的概率属于成绩相对较好的类别。同样，当学生出流量小于 1.01G 时，有 63% 的概率属于成绩相对较好的类别；当学生总流量大于等于 56.01G 时，有 62% 的概率属于成绩相对较差的类别；当学生入流量大于等于 48.34G 时，有 62% 的概率属于成绩相对较差的类别；当学生总流量小于 12.75G 时，有 61% 的概率属于成绩相对较好的类别；当学生入流量小于 11.42G 时，有 61% 的概率属于成绩相对较好的类别。同时，也可通过"重要性"指标具体观察哪些指标影响因素最高。对比观察发现，上网时长重要程度最高，说明在所有影响因素中，上网时长指标是影响学习质量的主要

---

① 胡祖辉、施佺：《高校学生上网行为分析与数据挖掘研究》，载《中国远程教育》2017 年第 2 期。

因素，其次是总流量和入流量。

规则序号	规则前件	规则后件	置信度	重要性
规则 1	上网时长≥255.840617	成绩类别 = 1	0.840	0.248
规则 2	上网时长 = 190.439565 – 255.84061749	成绩类别 = 1	0.704	0.193
规则 3	上网时长 = 69.8519613 – 150.1426411	成绩类别 = 2	0.641	0.130
规则 4	上网时长 < 69.8519613	成绩类别 = 2	0.632	0.121
规则 5	出流量 < 1.01G	成绩类别 = 2	0.625	0.121
规则 6	总流量≥56.01G	成绩类别 = 1	0.619	0.133
规则 7	入流量≥48.34G	成绩类别 = 1	0.619	0.133
规则 8	总流量 < 12.75G	成绩类别 = 2	0.613	0.100
规则 9	入流量 < 11.42G	成绩类别 = 2	0.610	0.097

图 7 – 15　影响因素关联规则

资料来源：胡祖辉、施佺：《高校学生上网行为分析与数据挖掘研究》，载《中国远程教育》2017年第 2 期。

基于 Apriori 算法对高校学生上网信息行为的分析，发现学生的不同信息行为存在一定的阈值范围，特定指标与学生成绩分类类别具有较强的关联性。理论意义上，论证了学生过度上网与学生学习质量间的关系，实践意义上，高校可根据学生具体上网信息行为为学院提供一定的反馈，学院可通过多种形式加强学生学习行为，从而避免过度上网带来的问题。

7.4.4　基于格兰杰模型的教育与经济发展的因果关系分析

胡宏兵[①]基于格兰杰因果关系方法的实证研究分析了教育人力资本与经济增长之间的效应关系，他的两个假设分别为：（H1）经济增长不是教育人力资本存量的格兰杰原因；（H2）教育人力资本存量不是经济增长的格兰杰原因。其研究具体结果如表 7 – 14、表 7 – 15 所示。首先，从 H1 来看，部分地区的

---

① 胡宏兵：《教育人力资本促进经济增长的效应研究——基于抽样面板因果检验方法的实证分析》，载《教育研究》2014 年第 10 期。

经济增长对教育人力资本存量具有一定的因果关系，东部地区包括天津、辽宁、上海、广东；中部地区包括吉林、黑龙江、安徽、江西、湖北；西部地区包括云南、青海、新疆，其他地区暂无显著性。其次，从 H2 来看，部分教育人力资本对经济增长具有显著性关系，即存在格兰杰关系，东部地区包括山东、海南；中部地区包括安徽、河南以及湖北；而西部暂无相关地区具有显著性关系。

表 7 - 14　　　　　　　　　　因果检验结果（H1）

地域	地区	Wald 统计量	Bootstrap 临界值			地域	地区	Wald 统计量	Bootstrap 临界值		
			10%	5%	1%				10%	5%	1%
东部	北京	16.736	87.592	139.155	234.556	中部	河南	5.898	14.779	20.891	40.129
	天津	66.5703 **	27.871	42.697	73.348		湖北	34.3001 **	11.725	17.119	36.1
	河北	4.686	38.392	55.935	124.004		河南	20.3314	17.777	26.047	59.061
	辽宁	43.0584 *	32.381	47.532	99.293	西部	重庆	13.39	79.46	123.39	249.778
	上海	49.0442 **	13.576	22.672	54.465		四川	10.712	34.541	54.061	105.615
	江苏	6.553	91.263	134.356	280.97		贵州	22.259	25.768	37.276	78.57
	浙江	11.132	68.536	92.897	157.527		云南	26.7017 *	22.564	33.37	64.158
	福建	12.097	78.159	109.929	206.952		西藏	19.676	30.301	48.869	123.969
	山东	9.773	23.265	34.739	61.609		陕西	42.139	77.321	119.88	270.17
	广东	135.7312 **	89.703	130.222	236.073		甘肃	13.579	91.306	136.022	236.376
	海南	23.607	66.798	101.415	161.519		青海	38.2475 *	35.743	49.423	95.694
中部	山西	5.577	17.809	28.332	59.433		宁夏	42.219	67.32	95.247	191.644
	吉林	21.5365 **	10.188	15.473	28.833		新疆	52.9902 *	38.527	63.482	136.351
	黑龙江	14.082 *	12.924	20.634	40.019		内蒙古	13.333	140.955	214.285	453.071
	安徽	17.4317 *	12.048	18.826	35.61		广西	14.967	41.828	62.875	130.278
	江西	23.1663 **	9.249	14.73	27.216						

注：**、* 分别表示在 5%、10% 的统计水平下显著。

H1：经济增长不是教育人力资本存量的格兰杰原因。

资料来源：胡宏兵：《教育人力资本促进经济增长的效应研究——基于抽样面板因果检验方法的实证分析》，载《教育研究》2014 年第 10 期。

表 7 – 15   因果检验结果（H2）

地域	地区	Wald 统计量	Bootstrap 临界值			地域	地区	Wald 统计量	Bootstrap 临界值		
			10%	5%	1%				10%	5%	1%
东部	北京	1.905	72.457	111.485	726.756	中部	河南	6.4571	4.43	6.742	13.538
	天津	0.123	92.128	216.423	601.284		湖北	18.2691 *	11.451	20.686	35.955
	河北	0.595	76.763	137.222	459.022		河南	8.735	11.659	13.573	19.909
	辽宁	9.248	82.249	172.098	640.915	西部	重庆	9.729	63.392	105.124	293.941
	上海	5.4	90.786	192.497	691.695		四川	3.338	42.983	62.859	144.568
	江苏	2.304	160.105	284.493	476.641		贵州	1.641	43.955	78.079	217.99
	浙江	1.77	93.316	206.031	348.656		云南	0.07	84.58	162.395	568.138
	福建	6.829	76.638	146.631	285.348		西藏	2.909	57.377	92.944	283.463
	山东	10.28 *	9.68	11.967	41.841		陕西	0.778	58.791	82.371	190.833
	广东	3.869	104.379	148.481	319.502		甘肃	3.082	47.869	64.455	126.187
	海南	2.405 *	1.874	3.216	6.228		青海	1.997	72.366	98.896	237.082
中部	山西	3.881	19.293	29.076	68.585		宁夏	0.949	64.569	105.798	207.201
	吉林	0.228	16.808	24.557	41.596		新疆	18.178	58.341	94.104	213.954
	黑龙江	2.746	16.647	23.353	54.969		内蒙古	0.133	75.533	125.001	281.881
	安徽	19.4729 **	10.732	16.797	45.856		广西	42.861	74.675	109.265	209.032
	江西	13.088	17.134	21.09	31.55						

注：** 、* 分别表示在 5%、10% 的统计水平下显著。

H2：教育人力资本存量不是经济增长的格兰杰原因。

资料来源：胡宏兵：《教育人力资本促进经济增长的效应研究——基于抽样面板因果检验方法的实证分析》，载《教育研究》2014 年第 10 期。

祁占勇[①]等在经济发展和职业教育发展的关系检验中，也使用了格兰杰因果法对其进行了检验，原假设分别为 H1：人均 GDP（TGDP）不是每百万职业学校在校生人数（ZXRS）的格兰杰原因；H2：每百万职业学校在校生人数

———————————

① 祁占勇、王志远：《经济发展与职业教育的耦合关系及其协同路径》，载《教育研究》2020 年第 3 期。

（ZXRS）不是人均 GDP（TGDP）的格兰杰原因。具体结果如表 7 - 16 所示。结果显示，H1 假设 P 值为 0.6954，不具有显著性，接受原假设，即 TGDP 不是 ZXRS 的格兰杰原因，也即经济发展情况不是职业教育实现发展的格兰杰原因；H2 假设 P 值为 0.0071，具有显著性，拒绝原假设，即每百万职业学校在校生人数（ZXRS）是人均 GDP（TGDP）的格兰杰原因，也即职业教育的发展对于促进经济发展具有格兰杰原因。

表 7 - 16 经济发展和职业教育发展的格兰杰因果关系检验

原假设	观测量	F 统计量	P 值
TGDP 不是 ZXRS 的格兰杰原因	39	0.36711	0.6954
ZXRS 不是 TGDP 的格兰杰原因	39	5.75057	0.0071

资料来源：祁占勇、王志远：《经济发展与职业教育的耦合关系及其协同路径》，载《教育研究》2020 年第 3 期。

本小节的案例主要介绍了使用格兰杰因果关系对教育人力资本与经济发展的关系、职业教育与经济发展之间的关系，对于前者，发现部分地区具有格兰杰因果关系，对于后者，发现每百万职业学校在校生人数是人均 GDP 的格兰杰原因。明晰教育人力资本、职业教育与经济发展之间的关系，不仅有利于厘清其间的内部逻辑关系，同时也有利于揭示促进教育经济发展的主要影响因素。

7.5 本章小结

本章从纵向维度和横向维度两个视角介绍了时间序列模型与关联或因果关系模型，前者主要包括 ARIMA、灰色预测以及 Prophet 模型，三种模型各具特色，例如，ARIMA 模型适用于中长期预测，灰色预测模型适用于短中期预测，而 Prophet 相较 ARIMA，可以引入节假日带来的影响；后者主要包括关联分析和因果分析两个子类，关联分析中主要介绍了 Apriori 算法、FP - growth 算法，因果分析中主要介绍了格兰杰因果算法、互相关算法以及断点回归算法。本书并结合教育研究中的相关实践问题，分别借助 ARMIMA 和灰色预测等模型对高中和研究生的招生趋势进行了预测和分析，结合已有研究成果，对关联规则在教学优化中的应用进行了介绍。最后，借助相关研究案例，呈现了格兰杰因果模型在教育与经济发展关系分析中的具体应用。

第 8 章

分类与回归

除时间序列与因果关系外，常用的科学数据分析模型还包括回归与分类。需要说明的是，无论是文本数据还是数值数据，都可以进行回归任务或分类任务，即使是文本数据，也可通过独热编码或 word2vec 编码转换为具体向量形式。故而从此视角来看，应当将回归和分类任务置于上章以后。在本章中，主要介绍了分析任务中常见的多项式回归、决策树、支持向量机以及 PCA 算法等。

分类与回归任务在生活中较为常见，例如，依据花朵特征判断花种、依据学生特征或用户特征对其进行分类、学生成绩预测、股票趋势预测、建筑成本预测等。分类与回归属于机器学习的典型应用。机器学习（machine learning）是使计算机能够像人类一样学会学习，在各种新材料与旧材料的权衡中，不断优化"自我"和改进"自我"的过程。与机器学习相关的概念还包括人工智能（artificial intelligence）、深度学习（deep learning）等，三者关系如图 8 – 1 所示。人工智能作为最外侧一环，包括机器学习和深度学习。机器学习是目前实现人工智能的一种主流方法，而深度学习是实现机器学习的一种前沿方法，是一种多层神经网络算法，当下也较为主流。

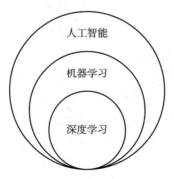

图 8 – 1　人工智能、机器学习与深度学习间的关系

机器学习包括有监督学习（supervised learning）、半监督学习（semi-supervised learning）、无监督学习（unsupervised learning）以及强化学习（reinforcement learning）四种类型。分类与回归属于有监督学习，即事先为数据集提供标签，机器通过对这些标签进行判断和学习，并构建模型，从而进行拟合和预测。针对不同类型的学习方式和任务，分类与回归都有相对应的不同算法，如多项式回归（线性回归、逻辑回归、岭回归、逐步回归等）、决策树、随机森林、SVM、朴素贝叶斯、神经网络、Adaboost、PCA、梯度下降、LDA、K - Means 等数十种。由于篇幅所限，而且部分算法既支持分类任务又支持回归任务，本节将对较为经典的几种算法进行讨论。

8.1 分类与回归的算法

8.1.1 多项式回归

多项式回归即非线性回归，相较之线性回归更易发现在某些特定点后趋势变化性的特点，多项式回归在某些特定场合具有重要作用。不过，将多项式回归设置为一元回归函数，就能得到相应的线性回归。

多项式回归算法主要通过最小二乘法进行求解。最小二乘法又称最小平方法，由马里·勒让德在 1806 年首次提出，是一种简单却非常实用的数据优化技术[①]。在现实生活中，总是存在着某组或多组数据一一对应的关系，这些关系的总体趋势趋近于某种线性或者多项式函数式的形式，但又不会完全匹配于一元函数或者线性函数等。因而，最小二乘法的核心思想是通过残差平方和最小的方式去寻找多项式中最优匹配的函数，以较好地表征 X 与 Y 之间的相关关系，根据新一组自变量去预测对应的因变量数据。掌握了该算法，能够在一定程度上促进对梯度下降等算法的理解，也就间接地、初步地了解了机器学习的部分算法。最小二乘法虽涉及对线性函数和多项式函数的拟合，但其核心理念与公式计算思想基本一致，都是通过最小化误差平方和的方式去实现距离的

---

① 王丽、桂彩云：《基于 LabVIEW 的实验数据处理方法研究》，载《国外电子测量技术》2018 年第 4 期。

计算。该算法的推导和理解相对简单，以下我们将对多项式拟合核心思想进行剖析。

最小二乘法的基本公式如式（8-1）所示，为了后续求偏导方便，此处我们选择误差平方和的方式计算误差。为了更准确地拟合已有数据点 (x_i, y_i)，经验公式选择多项式分布，其基本函数式如式（8-2）所示。

$$\sum_{i=0}^{m} r^2 = \sum_{i=0}^{m} \left[p(x_i) - y_i \right]^2 \qquad (8-1)$$

$$P_n(x) = \sum_{k=0}^{n} a_k x^k \qquad (8-2)$$

将式（8-2）代入式（8-1）即可得到相应的最小误差方程，为了使其误差最小，可以根据极值偏导等于零的性质求得方程解，其结果如式（8-3）所示[①]，据此我们可以得到经验公式的所有 a_0，a_1，$\cdots$，a_k，即以最小的代价拟合所有数据点的函数系数值，从而得到相应的多项式函数，并根据该函数拟合样本数据点。

$$\begin{bmatrix} m+1 & \sum_{i=0}^{m} x_i & \cdots & \sum_{i=0}^{m} x_i^n \\ \sum_{i=0}^{m} x_i & \sum_{i=0}^{m} x_i^2 & \cdots & \sum_{i=0}^{m} x_i^{n+1} \\ \vdots & \vdots & & \vdots \\ \sum_{i=0}^{m} x_i^n & \sum_{i=0}^{m} x_i^{n+1} & \cdots & \sum_{i=0}^{m} x_i^{2n} \end{bmatrix} \begin{bmatrix} a_0 \\ a_1 \\ \vdots \\ a_n \end{bmatrix} = \begin{bmatrix} \sum_{i=0}^{m} y_i \\ \sum_{i=0}^{m} x_i y_i \\ \vdots \\ \sum_{i=0}^{m} x_i^n y_i \end{bmatrix} \qquad (8-3)$$

理解了多项式拟合的原理，线性函数拟合的计算方式则相对容易，最小二乘法的基本定义函数不变，经验公式则变为式（8-4），可以发现，所要解决的参数仅包括 a_0 和 a_1。同样的，按照上述思路可直接得出式（8-5），后续仅需要对该公式进行展开，分别令 a_0 和 a_1 的一阶偏导等于 0，稍加整理就可解出方程，此处不再赘述。

$$P_n(x) = a_0 + a_1 x_i \qquad (8-4)$$

$$\min f(a_0, a_1) = \sum_{i=1}^{n} (a_0 + a_1 x_i - y_i)^2 \qquad (8-5)$$

既然要对不同数据进行拟合，便产生了拟合效果的评价问题，一般而言，

---

① 董伟、陶金虎、郄海霞：《近十年我国高等教育跨学科知识流入路径与演化趋势分析——大数据透视的视角》，载《高教探索》2021 年第 4 期。

使用均方误差（MSE）、均方根误差（RMSE）或者 R – Square 的计算方式对实际值与预测值之间的近似程度优劣进行评价。此处仅举 RMSE 作为评价方式，计算公式如式（8 –6）所示，其中，y_i 表示给定数据值，而 y_{pred} 表示估计值或者预测值，n 表示样本数量，由式（8 –6）可知，误差是绝对的正数值，该值越小就越说明模型拟合的效果符合整体的一般趋势，即具有较高的精确度。

$$RMSE = \sqrt{MSE} = \sqrt{\frac{1}{n}\sum_{i=1}^{n}(y_i - y_{pred})^2} \qquad (8-6)$$

8.1.2　决策树

决策树即通过"树"的形式做递进决策判断，从而得到可能的分类或估计结果，包括分类树和回归树两种，前者主要用于做分类任务，后者主要用于做回归任务。决策树算法目前主要包括 ID3、C4.5 和 CART（classification and regression tree）三种，C4.5 是在 ID3 的基础上针对根节点选取多值特征的缺点而提出的优化算法，主要使用信息增益率（gain ratio）替代了 ID3 的信息增益，但该两种算法均无法进行回归任务。故布利曼（Breiman）后又提出 CART 分类与回归树的算法，采用基尼（Gini）指数进行分裂，相较前两者更易操作和计算，抽取重要特征指标，且基于此，可构建分类树与回归树，因此，本节主要以 CART 算法为例进行说明。

生成分类树主要通过计算基尼指数确定最优特征和分支项，其中，基尼指数指的是集合 D 的不确定性，该值越小，说明其不确定性 D 越趋向确定，也称"纯度"越高，反之，不确定性也就越大，其核心选取办法如式（8 –7）和式（8 –8）所示。其中，p 表示某一特征在分类特征中的分布概率，共 k 类，D 表示选取特征集合，D_1 表示特征成分出现频次，$Gini$（D，A）表示[1] $A = \alpha$ 分割后集合 D 的不确定性。通过式（8 –7）、式（8 –8）能够计算出特定指标项的基尼指数，并通过排序，选取较小的特征进行分裂，后续子集以此类推直至满足停止条件，开始构建树。值得一提的是，CART 算法针对的是二叉树，因此，在多值分类中需要进行子集拆分转换，并同样基于上述两种公式选择最优子集划分方式。

---

① 陈怡然、廖宁、杨倩等：《机器学习从入门到精通》，西安电子科技大学出版社 2020 年版。

215

$$Gini(p) = \sum_{i=1}^{k} p_k(1 - p_k) = 1 - \sum_{i=1}^{k} p_k^{\;2} \qquad (8-7)$$

$$Gini\;(D,\;A) = \frac{|D_1|}{|D|}Gini(D_1) + \frac{|D_2|}{|D|}Gini(D_2) \qquad (8-8)$$

回归树主要基于平方误差最小化准则进行构建，设 D 为原始数据集，可通过二叉树的分割方式迭代将特征空间划分为若干区域，每个区域一般依次称为 R_1，R_2，$\cdots$，R_n，切分点选择依据一般通过式（8-9）进行选择①，其中，s 表示最优切分位置，j 表示最优切分变量，R_1 与 R_2 表示每次切分形成的两区间，$c1$ 与 $c2$ 表示切分后的固定输出值，其具体计算方式如式（8-10）所示，可求得其所属 R_b 的 y_i 平均值。通过式（8-9）、式（8-10）可在迭代中寻得最优切分点 s 与切分变量 j，形成根结点与叶子结点两个结点，后续要基于已选择特征继续做切分，以进一步做分裂，形成二叉树，进而完成树的构造。

$$\min_{j,s}\Big[\min_{c1}\sum_{x_i \in R_1(j,s)}(y_i - c1) + \min_{c2}\sum_{x_i \in R_2(j,s)}(y_i - c2)\Big] \qquad (8-9)$$

$$\widehat{C_b} = \frac{1}{N_{y_i}}\sum_{x_i \in R_b(j,s)} y_i, b = 1,2 \qquad (8-10)$$

CART 决策树使用 CCP（cost-complexity pruning）代价复杂度对其进行优化，其具体损失函数表达式如式（8-11）②所示，其中，$C_\alpha(T_t)$ 表示 α 参数下 T 的损失数据，α 表示模型参数，即衡量代价与复杂关系的系数值，$|T_t|$ 是子树 T 叶子结点数量，当 α 持续增大时有式（8-12）③，其中，t 表示结点，T 表示任意子树，$C(t)$ 表示为 t 剪枝后的错误代价，$C(T_t)$ 表示训练数据的预测误差，$|T_t|$ 是子树 T 叶子结点数量。在式（8-13）中，$R(t)$ 表示结点 t 的错误率，$p(t)$ 表示结点 t 样本在所有样本中的比例。

$$C_\alpha(T_t) = C(T_t) + \alpha|T_t| \qquad (8-11)$$

$$\alpha = \frac{C(t) - C(T_t)}{|T_t| - 1} \qquad (8-12)$$

$$C(T) = R(T) \times P(T) \qquad (8-13)$$

由此可知，当 α 较大时，子树叶子结点的个数对损失函数的影响较大，最优子树偏小；反之，当 α 较小时，子树的预测误差对损失函数影响较小，最优子树偏大。同时，按照上述公式可计算出 α 集合，以选择最小 α 对应结点完成

---

① 李航：《统计学习方法》，清华大学出版社 2019 年版。
② 陈杰、邬春学：《决策树 C4.5 算法改进与应用》，载《软件导刊》2018 年第 10 期。
③ 赵卫东、董亮：《机器学习》，人民邮电出版社 2019 年版。

一轮剪枝，得到较优子树 T_1。依此类推，进而得到最优子树集合 $\{T_1, T_2, T_3, \cdots, T_n\}$，最终可使用交叉验证策略对最优子树集合做进一步计算，得到最优子树 T_α。

安德森鸢尾花卉数据集（Anderson's iris data set）① 是非常主流的测试数据集，该数据共包括五个字段，前四项分别表示花萼长度（sepal-length）、花萼宽度（sepal-width）、花瓣长度（petal-length）、花瓣宽度（petal-width），最后一项表示该花所属类别：山鸢尾（iris setosa）、杂色鸢尾（iris versicolour）以及维吉尼亚鸢尾（iris virginica）。以该数据集为例，建立决策树分类器对花萼与花瓣的长宽信息进行决策分类，从而表征花的所属类别，部分信息如表 8 – 1 所示。

表 8 – 1　　　　　　　　　　　　　　数据概况　　　　　　　　　　　　单位：厘米

花萼长度 (sepal-length)	花萼宽度 (sepal-width)	花瓣长度 (petal-length)	花瓣宽度 (petal-width)	code	类别
5.0	3.4	1.5	0.2	0	Setosa
4.6	3.1	1.5	0.2	0	Setosa
4.8	3.1	1.6	0.2	0	Setosa
5.1	3.8	1.6	0.2	0	Setosa
5.4	3.9	1.8	0.4	0	Setosa
6.1	2.8	4.0	1.3	1	Versicolour
5.5	2.4	3.8	1.1	1	Versicolour
5.8	2.6	3.5	1.0	1	Versicolour
5.2	2.8	3.9	1.4	1	Versicolour
6.4	3.2	4.5	1.5	1	Versicolour
8.1	3.0	5.9	2.1	2	Virginica
6.3	2.8	4.9	1.8	2	Virginica
4.9	2.5	4.5	1.8	2	Virginica
6.3	3.4	5.6	2.4	2	Virginica
6.9	3.2	5.8	2.3	2	Virginica

---

① scikit-learn. The Iris Dataset. ［EB/OL］. (2021 – 06 – 06) ［2020 – 8 – 5］. https：//scikit-learn. org/stable/auto_examples/datasets/plot_iris_dataset. html#sphx-glr-auto-examples-datasets-plot-iris-dataset-py.

教育数据挖掘的理论、方法与实践

通过 Python 语言，按照上述思想对数据进行计算和建模，为更科学地寻找判决条件，将数据集划分设置为训练集占 80%，测试集占 20%，具体准确度结果如表 8－2 所示。其中，包括基于信息熵和基于基尼指数两种算法，由于该数据集记录与特征相对较少，故主要通过最大深度对树进行优化。通过迭代可以发现，总体结果大致准确。两种模型准确度都由最初不足 0.85 优化至 0.9 以上，存在一定的可靠度。

表 8－2　　　　　　　　　　数据集划分准确率

最大深度	数据集划分	信息熵	基尼指数
1	训练集	0.66	0.68
	测试集	0.80	0.63
2	训练集	0.98	0.98
	测试集	0.93	0.93
3	训练集	0.98	0.99
	测试集	0.98	0.90
4	训练集	1.00	1.00
	测试集	0.93	0.90
5	训练集	1.00	1.00

为进一步加强结果可读性，使用 graphviz 对结果进行可视化，具体结果如图 8－2 所示，其中，第一行内容为特征字段，对应的判别数值即前文所描述的 S 值，*Gini* 即基尼系数值，主要用于作为选取依据，*samples* 表示样本量，*value* 表示三个类别花的分布情况，*class* 表示具体预测结果。通过图 8－2 能够相对清晰地得到该数据集的判别分类情况。在后续研究中，若需要继续使用该模型对一组没有类别标记的数据进行预测，可将该模型保存至本地，调用时仅输入一组新的特征即可自动判别所属 *class* 类别。

决策树也可以用来做回归分析，先写出一组随机数和对应的因变量数据，具体分布结果如图 8－3 所示，可以发现，整体趋势趋向 cos 函数分布，且存在一定的异常点数据。为较大程度上拟合该数据，可通过不同深度变化情况确定决策树的拟合优度。

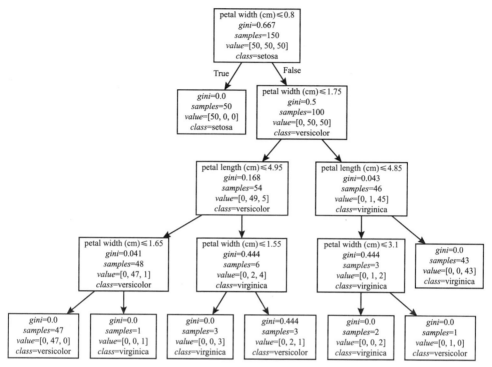

图 8 - 2　决策树模型结果

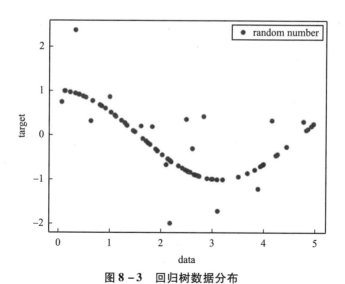

图 8 - 3　回归树数据分布

　　具体拟合结果如图 8 - 4 所示，当最大深度 max_depth = 2 时，波动相对较小，模型仅从宏观层面对数据进行了大致拟合；而当深度不断增加到 4 或 5 时，其波动频率也同步增加。特别的，一些异常值也开始被引入模型之中，如点（0.3358，2.3685），若持续增加深度可以想象底部异常点也将被引入模型范畴中，出现过拟合情况。

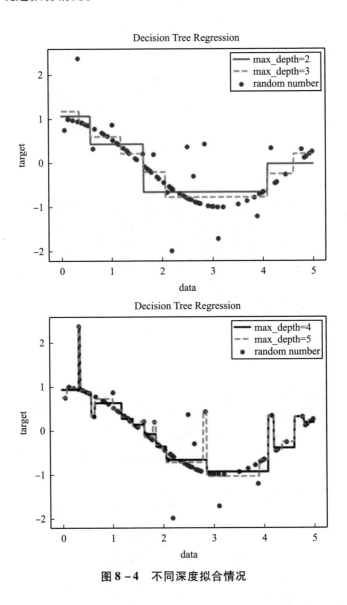

图 8 - 4　不同深度拟合情况

选择最大深度为 3 的树进行构建，其具体结构如图 8 - 5 所示。此外，为保证科研工作中的数据科学性与准确性，提高拟合效果，在复杂数据中，也可进一步尝试控制样本量，叶子结点样本量等方法进行剪枝，具体可见 https：//scikit-learn. org/stable/modules/tree. html#regression。

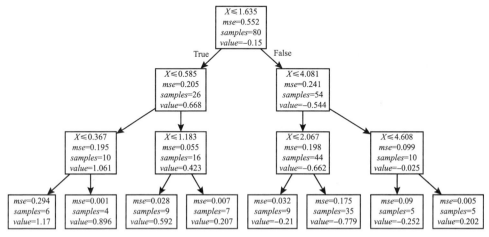

图 8 - 5　回归树预测结果

8.1.3　支持向量机

支持向量机（support vector machine，SVM）也是一种有监督学习的方法，较早由弗拉基米尔·N. 瓦普尼克（Vladimir N. Vapnik）和亚历山大·勒纳（Alexander Y. Lerner）等提出[①]。该算法既可做分类任务，也可做回归任务，其核心理念是将原有输入空间映射到高维特征空间，并在此构建超平面，以保证"支持向量"到其距离有"最大间隔"，其中"支持向量"即距离超平面最近的若干特征向量。换言之，SVM 算法就是要在距离间隔处的若干特征向量中寻得最近的支持向量，并在两类支持向量中构造最优决策函数将其分割开，以保证不同类别样本点尽可能地分类明显，加强其分类过程的鲁棒性和泛化能力。SVM 之所以要做数据高维映射，是因为对于线性不可分的数据集，将其映射到更高维度将有助于线性不可分的样本实现合理的分类，具体如图 8 - 6 所示。

---

① Vapnik, V. N. and Lerner, A. Y. Recognition of patterns with help of generalized portraits. *Avtomat. i Telemekh*, 24（6），1963：884 - 880.

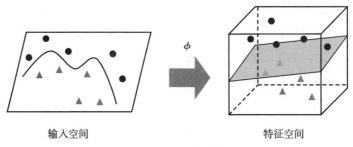

图 8 – 6　高维映射

假设有数据集 D，将其映射到二维数据空间中可知其分布状况，如图 8 – 7 所示，大致可分为圆形和三角形两大类，SVM 的基本思想即找到一个最优超平面，将这样两组数据点进行合理切割，因为符合分割办法的超平面存在无数个，无论是超平面 A、超平面 C，或者斜率微调的其他超平面都能符合假定条件，但这样的超平面不够稳健，或者说抗干扰能力较弱。SVM 通过最大间隔原则能够找到超平面 B，并在该平面的分割下，完成最优样本的分类。

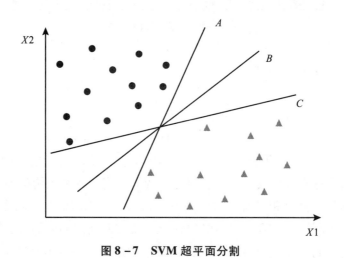

图 8 – 7　SVM 超平面分割

设超平面方程为式（8 – 14），其中，w 为法向量，b 为截距。

$$w^T x + b = 0 \tag{8 – 14}$$

那么，最大间隔原则可如图 8 – 8 所示，$w^T x + b = 1$ 与 $w^T x + b = -1$ 穿过的点即支持向量，1 与 –1 在 SVM 中是特殊标记的分类符号，分别表示不同类别，所谓间隔最大即支持向量到超平面 $w^T x + b = 0$ 的距离最远。

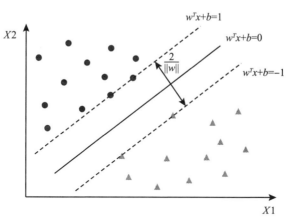

图 8 - 8 最优超平面

为计算最远距离，需要引入点到平面在向量计算中的距离公式，其中，$\|w\|$ 为 w 的范数，由图 8 - 8 可知，$w^T x_i + b > 0$，$y_i = 1$，反之，$y_i = -1$，为去除式（8 - 15）分母的绝对值，可按此规则做简单变换，如式（8 - 16）所示。其中，当 $y_i < 0$ 时，也有 $w^T x_i + b < 0$；当 $y_i > 0$ 时，也有 $w^T x_i + b > 0$，换言之，分母恒大于零。

$$d = \frac{|w^T x + b|}{\|w\|} \qquad (8-15)$$

$$d = \frac{y_i \times (w^T x_i + b)}{\|w\|} \qquad (8-16)$$

最大间隔则如式（8 - 17）所示，先寻得最小间隔数据点，然而寻找离超平面距离最大时的方向和位移量，即 w 和 b，由于 $y_i \times (w^T x_i + b) \geqslant 1$，故可将目标函数优化为式（8 - 18），为后续求解方便，可将其改写为式（8 - 19）。

$$\arg \max_{w,b} \left\{ \frac{1}{\|w\|} \min_i (y_i \cdot (w^T x_i + b)) \right\} \qquad (8-17)$$

$$\arg \min_{w,b} \|w\| \qquad (8-18)$$

$$\arg \min_{w,b} \frac{1}{2} \|w\|^2 \qquad (8-19)$$

可使用拉格朗日乘子法对这样一个函数进行优化，故有式（8 - 20）。

$$L(w, b, \alpha) = \frac{1}{2} \|w\|^2 + \sum_{i=1}^{m} \alpha_i (y_i (w^T x_i + b) - 1) \qquad (8-20)$$

由于求得最值问题，故可分别对 w 和 b 求偏导，并令其值为零，得到式（8-21）与式（8-22）。

$$w = \sum_{i=1}^{m} \alpha_i y_i x_i \qquad (8-21)$$

$$0 = \sum_{i=1}^{m} \alpha_i y_i \qquad (8-22)$$

通过对偶问题转换，可先将偏导结果代入 L 中，消除 w 和 b，再求得 L 最大时的 α，通过化简可得式（8-23）。

$$L(w, b, \alpha) = \sum_{i=1}^{m} \alpha_i - \frac{1}{2} \sum_{1=1, j=1}^{m} \alpha_i \alpha_j y_i y_j x_i{}^T x_j \qquad (8-23)$$

进一步地可将问题转换为最优化形式，即式（8-24），其中，α 为拉格朗日乘子，并且始终有 $\sum_{i=1}^{m} \alpha_i y_i = 0$，$\alpha_i \geq 0$，任何 $\alpha_i < 0$ 均不可作为结果。

$$\max_{\alpha} \left(\sum_{i=1}^{m} \alpha_i - \frac{1}{2} \sum_{1=1, j=1}^{m} \alpha_i \alpha_j y_i y_j x_i{}^T x_j \right) \qquad (8-24)$$

当然，在机器学习中，较多的是求解最小值问题，因此，在求解式（8-25）可将其转为最小值问题，并使用偏导求得 α_i，在此不再赘述。得到 α_i 即可依据式（8-21）得到 w。同时，对于任何支持向量 s，总有式（8-26），故可求得 b 的最终结果为式（8-27）。

$$y_i = w^T x + b = \sum_{i=1}^{m} \alpha_i y_i x_i \times x + b \qquad (8-25)$$

$$y_s(w^T x + b) = 1 \qquad (8-26)$$

$$b = y_s - \sum_{i=1}^{m} \alpha_i y_i x_i \times x_s \qquad (8-27)$$

此外，SVM 包括多种核函数，具体如表 8-3 所示，其中，较为常用的分类核函数主要是线性核函数（linear），该函数计算代价较低，对于部分数据集也有较好效果；其次是径向基核函数（rbf），也称之为高斯核函数，该函数能够将输入空间映射到特征空间，参数较少，稳定性较强，也是分类模型的重要选择；最后是多项核函数 poly 与 sigmoid 核函数，当然也可视具体情况针对特定样本集进行遍历寻优。值得强调的是，SVM 既可做分类任务，也可做回归任务，回归模型包括 LinearSVR、SVR 以及 nuSVR。

表 8 – 3	核函数	
任务	核函数	表达式
SVM 分类	线性核函数（linear）	$K(x, y) = x^T y + c$
	多项式核函数（poly）	$K(x, y) = (\alpha x^T y + c)^d$
	径向基核函数（rbf）	$K(x, y) = \exp(-\dfrac{\|x - y\|^2}{2\sigma^2})$
	sigmoid 核函数	$K(x, y) = \tanh(\alpha x^T y + c)$

另外，为加强可视化效果，也可以选择鸢尾花数据集做分类测试，主要选取花瓣长度与花瓣宽度两个维度做测试，分别对其做标准化处理，通过切分法将训练集大小设为 80%，核函数设为 linear，其具体效果如图 8 – 9 所示。可见，三类数据集被相对合理地进行了切分，边界呈现线性趋势。

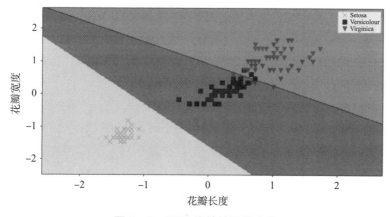

图 8 – 9　SVM 线性核函数分类

8.1.4　PCA 算法

前文几节针对回归和分类任务举了几种较为常用的机器学习算法案例，本节主要对降维任务进行简要介绍。维度变换在实际数据建模中是十分常用的，高维数据可能具有多重共线性，训练时会增加模型时间和计算成本，难以精准把握数据特征；反之，低维数据有更低的复杂度，能够去除冗余特征，消除特征多重共线性，加快运算速度。

数据降维是指采用线性或非线性的数据映射办法对高维特征空间进行降维，其被广泛应用在自然语言处理、图像分析等各类任务中，主要包括线性判别分析（linear discriminant analysis，LDA）、独立成分分析（independent component analysis，IDA）、局部线性嵌入（local linear embedding，LLE）以及本节要介绍的主成分分析（principal component analysis，PCA）等算法。

主成分分析方法（以下简称PCA）是一种无监督降维，即不需要指定任何标签即可完成对数据的降维，是目前数据降维任务中十分常用的一种方法。PCA的主要思想是将 n 维特征向量映射到 k 维上，$k < n$，要使新生成的 k 维数据尽可能多地包含 n 维特征信息。在这一过程中，由于PCA与LDA（监督降维）有所不同，不能围绕标签类别组内方差分布情况进行判别，其主要进行基变换以消除特征向量间的相关关系，基变换首选轴为方差最大方向，其余维度均为具备正交特征的最大方差方向。如图8-10所示，未对特征 $X1$ 与 $X2$ 进行基变换前，数据呈现明显负相关关系，且需要通过二维坐标轴对其进行描述，而转换后的虚线坐标轴在保证最大方差的基础上，消除这种相关性，并通过主成分分析方法完成特征新 k 维表征。

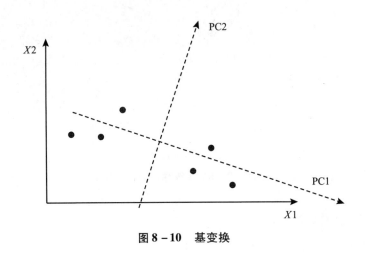

图 8 – 10　基变换

设原有数据矩阵为 D，需先将 D 去中心化生成新数据集 X，其计算方式如式（8-28）所示，x_i 表示第 i 行特征。

$$X = [\, x_1 - \bar{x}\,,\ x_2 - \bar{x}\,,\ x_3 - \bar{x}\,,\ \cdots,\ x_n - \bar{x}\,]^T \qquad (8-28)$$

故前文所述的最大方差，用数学表达式可表示为式（8-29），其中，$x_i \in X$，关于该最值优化问题，依据 Lagrange 函数进一步对其进行解析，可知，协方差矩阵最大特征值即可满足条件。

$$\max\left(\frac{1}{n}\sum_{i=1}^{n}x_i\right) \qquad (8-29)$$

计算 X 协方差矩阵 COV，如式（8-30）所示，其中主对角线实际为对应位置方差，COV 为对应位置协方差结果，对称位置特征协方差是一致的，故该矩阵一定是对称阵。

$$COV = \frac{1}{n}\sum_{i=1}^{n}XX^T = \begin{bmatrix} cov(x,x) & cov(x,y) & \cdots & cov(x,z) \\ cov(y,x) & cov(y,y) & \cdots & cov(y,z) \\ \vdots & \vdots & \vdots & \vdots \\ cov(z,x) & cov(z,y) & \cdots & cov(z,z) \end{bmatrix} \qquad (8-30)$$

如此，为消除相关性，要使上述矩阵对角化，使用特征值分解方法以得到相应特征值 λ 和特征向量 ν，并根据特征值从大到小、从上到下依次排列。其中，特征值分解方法可见式（8-31），代入协方差矩阵 A 即可得到所求内容。

$$(A-\lambda E)x = 0 \qquad (8-31)$$

最终，新的基变换后对应向量计算结果为特征值较大的 k 个主成分对应的特征向量 P 与原始矩阵 X 的点乘结果，即 $Z = X \cdot P$。主成分个数一般使用贡献率 CR 作为衡量标准进行选择，其计算公式见式（8-32），即主成分个数之和占与所有特征值之和的比例，该值达到80%以上对应的 k 值，即为主成分较优个数。

$$CR = \frac{\sum_{i=1}^{k}\lambda_i}{\sum_{i=1}^{n}\lambda_i} \qquad (8-32)$$

以教育部"学校研究与发展项目"数据为例，选取"基础研究项目数""应用研究项目数"以及"合计项目数"三个特征，其中合计项目数是包括前两者的，故为了方便计算和消除内部相关性要做降维任务。数据分布情况如图 8-11 所示，总体上呈现了正相关性。

利用 PCA 将该数据集降至两维度，结果如图 8-12 所示，其中，不同颜色表示不同地区，横坐标与纵坐标失去原有含义，不过这并不影响我们在实际工作中对数据进行处理，研究中仍然可以直接使用降维后的数据配合其他模型进行分析，其最终结果仍然具有较高可信度。

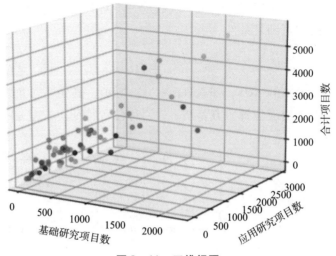

图 8 – 11   三维视图

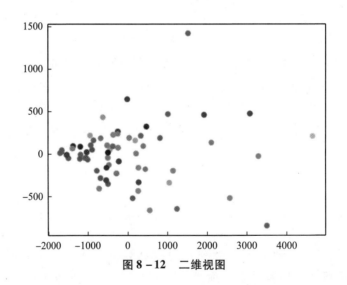

图 8 – 12   二维视图

　　此外，当不确定主成分聚类个数，可基于式（8 – 32）方差解释率进行探索性工作。假设上述案例数据特征项共有 9 维，我们可以依据方差解释率绘制其解释情况。如图 8 – 13 所示，当成分个数超过 3 类，其方差解释率逐渐减小，这意味着投入更多特征对结果影响的程度将越来越小，因此，大致可确定最佳聚类数为 3。

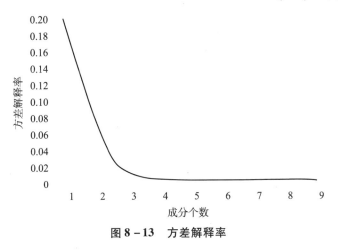

图 8 – 13 方差解释率

8.2 应 用 案 例

8.2.1 基于多项式回归的高校经费与专利发展趋势预测

从国家统计局选取 2002～2018 年的高等学校研究与试验发展经费支出（亿元）、高等学校发明专利申请授权数（件）和普通高校数（所）相关数据，探索多项式回归用法，具体数据如表 8 – 4 所示。2018 年三项指标都处于相对优势的水平，且就整体而言，基本呈现了单调递增的趋势，那么普通高校数量和高等学校研究与试验发展经费支出的增加是否存在某种相关关系，将成为本案例的一个假设，同时也可以进一步考虑高等学校研究与试验发展经费支出和高等学校发明专利申请授权数的增加是否也存在某种相关关系等。作为案例分析，此处将借助多项式回归对所提出的两个假设进行分析和验证。

表 8 – 4   数据概况

年份	高等学校研究与试验发展经费支出（亿元）	高等学校发明专利申请授权数（件）	普通高校数（所）
2018	1458. 88	89883	2663
2017	1265. 96	88254	2631

年份	高等学校研究与试验发展经费支出（亿元）	高等学校发明专利申请授权数（件）	普通高校数（所）
2016	1082.24	66419	2596
2015	998.59	55021	2560
2014	898.10	39468	2529
2013	856.80	35883	2491
2012	880.56	34441	2442
2011	688.84	25064	2409
2010	598.30	18055	2358
2009	468.20	14408	2305
2008	390.20	10216	2263
2007	314.80	8251	1908
2006	286.81	6650	1868
2005	242.30	4815	1892
2004	200.94	3562	1831
2003	162.30	2042	1552
2002	130.50	881	1396

资料来源：国家统计局（http://www.stats.gov.cn/）。

　　分别利用线性拟合和多项式拟合两种方式对上述两种假设进行分析，具体测试结果如图 8-14a、图 8-14b 所示。首先，对图 8-14a 的拟合效果进行分析发现，线性拟合整体趋势虽具有一定的准确性，但许多特征分布效果其实并不十分乐观；而二阶多项式拟合中既保证了整体趋势的准确性，又充分利用了绝大多数特征数据点，因此可知，随着普通高校数的越来越多，高等学校研究与试验发展的经费支出也就越多，且院校数量超过 2200 所，就呈现了一种陡峰式增加的态势，而当高校数量相对少于 1800 所时，支出的态势则相对平缓，呈现了正相关的关系。其次，对图 8-14b 拟合效果进行分析，发现两个维度之间的关系基本呈现了明显的线性关系，所以在此次测试中更倾向线性拟合的效果，而忽略二次多项式拟合。根据拟合效果，随着高等院校研究与试验发展经费支出的增加，高等学校发明专利申请授权数基本也是在不断增加的，同样属于正相关关系。

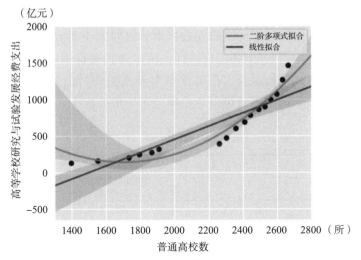

图 8 - 14a　拟合效果

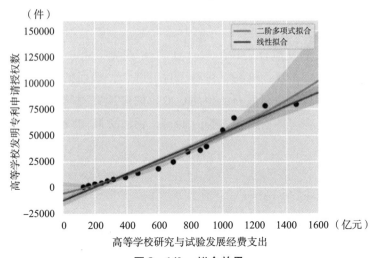

图 8 - 14b　拟合效果

　　当然，除了经验式对模型进行判断外，也可以通过 MSE 或者 RMSE 这种更科学的方式去判断和选择模型。根据前期对数据的计算，图 8 - 14a 中线性拟合的函数式为 $y = 0.9004x - 1350.4$，二阶多项式拟合的函数式为 $y = 0.0012x^2 - 4.132x + 3662.5$，同时图 8 - 14b 中的线性拟合的函数式为 $y = 64.565x - 12608.5$，二阶多项式拟合函数式为 $y = 0.0189x^2 + 37.042x - 5739.8$。选用 RMSE 作为评价指标，具体结果如表 8 - 5 所示，其数值有大有小，因此，需要明确 RMSE 的数据大小与其他研究或本研究其他指标的数值无可对比性，因为该种模型评价指标仅针对于此次研究数据指标值的大小而定。它的评价标准越小越好，因此，可知图 8 – 14a 应该选择二阶多项式进行拟合，而图 8 – 14b 则也需选择二阶多项式进行拟合，但要注意多项式拟合付出的代价也同样更高，如果评价指数相差不多，仍然可以考虑使用线性拟合的方式。

表 8 – 5   RMSE 评价

评价指标	图 8 – 14a	图 8 – 14b
线性拟合	184.3985	5246.9648
二阶多项式	112.3598	4445.9814

不是所有数据点都有必要进行完美拟合，如图 8 – 15 所示，尽管四阶多项式拟合的方式能够更准确地对所有特征进行描述，但也因为过于精细而导致了"过拟合"现象。过拟合在机器学习中十分常见，一般是指在训练集上的表现非常好，但在测试集上拟合表现一般，且 MSE 或者 RMSE 的误差描述也基本失效。换而言之，由于对已有特征进行了过分解释，从而使得模型整体复杂度过高。为了避免该现象，可以直接使用更低阶的多项式进行更简易、更合适有效的拟合。因此，相对四阶多项式拟合而言，仍然更倾向线性拟合。

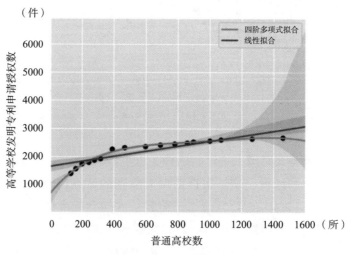

图 8 – 15　过拟合现象

本案例主要使用多项式回归对高等学校研究与试验发展经费支出、高等学校发明专利申请授权数和普通高校数三者间的潜在发展关系进行研究，发现高校数量与其他两个指标存在一定的潜在关系，但并非完全符合线性规律，例如，当经济投入达到 1200 亿元时，其专利数量整体趋于平缓。该些结论有利于厘清三类指标之间的关系，并为实践环境中的经费投入或高校数量设置提供了一定依据。

8.2.2 基于决策树的学生绩效评价

随着大数据和科学分析技术的不断发展，基于学生已有数据特征和指标能够大致拟合学生成绩的演化趋势。胡航等学者[1]抽取了 823 名大学生在线学习日志数据和图书馆相关日志数据，对学生在线学习行为、早起行为、借阅行为以及成绩预测指标进行分析，进一步通过决策树模型的应用分析与可视化对成绩进行了预测。从图 8-16 中我们可以了解到，平均早起时间、早起规律、学习访问量、任务点完成数、早起次数以及借书量成为主要指标，也说明这些指标是影响学生学习绩效呈现大于 80 或小于等于 80 的主要因素。进一步地，从具体数值来看，如果学生平均早起时间小于等于 8.2，早起规律小于等于 0.911 的学生，任务点完成数大于 209，则学生成绩趋于大于 80，反之，如果学生平均早起时间大于 8.2，学习访问量小于等于 88，则学习成绩可能小于 80。总的来说，图 8-16 呈现了不同指标共现情况下学生成绩的多条可能性结果，具有一定的可靠性。

孙发勤等[2]也基于决策树模型对在线教育中学生学习行为和学生成绩之间的关系进行了详细分析。通过对比神经网络和决策树不同深度参数情况下的准确度情况，认为决策树在其研究中更具应用性。通过将分析框架中第一次学习课程时间、视频平均观看次数等指标引入决策树模型中，形成图 8-17。该结果表明，影响在线教学绩效表现的核心指标包括主观题完成数、客观题完成数、视频平均观看进度、视频平均观看次数、第一次学习课程时间等。具体而言，如果主观题完成数小于等于 1.5，则可能直接导致成绩不合格，相反，如果主观题完成数大于 1.5 的同时，视频平均观看进度小于等于 1.5 也可能导致

① 胡航、杜爽、梁佳柔、康忠琳：《学习绩效预测模型构建：源于学习行为大数据分析》，载《中国远程教育》2021 年第 4 期。
② 孙发勤、冯锐：《基于学习分析的在线学业成就影响因素研究》，载《中国电化教育》2019 年第 3 期。

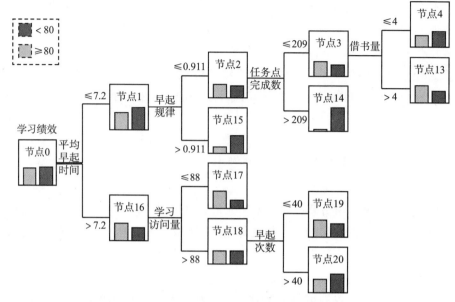

图 8 – 16　决策树在成绩预测中的应用

资料来源：胡航、杜爽、梁佳柔、康忠琳：《学习绩效预测模型构建：源于学习行为大数据分析》，载《中国远程教育》2021 年第 4 期。

其成绩不合格，总的而言，想要达到成绩合格的目标，就必须在主观题完成数、视频平均观看进度、客观题完成数、视频平均观看次数的共同作用下才能达到，而并非某单项指标直接决定。

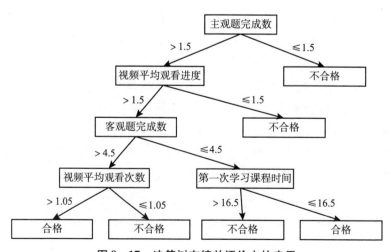

图 8 – 17　决策树在绩效评价中的应用

通过决策树在学生绩效评价中的应用，可以进一步梳理影响学生绩效评价的相关因素，以及不同因素间的逻辑关系，并从中寻找到因素中的关键点，进而通过有效地改进教学方法和技术，提升学生的学习绩效，在一定程度上说明基于决策树的数据挖掘方法在学习行为分析、学习绩效提升等方面具有较好的应用价值。

8.2.3　基于支持向量机的 MOOC 学生行为分类

本书借助支持向量机模型对一门 MOOC 课程讨论区中的 140 名学生的课程参与情况进行探讨，结合学生的参与情况，对学生进行分类探索。在所建立的 SVM 分类模型中，本书初步采用"学习频率"与"社区讨论情况"作为分类特征依据，其中，学习频率主要指学生参与课程的频次，社区讨论情况主要指学生在讨论区发帖和回帖的总数。

在对学生相关数据统计的基础上，首先，使用 SVM 模型中的线性核函数对样本数据进行切分，具体结果如图 8 - 18 所示，其中，中心位置的圆点表示高参与率学生，外围位置的圆点表示低参与率学生。

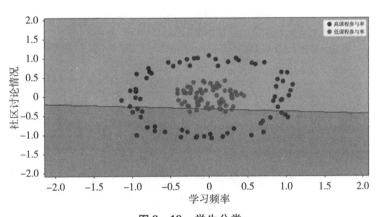

图 8 - 18　学生分类

资料来源：孙发勤、冯锐：《基于学习分析的在线学业成就影响因素研究》，载《中国电化教育》2019 年第 3 期。

如图 8 - 18 所示，该样本数据表现出了线性不可分的状态，即所用分类标尺形成的两类学生并没有完全区分开，因此，线性核函数对于本数据集的分类并不适用，且测试的准确率仅有 68%。由于支持向量机支持多种核函数，也可使用其他核函数对数据进行分类，如多项式核函数、Sigmoid核函数以及径向基核函数等，并进行相应的可视化，具体结果如图8－19所示。图8－19a所表示的多项式核函数与图8－19b所表示的Sigmoid核函数虽然绘制出了分类切分边界，但两模型仍没有对两类学生进行合理和明确的分类，且测试准确率都不够高，分别为0.54和0.62。进一步使用径向基核函数对数据进行分类，如图8－19c所示，其分类切分边界呈现类椭圆形区域，两类学生被相对精确的分开，形成两类群体。此外，也可以通过该函数的三维视图进一步呈现分类结果，具体如图8－20所示，其中，上方圆点对应于低参与率学生，下方圆点对应于高参与率学生，中间超平面能够较为明确和清晰地将学生样本分为两部分。

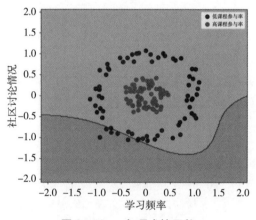

图8－19a　多项式核函数

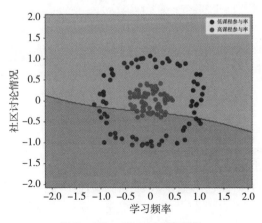

图8－19b　Sigmoid核函数

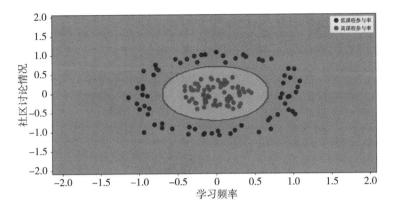

图 8 - 19c　径向基核函数

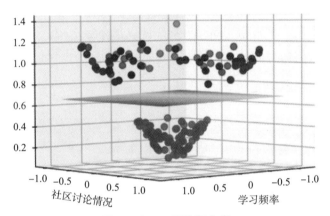

图 8 - 20　三维数据分类

本案例通过 SVM 方法探究了"学习频率""社区讨论情况"与学生课程参与率之间的关系，通过研究发现，不同核函数对结果的影响较大。通过进一步揭示 MOOC 平台中用户不同指标与其整体课程参与率之间的关系，将有利于对学生"未来"表现进行分类，以加强对课堂参与率较低用户的管理。通过该案例也可以进一步说明，在数据分析过程中，需要依据研究问题和数据分布情况选择适当的核函数，以保证研究结果的可信度。此外，事实上，在其他样本的 SVM 分类过程中，一般先选择线性核函数，再使用径向基核函数，并不断通过优化相关参数至最优状态。若仍然无法决策选择何种函数以及参数，可利用"网格搜索"（Grid Search CV）技巧自动寻找最优参数。

8.3　本　章　小　结

　　本章主要介绍了日常科学分析中的常用模型，包括多项式回归、决策树模型、支持向量机、PCA 算法等，这些模型有些既可以做回归也可以做分类，如决策树、SVM 等。通过本章介绍，可以了解到不同分类回归模型其底层思想或原理是不相同的，例如，决策树本质上是训练出一种分类规则，而支持向量机则是通过理论上提高维度，从而将线性不可分问题转为线性可分问题。本部分内容还借助多项式回归对高校经费与专利发展的关系进行了分析，并探讨了其中存在的潜在关系；通过已有成果探讨了决策树在学生绩效评价中的应用，进一步说明了采用支持向量机的分析原理和过程对 MOOC 学生的学习行为进行了分类，所以，具体分类模型或回归模型的选择依然要依据经验或具体模型表现对比进行选择。值得说明的是，除上述模型以外，分类回归模型仍有很多，例如，随机森林、神经网络、LSTM 等。

第9章

社会网络分析

　　随着"互联网＋教育"的发展，各级各类在线学习平台、各种网页端、手机端的虚拟学习社区已经成为师生协商讨论、交流互动、分享知识的重要平台。社会网络分析为揭示师生之间、同伴之间的交流和互动行为提供了一种很好的研究方法。本章将对社会网络分析做一个概述，紧接着从分析指标、分析工具以及应用和案例等方面对社会网络分析进行阐述。第一节为社会网络分析概述，主要介绍社会网络分析的相关概念、相关理论支持、基本的网络类型以及两种表示方法，以期帮助读者从整体上去认识社会网络分析，宏观把握社会网络分析；第二节为社会网络的测量，在社会网络分析方法的分析指标中，将会从宏观、中观、微观三个层次去介绍社会网络分析的相关方法，在整体上多采用网络密度、整体网络图，分析社会关系的小团体时多采用凝聚子群分析法，分析个体时多采用中心性分析法分析个体在社会网络中的重要性；第三节主要介绍一些常用的社会网络分析工具，并比较分析工具的优缺点等；第四节分别从虚拟学习社区分析、同伴协作学习和学习行为分析三个方面结合相应的案例分析社会网络分析方法在教育领域中的具体应用。

9.1　社会网络分析概述

　　本节概述了社会网络分析，对相关概念的演变与界定进行了归纳，总结了社会网络分析方法的一些基本特征，在社会网络分析的研究中，学者们根据分析的着眼点不同，将其划分为不同的研究取向，在本节中总结了常见的社会网络分析的研究取向。社会网络分析中相关理论很多，这里总结了应用最多的三种理论，此外，还总结了社会网络的基本类型，阐述了社会网络分析的两种表示方法——社群图法和矩阵代数方法。

9.1.1 概念与特征

9.1.1.1 概念的演变与界定

自社会学家齐美尔（Simmel）提出"网络"这一概念后，社会网络便开始引起学者的广泛关注，齐美尔在他的《群体联系的网络》（1922）中第一次使用"网络"这一概念，并将其视为社会相互交织的社会关系网之后，人类学便开始尝试从社会网络的分析视角对社区展开研究[①]。"社会网络"的概念最早也可以追溯到齐美尔，他在《社会学》（1908）一书中提到"社会互动"（social interaction）这一概念，并将其定义为人与人之间、人与社会群体之间的沟通与互动，通过社会互动形成复杂的社会网络关系。[②] 随后，英国著名的人类学家拉德克利夫 – 布朗（Radcliffe – Brown）以相对来说非技术的形式提出了"社会网络"的思想，从人类学意义上提出了网络的概念，并且在 1940 年曾使用"社会关系网络"（network of social relations）一词来描绘社会结构。[③] 最早运用"社会网络"一词的学者是巴恩斯（Barnes，1954），他也是率先运用社会网络分析方法的学者，他在挪威的一个渔村中考察了以友谊、亲属及邻居为基础所形成的非正式、私人性社会网络，巴恩斯还提出了具有社会学意义的"网络"概念。[④] 此后，学者们提出各种概念来描述网络特征，"社会网络"逐渐被学术领域认可。

在网络分析中，"网络"被认为是联结行动者（actor）的一系列社会联系（social ties）或社会关系（social relations），它们以相对稳定的模式构成社会结构（social structure）[⑤]。这暗示着网络分析应当具有两个基本要素，即行动者和社会关系（社会联系）[⑥]。广义上的网络是指事物以及事物之间的某种关系构成的点与线关系的集合，而社会网络则可以定义为，具有一定社会关系的节

① Simmel G. . Conflict and The Web of Group Affiliations, Free Press, 1922.
② Simmel G. . Sociology—Research on the form of Socialization, Free Press, 1908.
③ Radcliffe – Brown, On social structure. Journal of the Royal Anthropological Institute, 1940, pp. 1 – 12.
④ Barnes J. A. Class and Committees in a Norwegian Island Parish. Human Relations, 1954, pp. 39 – 58.
⑤ Emirbayer, Mustafa and Jeff Goodwin. Network Analysis, Culture, Problem of Agency. American Journal of Sociology, 1994, pp. 1411 – 1154.
⑥ 张存刚、李明、陆德梅：《社会网络分析——一种重要的社会学研究方法》，载《甘肃社会科学》2004 年第 2 期。

点的集合。综述齐美尔的解释，在狭义上，社会网络是指人与人之间由于互动而产生的稳定关系；在广义上，它也可以包括神经系统网络、细胞相互作用网络等医学信息网络，食物链网络、生物群落等生态系统网络，电力网络、智慧交通网络等信息技术网络[①]。在本书中主要探讨的社会网络是狭义上的概念，在教育数据挖掘中，分析的通常是人与人之间由于互动而产生的稳定关系，更多强调的是研究社会学意义上的社会网络。

社会网络是指通过多对关系连接而成的一组关联节点集合，节点（即网络成员）是通过网络关系连接成的独立分析单元[②]。也就是说，社会网络是社会行动者及其间的关系的集合，一个社会网络是由多个点和各点之间的连线组成，用点和线来表达网络是社会网络的形式化界定[③]。在社会网络中又有两个基本概念：点（社会行动者）以及边（行动者之间的社会关系）。由此可知，以个体形态存在的社会行动者以及内部关系构成了社会网络的研究基础。将社会网络作为研究对象进行结构分析是社会网络研究的核心，这种特定的分析模式就是社会网络分析。

社会网络分析（social network analysis，SNA）是西方社会学的一个重要分支，是近年来得到飞速发展的研究社会结构的最新方法和技术，也是一种全新的社会科学研究范式[④]，目前，被广泛应用于各领域。社会网络分析是对社会网络的关系结构及其属性加以分析的一套规范和方法，它又被称为结构分析法（structural analysis），因为它主要分析的是不同社会单位（个体、群体或社会）所构成的社会关系的结构及其属性[⑤]。它通过建立行动者之间关系的模型，来描述群体关系的结构，并分析其对群体整体功能或者内部个体的影响。从定义中我们可以看出，社会结构是客观存在的，从行动者之间的关系模式来理解社会行动者的特征，并且社会网络分析注重关系数据的收集和分析。

9.1.1.2　基本特征

1. 社会网络的本质特性。

在明确社会网络概念的同时，要进行社会网络分析还必须了解社会网络的

---

① 张奥琳：《社会网络应用研究综述》，载《市场周刊》2019 年第 2 期。
② 徐迪：《社会网络分析的融合视野：一种定性与定量整合的研究趋向》，载《江汉论坛》2019 年第 11 期。
③ 刘军：《社会网络模型研究论析》，载《社会学研究》2004 年第 1 期。
④ https：//baike. baidu. com/item/社会网络。
⑤ https：//wiki. mbalib. com/wiki/社会网络分析。

特点。从社会网络的本质来看，其特性可以概括为社会属性、物理特性、普遍性以及复杂性[①]。社会属性是指网络分析中的社会关系；物理特性是指网络确定后能以客观的数据指标进行量化与分析；普遍性能从社会网络的概念中体现出来，只要存在社会关系就能形成社会网络，它存在于社会的各个层面、各个区域；复杂性主要体现在网络结构的复杂性以及网络测度、分析的复杂性两个方面，如网络节点特点的多样性、网络层级与子网络划分的差异性等。

2. 社会网络分析的方法特征。

社会网络分析作为社会结构研究的一种独特方法，韦尔曼（Wellman）在《结构分析：从方法和隐喻到理论和实质》一文中精辟地概述了网络分析的基本特征，他总结出了社会网络分析的五个方面的方法论特征，他认为，无论是整体网还是个体网都受到这五个范式的影响[②]。

第一，结构制约。社会网络分析是根据结构对行动的制约来解释人们的行为，而不是通过其内在因素（如对规范的社会化）进行解释。

第二，属性分析。社会网络分析关注不同单位之间的关系分析，而不是根据这些单位的内在属性（或本质）对其进行归类，也就是说，结构性的社会关系是比体系成员的属性更有力的社会学解释素材。

第三，二维关系。社会网络的结构特征决定了二维关系（dyadic relationships）的作用。这不仅表现在社会网络结构决定了二维关系发挥作用的环境，也呈现为当一种关系建立以后，它就为网络成员提供了直接或间接接近他人和其他资源的机会[③]。但社会网络不假定网络成员间只有二维网络。

第四，非群体。社会网络把结构视为网络间的网络，世界是由网络而非群体构成，它并不假定有严格界限的群体一定是形成结构的阻碍。也就是说，网络分析避免关于群体界限的假定。

第五，分析方法独特。社会网络分析方法补充了个体主义方法，不同于个体主义将个体作为独立的分析单元，社会网络分析涉及的是一定的社会结构的关系性质。所以，按照社会网络分析的思想，行动者的任何行动都不是孤立的，而是相互关联的，他们之间所形成的关系纽带是信息和资源传递的渠道，

---

① 王宗水、赵红、刘宇、秦续忠：《社会网络研究范式的演化、发展与应用——基于 1998～2014 年中国社会科学引文数据分析》，载《情报学报》2015 年第 12 期。

② Wellman Barry, Structural Analysis: from Method and Metaphor to Theory and Substance. Cambridge: Cambridge University Press, 1988, pp. 19 – 61.

③ 张文宏：《社会网络分析的范式特征——兼论网络结构观与地位结构观的联系和区别》，载《江海学刊》2007 年第 5 期。

网络关系结构也决定着他们的行动机会及其结果①。

根据社会网络分析的基本特征，可以得出，该方法既可以进行微观结构的个体行动者分析，也可以对中观结构的子结构网进行分析，还可以进行宏观结构的整体网分析，应用范围十分广阔。

9.1.1.3　社会网络分析的取向偏好分析

社会网络分析发展到现在已经是一门较成熟的分析技术，或者说是一种社会科学研究范式。对于社会网络分析的研究，学者们根据分析的着眼点不同，将其划分为不同的研究取向。

1. 主位取向与客位取向。

社会网络研究中存在这样的问题，网络研究者应该研究可观察的网络，还是应该研究体现在行动者的理解和知觉当中的网络②？ 20 世纪 50 年代，有研究者主张从特定网络成员的角度观察网络，而在 70 年代以后，研究的重心则开始向客观性的关系资料转移，要着眼于整体网络。网络结构可以被区分为主位结构和客位结构，这种主观理解与客观认知的不同，体现出社会网络分析的两种不同研究取向：主位取向与客位取向。

2. 关系取向与位置取向。

从社会网络的基本概念出发，社会网络分析可以分为两种基本视角：关系取向（relational approach）和位置取向（positional approach）。在社会网络中，以个体形态存在的社会行动者以及内部关系构成了社会网络的研究基础。社会关系和社会行动者分别是关系取向和位置取向的基础。关系取向关注的焦点是行动者之间的社会性粘着关系，这一取向对网络结构理解直观，通过密度、强度、对称性、规模等一系列描述网络结构的概念来说明特定的行为和过程。而位置取向主要是关注存在于行动者之间的且在结构上处于相等地位的社会关系的模式化（patterning），它讨论的是两个或以上的行动者和第三方之间的关系所折射出来的社会结构，强调用"结构等效"（structural equivalence）来理解人类行为。③ 两种取向所联系的社会过程不同，适于解释的社会现象也就不同，

---

①　https: //wiki. mbalib. com/wiki/社会网络分析。

②　李林艳：《社会空间的另一种想象——社会网络分析的结构视野》，载《社会学研究》2004 年第 3 期。

③　张存刚、李明、陆德梅：《社会网络分析——一种重要的社会学研究方法》，载《甘肃社会科学》2004 年第 2 期。

位置取向是解释网络结构的一般方法，而关系取向则更适合具体衡量个体在网络中的地位。

3. 整体网与个体网。

社会网络分析这种方法从诞生以来就表现出两种不同的研究取向：整体网分析和个体网分析[①]。社会网络可以划分为整体网（whole network）与个体网（ego-network），其中，整体网可以理解为由一个群体内部所有成员以及他们之间的关系构成的网络，个体网是指一个个体及与之直接相连的个体构成的网络，二者之间还有一个中间网络，可界定为局域网（partial network）[②]。对整体网和个体网的研究也构成了社会网络分析的主要研究领域。个体网分析关注"自我"，主要用来分析社会连带[③]，分析着眼于以行动者为中心的个体网络各方面，主要是通过网络密度、中心度等指标进行分析个体在网络中的重要程度；整体网分析关注整体网络的结构，从宏观角度分析整个网络的状态、结构和趋势[④]，是测量网络结构的重要方法，常用的分析方法有：随机网络分析、图分析、决策树分析、网络流分析等[⑤]，重点从网络关联性、中心势、块模型等方面特征[⑥]，来研究群体中不同角色的关系结构。在这两种不同的研究取向中，整体网分析占比较大，当代社会网络统计技术的突破也主要是在整体网领域出现的[⑦]。

4. 定性分析取向与定量分析取向。

社会网络分析有着特殊的跨学科发展历史——在定性和定量探索上同步跃进，它不仅源于自然科学门类中应用数学进步带来的计量社会学和图论的新突破，且萌自社会科学门类中人类学家开展的关于亲属关系和人际结构的早期民族志研究。因此，社会网络分析根据采用研究方法的不同，分为定性和定量两种研究取向。在徐迪的《社会网络分析的融合视野：一种定性与定量整合的研

① 裴雷、马费成：《社会网络分析在情报学中的应用和发展》，载《图书馆论坛》2006 年第 6 期。
② 陈涛、谢丽莎：《社会枢纽对整体网（络）创新抗拒的影响研究》，载《中国管理科学》2014 年第 1 期。
③ 罗家德：《社会网分析讲义》，社会科学文献出版社 2010 年版。
④ 胡平、石娟、焦阳：《长三角信息服务业集群网络特征及其动态发展》，载《科研管理》2016 年第 2 期。
⑤ 吴旻：《基于社会网络分析的公共服务平台建设利益相关方合作机制研究》，山东大学，2014 年。
⑥ 马丽君、龙云：《基于社会网络分析法的中国省际入境旅游经济增长空间关联性》，载《地理科学》2017 年第 11 期。
⑦ 黄萃、任弢、李江、赵培强、苏竣：《责任与利益：基于政策文献量化分析的中国科技创新政策府际合作关系演进研究》，载《管理世界》2015 年第 12 期。

究趋向》一文中，详细地介绍了这两种取向[①]。定性社会网络分析一般与问卷调查和访谈相结合，以参与式制图法（受访者用笔和纸自由绘制最能反映现实情境的网络形态）为核心工具，以个体网为研究对象，生成标注社会关系的观察和描述数据，并由此得出视觉表征维度的网络全局特征整合。定量社会网络分析对社会关系进行量化，关系数据通过关系矩阵进行量化，行动者之间的关系被记录为有或无，通过社群图进行展示，其应用核心在于通过测量与网络结构有关的各种属性，可视化关系矩阵中的数据，实现对网络的精确描述。这里的定性方法是定量分析的基础，而定量分析又为定性分析提供前测，但是在实际的社会网络分析中定性、定量方法是交替使用的，两种方法的整合也是一种新的社会网络分析方法。

9.1.2　相关理论

9.1.2.1　社会资本理论

社会资本是由布迪厄（Bourdieu）在 1985 年最早提出的，社会资本是现实或潜在的资源的集合体，这些资源与拥有或多或少制度化的共同熟识和认可的关系网络有关，换言之，与一个群体中的成员身份有关。社会资本从集体拥有的角度为每个成员提供支持，在这个词汇的多种意义上，它是为其成员提供获得信用的"信任状"。在布迪厄的定义中不难看出，社会资本是一种资源的集合体，而且这个集合体是和社会关系网络联系在一起的。布迪厄是第一个把社会资本和社会关系网络联系起来的社会学家，他认为，社会资本最紧要的一个词语就是"联系"，正是因为有了彼此的联系，人们之间才拥有了社会义务及其赋予的资本[②]。美国学者科尔曼（Coleman）认为，社会资本就是个人拥有的、表现为社会结构资源的资本财产，它们由构成社会结构的要素组成，主要存在于人际关系和结构之中，并为机构内部的个人行动提供便利。普特南[③]（Putnam）、张方华、罗家德等在社会网络理论的基础上也对社会资本进行了定

---

①　徐迪：《社会网络分析的融合视野：一种定性与定量整合的研究趋向》，载《江汉论坛》2019年第 11 期。

②　P. Bourdieu. Handbook of theory and research for the sociology of education. Sociological Research, 1985, pp. 241-258.

③　Coleman J. Foundations of social theory. Cambridge, MA: Harvard University Press, 1990.

义，这些定义大体一致，即社会资本的实质就是能够促进社会行为者之间合作的一种生产性资源，它使行为个体通过社会网络获取所需资源。在他们的定义中都强调了社会网络，绝大多数研究者都认为，社会资本是与特定的社会关系网络联系在一起的，两者关系密不可分①。

社会资本理论强调人与人之间的信任以及在交往互动中所形成的社会网络和规范，强调社会资本是个体之间交往的纽带和桥梁，促成了社会内部不同利益主体之间的相互合作，使个体利益与集体利益得到有机结合，它侧重于解释社会网络中资源的问题，相当于社会生产力。社会资本的积累主要依靠网络中的行为主体拥有的资本数量和质量，依赖于其关系网络的规模以及主动性，社会资本必须嵌入社会网络中才能获得社会资源。

9.1.2.2　强弱关系理论

1973 年，美国斯坦福大学社会学系教授马克·格兰诺维特（Mark Granovetter）发表了《弱关系的力量》一文，在文中首次提出了"人际连带强度"的概念，并用四个因素加以测量：认识时间的长短、互动的频率、亲密性和互惠性服务内容。根据这四个因素，格兰诺维特将人际连带强度划分为强连带、弱连带和无连带②。与强连带相比，弱连带有更好的信息传播效果。强连带的直接信息通路是重复的，因为他们之间每个行动者联系都很密切，信息传播是冗余的，而弱连带则不会。两个团体之间的"桥"一定是弱连带，因为它是沟通两个团体间信息通畅的关键。强连带的社会经济特征相似，弱连带则是在社会经济特征不同的个体之间发展起来的。由于弱连带的分布范围较广，它比强连带更能充当跨越其社会界限去获得信息和其他资源的桥梁，可以将其他群体的重要信息带给不属于这些群体的某个个体。③ 在整个关系网络中，弱连带可以创造更多的社会流动机会，因此，具备弱连带优势。

格兰诺维特的镶嵌观点就是经济行动，是在社会网内的互动过程中做出决定的。格兰诺维特认为，大多数的行为都紧密地镶嵌在社会网之中，比如，个体、资源等，同社会资本一样，社会网络中互动产生的信任是组织从事交易必要的基础，规范和网络是其核心。此外，学者将强、弱关系进行了比较，发现弱关系在提供信息方面可以提供更多异质性信息，使得社会网络降低联系成

① 黄锐：《社会资本理论综述》，载《首都经济贸易大学学报》2007 年第 6 期。
② Granovetter M. S. The Strength of Weak Ties. American Journal of Sociology, 1973, pp. 1360 – 1380.
③ 孙立新：《社会网络分析法：理论与应用》，载《管理学家》（学术版）2012 年第 9 期。

本，因而逐渐兴起。

9.1.2.3 结构洞理论

1992 年，美国社会学家罗纳德·伯特（Ronald Burt）出版了《结构洞：竞争的社会结构》。在该书中正式提出了结构洞理论[①]。伯特是在格兰诺维特的弱连带理论的基础上提出了结构洞理论，同时，吸收了社会学领域的众多研究成果。所谓结构洞，即"从社会网络的整体视角来看，社会网络中某个或某些个体和有些个体发生直接联系，但与有些个体不发生直接联系、无直接或关系间断（disconnection）的现象，从网络整体看，好像是网络结构中出现了洞穴"。也就是说，两个关系人之间的非重复关系，这两个关系人向网络贡献的利益是可叠加的。

结构洞理论主要偏重于解释社会网络中个体之间的联系，强调如何获取竞争优势，多用于解释团队中个体或位置的作用。如图 9 - 1 所示，在由 A、B、C、D 四个关系人构成的网络中，A 占据中心位置，B、C、D 之间没有联系，但是都与 A 存在联系，因此，这三个关系人必须通过 A 才能彼此联系，A 占据了三个结构洞：BC、BD、CD，从而获得竞争优势。

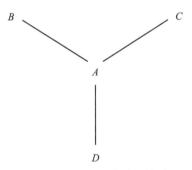

图 9 - 1　关系人构成的网络关系

测量结构洞有两个指标，一个是凝聚力，另一个是结构等位。伯特（Burt）认为，个人在网络中的位置比关系的强弱更为重要，拥有"结构洞"的行动者，类似于日常说的"中介或第三方"，对信息、资源都占据绝对优势。

---

① Burt R S, *Structural holes：The Social Structure of Competition.* Cambridge：Harvard University Press，1992：8 - 81.

结构洞理论和弱连带优势都是解决社会网络中凝聚力冗余的问题，如果是强连带，那他们就是重复的关系人，之间是没有结构洞的，即存在冗余现象。结构洞是在某些个体之间存在无直接关系或关系间断的现象，而将无直接联系的两者连接起来的第三者拥有信息优势和控制优势。在弱连带中，两个团体之间通过桥连接，而桥两端的个体在整个社会网络中也占据着很大的优势。弱关系和结构洞描述的现象类似，但传递的内容却有所不同。强弱关系理论重在传递关系的强弱，而结构洞理论则解释了信息传递的机制所在，并且结构洞理论超出了两个行动者之间关系强弱的层面，提出了至少三个行动者之间的网络结构①。因此，个人或组织要想在竞争中保持优势就必须建立广泛的联系，占据更多的结构洞。同样，在研究社会网络结构时也要重点分析占据结构洞中的第三者位置的个体或组织。

9.1.3 网络类型

根据划分的条件不同，社会网络可以分为不同的类型。根据关系的属性划分：1-模网络（one-mode network），由一个行动者集合内部各个行动者之间的关系构成的网，如一个班级中的 30 名同学之间的朋友关系；2-模网络（two-mode network），由一类行动者集合与另一类行动者集合之间的关系构成的网络，如一个班级中任课老师与同学之间的关系；隶属网络（affiliation network），它是一类特殊的 2-模网络，指行动者集合与行动者所隶属的事件或部门的集合，如所有研究生与其所属院系构成的网络等。根据网络结构划分：个体网（自我中心网络）（ego-networks），一个个体及与之有关的多个个体构成的网络，如一个个体的血缘关系网络；整体网（whole network），一个群体内部所有成员之间的关系构成的网络，如一个家族所有的家庭成员关系网；局域网（partial network），个体网再加上某些数量的与个体网络的成员有关联的其他点，如某一个个体的血缘关系网加上其父母的血缘关系网。根据网络指向性划分：无向网络，社会网络中的任何两个节点之间的连线都没有指向性，连线只表示关系的存在与否，如关键词共现网络；有向网络，社会网络中节点之间的关系存在指向性，如借贷关系、权力关系、引文关系等，在有向关系图中，节点之间的关系用有向线表示，箭头代表关系的方向。根据网络连接强度划

---

① 梁鲁晋：《结构洞理论综述及应用研究探析》，载《管理学家》（学术版）2011 年第 4 期。

分：无权网络，社会网络中连接两个节点的强度都为 1，即每条边的权值都为 1；有权网络，社会网络中连接两个节点的强度有强弱之分，每条边都赋予相应的权值。

9.1.4　表示方法

社会网络有很多种分析方法，包括图论、矩阵论、代数学、概率统计等。其中，图论和矩阵论是最基本的描述社会网络的数学表达形式。图论简洁明了，直观形象，常用于描述凝聚子群、多人关系等，其中，社群图记法用于对结构对等型和块模型的研究；矩阵论应用广泛，可以表达和分析各种形式的网络，一般用于分析角色和关系。

9.1.4.1　社群图法

图论最早是由瑞士著名数学家欧拉使用的，他利用图论方法解决了科尼斯堡桥问题，第一次将数学观念转变成由点和线构成的图形。从 20 世纪 50 年代开始，学者们利用图论来表征关系网络的结构。图论是一种比较基本的标记行动者及其相互之间关系的方法，利用图形进行简单的关系分析，一个图就是一个社会网络模型。社群图法是利用图论理论对矩阵代数法中的关系矩阵进行图形描述，图的类型有多种，根据行动者之间的关系是否存在有向性，分为"有向图"和"无向图"，行动者之间关系的强度还可分为"二值图"和"赋值图"，此外，还有完备图和非完备图等，网络分析者把根据这种思想得到的图叫作社群图。社群图中的点集可以表示为：$N = \{n_1, n_2, \cdots, n_8\}$。这样，一个群体成员之间的关系就可以用一个由点和线连成的图表示[1]。

一个社群图就是一个网络图，这些网络图表达了各点之间的关系模式，通常利用图论来分析社会关系的抽象结构，第一步是根据现有的资料进行画图，第二步是对画出的图进行分析，如点度中心度、图的密度、分析子图、派系等。

9.1.4.2　矩阵代数方法

利用社群图表达关系网络的一个优点是清晰明了，便于分析社会行动者之

---

① 刘军：《整体网分析讲义：UCINET 使用指南》，格致出版社 2009 年版。

间的关系，但是仅限于行动者数目比较少的网络，如果涉及的点很多，那么图示就不易展示出网络关系结构，在这种情况下，矩阵代数方法可以更好地表达关系网络。

矩阵是由 $m \times n$ 个数按一定次序排成的，简单地说，就是 m 行 n 列组成的图形，如图 9 - 2 所示，其中 a_{mn} 叫作矩阵的元素，m 代表行，n 代表列。矩阵中的要素由其所在的位置来表示，即由 ij 来表示，每个元素都有自己的位置或角标。

$$A = \begin{bmatrix} a_{11} & a_{12} & \cdots & a_{1n} \\ a_{21} & a_{22} & \cdots & a_{2n} \\ \cdots & \cdots & \cdots & \cdots \\ a_{m1} & a_{m2} & \cdots & a_{mn} \end{bmatrix}$$

图 9 - 2　矩阵元素

矩阵法首先将社会网络用（0，1）矩阵表示出来。然后利用矩阵解析技术来分析复杂的社会网络中关系的分布与特征，一般采用计算机来处理。在矩阵表达形式中，行和列既代表社会行动者，也代表关系，即矩阵原属中的数字符号或符号表示这些行动者之间的社会联系。通过作为社会行动者的各个行和列之间的关系，我们可以来描述或者判断不同类型的网络，如 1 - 模网络中行和列都代表来自一个行动者集合的"社会行动者"，矩阵中的要素代表的是各个行动者之间的"关系"，而 2 - 模网络则是行和列代表着来自两个行动者集合的"社会行动者"，矩阵中的元素分别代表的是两个行动者集合中的各个行动者之间的"关系"。此外，如果"行"代表来自一个行动者集合的"社会行动者"，"列"代表行动者所属的"事件"，那么这种网络是 2 - 模网络中的"隶属关系网络"[1]。

在社会网络分析中，涉及了几种不同类型的矩阵，其中，最常使用的一类矩阵是正方阵，在此方阵中，行和列都代表完全相同的社会行动者，并且行和列排列的顺序相同，矩阵中的要素往往是"二值"的，代表着行动者之间的关系。矩阵各要素间有关系则标示"1"，无关系则标示"0"[2]。此外，还有发生

---

① 刘军：《社会网络分析导论》，社会科学文献出版社 2004 年版。
② 曹德军、陈金丽：《国际政治的关系网络理论：一项新的分析框架》，载《欧洲研究》2011 年第 4 期。

阵、隶属关系矩阵、有向关系矩阵和赋值关系矩阵等。

9.2 社会网络的测量

社会网络分析的方法有很多种，本书将从宏观、中观、微观三个层次分别选取一些常用的具有代表性的社会网络分析指标进行介绍。

9.2.1 整体：网络密度

网络通常分为个体网、整体网以及介于两者之间的局域网。巴恩斯（Barnes，1974）比较了围绕某些特定的参考点而展开的个体网以及作为一个整体的网络，来考察社会中心。在个体网络中，密度分析关注的是围绕着某些特定行动者关系的密度，而在整体网视角中，密度则不再是局部行动者的"个体网"密度，而是整个网络的密度了。巴恩斯认为，研究整体网之间的联结是社会网络分析的核心，一个网络对其成员的约束力包括通过与该成员直接相连者，也包括各种间接联系通过关系的构型与那些独立于特定行动者的性质直接建立的联结。

在个体网的研究中，计算网络密度只关注直接接触者之间的各种联系，即围绕"自我"构成的网络。整体网密度的计算与个体网密度的计算略有不同。整体网关注整体网络结构，网络密度指的是在社会网络中各个行动者之间联系的密切程度，网络密度越大，行动者之间的联系越多，该网络对其中行动者的态度、行为等产生的影响可能就越大，成员之间的交互程度也越强。

关于整体网络密度的计算，分为有向网和无向网。如果整体网是无向网，其中，有 n 个行动者，那么其中包含的关系总数在理论上的最大可能值是 $n(n-1)/2$。如果该网络中包含的实际关系数目为 m，那么该网络的密度就是"实际关系数"除以"理论上的最大关系数"，即等于 $m/[n(n-1)/2] = 2m/[n(n-1)]$。如果该整体网是有向网，并且其中有 n 个行动者，那么其中包含的关系总数在理论上的最大可能值是 $n(n-1)$。该网络的密度因而等于 $m/[n(n-1)]$[①]。网络密度的取值范围为 [0，1]。该值越向 1 靠近，意味着

---

① 刘军：《整体网分析讲义：UCINET 使用指南》，格致出版社 2009 年版。

社会网络联系越紧密；该值越接近 0，意味着社会网络越分散。

9.2.2 小团体：凝聚子群分析

整体网的规模指网络中包含的全部行动者的数目。整体网有大有小，规模越大，其结构就越复杂。复杂的网络难以研究其结构，这时就需要将复杂的网络划分为小网络进行研究。当网络中某些行动者之间的关系特别紧密，以至于结合成一个次级团体时，这样的团体在社会网络分析中被称为凝聚子群。分析网络中存在多少个这样的子群、子群内部成员之间关系的特点、子群之间的关系特点、一个子群的成员与另一个子群成员之间的关系特点等就是凝聚子群分析。由于凝聚子群成员之间的关系十分紧密，因此，有的学者也将凝聚子群分析形象地称为"小团体分析"。简单来说，凝聚子群反映网络中一个相对集中的行动者集合，在这个集合中的行动者之间具有紧密的、直接的联系，可以用来揭示和刻画群体内部的结构状态。常用的凝聚子群分析方法有派系、k－丛、k－核、块模型。

9.2.2.1 派系（Cliques）

在一个无向网络图中，派系指的是至少包含三个点的最大完备子图。这个概念包含三层含义：一个派系至少包含三个点；派系是完备的，根据完备图的定义，派系中任何两点之间都存在直接联系；派系是"最大"的，即向这个子图中增加任何一点，将改变其"完备"的性质。在一个派系中，任何两个行动者之间都存在关系，派系的密度是 1。而 n－派系（n－Cliques）则是建立在可达性的基础上，用来描述行动者之间的间接关系。对于一个总图来说，如果其中的一个子图满足如下条件，就称之为 n－派系：在该子图中，任何两点之间在总图中的距离（即捷径的长度）最大不超过 n。简单来说，在总图中不存在与子图中的任何点的距离不超过 n 的点。

9.2.2.2 k－丛与k－核

k－丛与 k－核是建立在点度数基础上的凝聚子群。一个 k－丛就是每个点都至少与除了 k 个点之外的其他点直接相连的一个凝聚子群。当这个凝聚子群的规模为 n 时，其中，每个点至少都与该凝聚子群中 n－k 个点有直接联系，即每个点的度数都至少为 n – k。与 k – 丛相对的概念是 k – 核，如果一个子图中的全部点都至少与该子图中的 k 个其他点邻接，则称这样的子图为 k 核。k – 核与 k – 丛不同，后者要求各个点都至少与除了 k 个点之外的其他点相连，而前者要求任何点至少与 k 个点相连。一般来说，作为一类凝聚子群，k – 核有自己的优势所在。k 值的不同，得到的 k – 核显然也不同。研究者可以根据自己的数据自行决定 k 值的大小，可以发现，符合研究者要求的子群，k – 核不一定是具有高度凝聚力的子样，但是它们表现出与派系类似的性质①。

9.2.2.3　块模型

怀特提出了块模型，表示可以根据成员之间的互动来解释社会结构，将复杂网络简化成矩阵样子的块模型。块模型分析方法是利用了结构对等性对行动者进行分类。一个块模型是指把一个网络中的各个行动者按照一定标准分成几个离散的子集，这个子集可称为聚类、块等；考察每个位置之间是否存在关系，即一个块就是邻接矩阵的一部分，是一个整体中的子群体。对块模型的分析主要从个体层次、位置层次以及整体层次上进行描述。

在块模型中，CONCOR 是一种常用的迭代相关收敛法。它基于如下事实：如果对一个矩阵中的各个行（或者列）之间的相关系数进行重复计算（当该矩阵包含此前计算的相关系数的时候），最终产生的将是一个仅由 1 和 – 1 组成的相关系数矩阵。进一步说，我们可以据此把将要计算的一些项目分为两类：相关系数分别为 1 和 – 1 的两类。

具体来说，CONCOR 程序开始于一个矩阵，首先计算矩阵的各个行（或者各个列）之间的相关系数，得到一个相关系数矩阵（C1）。CONCOR 算法的特点是，它把系数矩阵 C1 作为输入矩阵，继续计算此矩阵的各个行或者各个列之间的相关系数。即计算第一个系数矩阵 C1 的各个行（或者各个列）之间的相关系数。得到的各个"相关系数"将构成一个新的系数矩阵 C2。然后继续依次计算，最后得到"相关系数的矩阵"。

经过多次迭代计算之后，CONCOR 利用树形图（tree-diagram 或者 dendrogram）表达各个位置之间的结构对等性程度，并且标记出各个位置拥有的网络成员。CONCOR 的分析对象是相关系数矩阵，它包含的是皮尔逊积距系数，这

---

① 刘军：《整体网分析讲义：UCINET 使用指南》，格致出版社 2009 年版。

种系数用来测量各对行动者之间的相似性。利用 CONCOR 进行分析时，在最后的结果中每个区中的行动者最好大于 3 个。CONCOR 法也可以直接分析多元关系数据以及多值关系矩阵①。

9.2.3 个体：中心性分析

中心性分析是社会网络分析中应用最广的分析方法，中心性代表个人或组织在其社会网络中具有怎样的权力，或者说居于怎样的中心地位。中心性分析包括个体中心度（centrality）和网络中心势（centralization）。个体的中心度测量个体处于网络中心的程度，反映了该点在网络中的重要性程度。具体来说，作为节点的个体在网络中的中心性越大，说明这个个体在网络中就越处于中心地位。网络中心势表示整个网络中各个点的差异性程度。根据计算方法的不同，中心度和中心势都可以分为三种：点度中心度/点度中心势、中间中心度/中间中心势、接近中心度/接近中心势。

1. 点度中心度/点度中心势。

点度中心度表示网络中某个节点与其他节点相连的个数，即在一个社会网络中，与该行动者有联系的其他行动者的个数。依据此原理，表示的个体中心度就是点度中心度，它测量的是该行动者在网络中所处地位的重要性。点度中心度越大，则表示该行动者越居于中心地位。点度中心势指的是网络中点的集中趋势，用该网络中最大的中心度数值与任何其他点的中心度做差，再计算差值的总和，用总和除以各个"差值"总和的最大可能值。

2. 中间中心度/中间中心势。

中间中心度用来刻画在网络中，一个行动者处于其他行动者之间起到中介的作用，这个行动者具有控制其他行动者之间的交往能力。若该行动者作为中介的次数越多，代表它的中介性越高，可以认为，该行动者居于重要地位。依据此原理，表示行动者个体中心度的指标是中间中心度，它测量的是行动者对资源控制的程度。一个行动者在网络中占据这样的位置越多，就越代表它具有很高的中间中心度，就有越多的行动者需要通过它才能发生联系。中间中心势也是分析网络整体结构的一个指数，其含义是网络中中间中心度最高的节点的中间中心度与其他节点的中间中心度的差距。该节点与别的节点的

---

① https://blog.csdn.net/NIeson2012/article/details/46514815。

差距越大，则网络的中间中心势越高，表示该网络中的节点可能分为多个小团体，而且过于依赖某一个节点传递关系，该节点在网络中处于极其重要的地位。

3. 接近中心度/接近中心势。

接近中心度代表接近程度，行动者越靠近中间，较少依靠其他行动者，也就是说，它衡量的是网络中的行动者不受他人控制的能力。依据此原理，表示行动者个体中心度的指标是接近中心度。一个节点比其他节点距离网络中都近，那么这个点的接近中心度就比较高，这个节点就处于网络中心，可以快速到其他节点[1]。换言之，一个行动者通过比较短的路径与其他行动者相连，则该行动者具有较高的接近中心度。接近中心势则表示社会网络的接近集中趋势，对一个社会网络来说，接近中心势越高，表明网络中节点的差异性越大，反之，则表明网络中节点间的差异越小。三种中心度的计算公式汇总如表 9 – 1 所示。

此外核心—边缘结构分析也是社会网络分析的重要指标之一。核心—边缘（core-periphery）结构分析的目的是研究社会网络中哪些节点处于核心地位，哪些节点处于边缘地位。简单来说，核心边缘结构分析是对网络中个体的位置进行量化分析，确定个体在网络中所处的位置以及个体的重要性。找出在网络中处于中心地位的学习者以及及时发现处于边缘地带的学习者。核心边缘结构分析具有较广的应用性，可用于分析精英网络、科学引文关系网络以及组织关系网络等多种社会现象中的核心—边缘结构[2]。

根据关系数据的类型，核心—边缘结构有不同的形式。关系数据模型分为定类数据和定比数据，这两种数据类型都是统计学中的基本数据类型，定类数据用类别来表示，无法用来计算，而定比数据是用数值来表示，可以进行数学计算。定类数据可以构建离散的核心—边缘模型；定比数据可以构建连续的核心—边缘模型。离散的核心—边缘模型根据核心成员和边缘成员之间关系的有无及关系的紧密程度，又分为核心—边缘全关联模型、核心—边缘无关模型、核心—边缘局部关联模型。

---

① 廖芷源、汤志康、李春英、汤庸、潘家辉：《社交化在线课程平台学习者交互行为研究》，载《计算机与数字工程》2020 年第 12 期。

② https：//blog. csdn. net/forever1dreamsxx/article/details/7992356。

表 9 - 1　　　　　　　　　　　　　　公式汇总

项目	点度中心度	中间中心度	接近中心度
绝对点度中心度	$C_{ADi} = d(i) = \sum_j X_{ij}$	$C_{ABi} = \sum_{j<k} b_{jk}(i) = \sum_{j<k} g_{jk}(i)/g_{jk}$	$C_{APi}^{-1} = \sum_j d_{ij}$
相对点度中心度（标准化）	$C_{RDi} = d(i)/(n-1)$	$C_{RBi} = 2C_{ABi}/[(n-1)(n-2)]$	$C_{RPi}^{-1} = C_{APi}^{-1}/(n-1)$
图的中心势	$C_{AD} = \dfrac{\sum_i (C_{ADmax} - C_{ADi})}{(n-1)(n-2)}$ $C_{RD} = \dfrac{\sum_i (C_{RDmax} - C_{RDi})}{n-2}$	$C_B = 2\sum_i (C_{ABmax} - C_{ABi})[(n-1)^2(n-2)]$ $= 2\sum_i (C_{RBmax} - C_{RBi})(n-1)$	$C_B = 2\sum_i (C_{ABmax} - C_{ABi})[(n-1)^2(n-2)]$ $= 2\sum_i (C_{RBmax} - C_{RBi})(n-1)$

资料来源：https://blog.csdn.net/lyandgh/article/details/78507253。

（1）核心—边缘全关联模型。网络中的所有节点分为两组，其中一组的成员之间联系紧密，可以看成是一个凝聚子群（核心），另外一组的成员之间没有联系，但是，该组成员与核心组的所有成员之间都存在关系。

（2）核心—边缘无关模型。网络中的所有节点被分为两组，其中一组的成员之间联系紧密，可以看成是一个凝聚子群（核心），另外一组成员之间则没有任何联系，并且同核心组成员之间也没有联系。

（3）核心—边缘局部关联模型。网络中的所有节点分为两组，其中一组的成员之间联系紧密，可以看成是一个凝聚子群（核心），另外一组成员之间则没有任何联系，但是它们同核心组的部分成员之间存在联系。

核心—边缘既可以分析个体的基本特性，也可以用来分析小团体内部的基本结构，用处非常广泛。

9.3　社会网络分析工具

社会网络分析研究逐步深入，在进行分析时需要大量的矩阵运算，由此多种社会网络分析工具也得到了蓬勃发展。目前，用于社会网络分析的计算机辅助工具非常多，常用的有 UCINET、Pajek、Gephi 、SNAPP、Node XL、Net - Miner。这些社会网络分析软件，不仅可以大大提高社会网络分析的分析效率和准确性，而且还提供了多种可视化的技术支持，使得社会网络分析结果更具客观性和直观性。常见软件的比较分析如表 9 - 2 所示。

表 9 - 2　　　　　社会网络分析软件比较

基本信息	UCINET	Pajek	Gephi	SNAPP	Node XL	Net - Miner
运行平台	Windows/ Linux/Mac	Windows/ Linux/Mac	Windows/ Linux/Mac Java 环境	基于 Java 的浏览器	微软 Excel 扩展	Windows
付费类型	付费	非商用可免费	免费	免费	免费	付费
源代码	不开放	开放	开放	开放	开放	不开放
网络规模	中型	超大型	大型	中小型	中型	中型
可视化	包括 NetDraw	有	有	有	有	有

续表

基本信息	UCINET	Pajek	Gephi	SNAPP	Node XL	Net – Miner
基本功能	1－模及 2－模数据分析、矩阵代数和多元统计分析	有向、无向和混合网络、多关系网络、动态网络分析	探索性数据分析、链接分析、社交网络分析和生物网络分析	自我中心社会网络分析、小团体分析、中心度分析	常见社会网络计算	结果分析、聚类分析、多维量表等
分析目标	综合型	大数据可视化	复杂网络分析、动态网络	LMS 学习论坛	社会网络媒体	可视化分析
分析类型	基于过程的分析、网络描述分析	基于过程的分析、描述分析	网络描述分析、基于过程的分析	网络描述分析	网络描述分析	基于过程的分析、网络描述分析
统计分析	支持简单统计到拟合 p1 模型在内的多种统计程序	支持少数基本的统计程序	支持	不支持	支持	支持描述性统计、ANOVA、相关和回归
优势	使用简单，综合性高，含 Pajek、Mage、NetDraw	大数据可视化，图功能强大，区分不同的网络亚结构	布局算法丰富，实时动态分析，较强的多媒体展示功能	可视化实时网络交互，支持多种主流 LMS 和浏览器，使用方便	交互式网络、数据导入具备良好的兼容性，自动生成子图	可视化功能突出（3D），将分析与可视化结合

　　本书重点选取了 UCINET 进行详细介绍，UCINET 是一种功能强大的、最常被使用的处理社会网络数据的综合性分析软件。UCINET 能够处理的原始数据为矩阵格式，提供了大量数据管理和转化工具。可将数据处理后输出至与其捆绑在一起的 Pajek、Mage 和 NetDraw 等软件中实现网络可视化。它包括大量的网络分析指标：基于过程的分析，如聚类分析、核心边缘结构分析、多维标度等；网络分析，如凝聚子群、中心度分析、个体网络分析等；多元统计分析工具，如多为量表、对应分析、因子分析、针对矩阵数据的多元回归等。具有强大的矩阵分析程序。软件界面如图 9－3 所示，在后续章节中将利用该工具结合具体的数据做相应的案例分析。

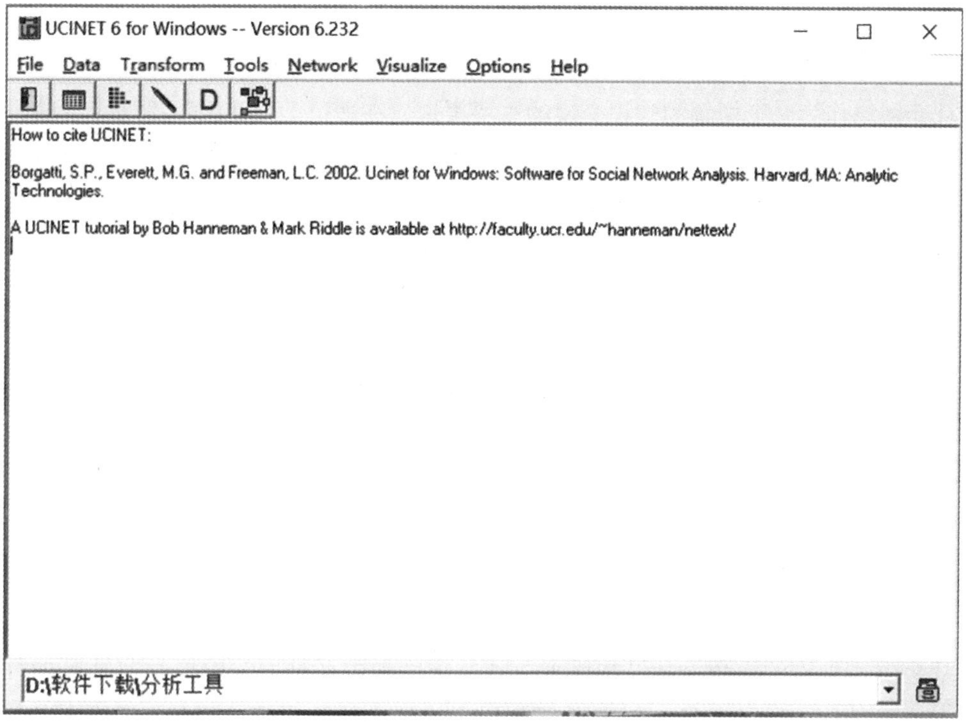

UCINET 6 for Windows -- Version 6.232   — □ ✕

File   Data   Transform   Tools   Network   Visualize   Options   Help

How to cite UCINET:

Borgatti, S.P., Everett, M.G. and Freeman, L.C. 2002. Ucinet for Windows: Software for Social Network Analysis. Harvard, MA: Analytic Technologies.

A UCINET tutorial by Bob Hanneman & Mark Riddle is available at http://faculty.ucr.edu/~hanneman/nettext/

D:\软件下载\分析工具

图 9 - 3   UCNET 软件界面

9.4   应 用 案 例

社会网络分析的应用可分为三个层次：宏观层次上，通过整体网络密度考察网络属性；中观层次上，通过凝聚子群分析揭示子群聚类，将大的网络划分为小的群体进行研究；微观层次上，通过中心度分析衡量节点在网络中所处的位置、重要性，来描述个体特征。社会网络分析方法在教育领域的应用也主要从这三方面展开，本书将在已有研究的基础上，结合实际案例讨论社会网络分析的具体应用。

9.4.1   基于整体网络的虚拟学习社区结构分析

随着"互联网＋"教育的普及和深入，以微信端、网页端为代表的虚拟学习社区已成为师生协商讨论、交流互动、分享知识的重要平台。在虚拟学习社区中，学习者进行知识共享，每一个学习者都是学习社区中的一个节点，并与其他学习者进行联系，向其他个体传播知识，虚拟学习社区形成了一张巨大的网络。社会网络作为一个资源和知识交换的主要渠道，在虚拟学习社区中扮演了支撑设备的角色。可以说社会网络已成为虚拟学习社区研究中的核心要素[①]。社会网络分析方法可以使我们更关注虚拟学习社区中的参与者的关系和关系图式，更加清晰地理解在已经完成的教育模式中发生了什么，可以更方便地发现社区成员的新的行为图式、新的社会应用和来自新结构的成果。由此，社会网络分析甚至可以支持我们预测、计划和设计更好的虚拟学习社区的社会或技术的功能与环境[②]。

近年来，研究者们针对如何构建理想的虚拟学习社区进行了大量研究，而虚拟学习社区与社会网络分析紧密联系，通过整体网络密度分析等方法，可以得出，在宏观层次上虚拟学习社区的关系模式是一个具有多通路、多层次的结构复杂网络，具有低密度、高互惠性、高连通性的特点[③]，若能寻求到相关的策略去引导理想虚拟学习社区社会网络的形成，使其利于信息的流通、知识的建构，对虚拟学习社区的构建实践无疑是有指导意义的[④]。梁银英等学者基于社会资本理论的视角，从结构维度、认知维度和关系维度对虚拟学习社区的社会网络结构进行了考量，制定了虚拟学习社区的构建原则。王艳与李玉斌[⑤]基于社会网络分析，研究了社会型虚拟学习环境，以新浪 UC 网络社区为例，对社会性虚拟社区学习动力机制问题进行了探讨，分析了学习兴趣调动的网络密度、挖掘学习领袖的中心性以及学习团队发展的小团体三要素，从而为更好地构建教育类虚拟学习社区提供建议。

此外，还有学者借助 UCINET 对该虚拟学习社区的社会网络密度、社区结构以及中心性进行分析，发现虚拟社区整体网络以及成员间存在的问题，并有针对性地提出重视虚拟学习社区的运用和模块功能建设，引导学生积极参与社区互动交流，进行有效知识贡献以提高知识共享程度[⑥]。研究网络互动影响因素[⑦]，分

---

① 赖文华、叶新东：《虚拟学习社区中知识共享的社会网络分析》，载《现代教育技术》2010 年第 10 期。

②③ 王陆：《虚拟学习社区的社会网络分析》，载《中国电化教育》2009 年第 2 期。

④ 梁银英、王海燕：《虚拟社区社会网络构建策略》，载《中国电化教育》2011 年第 10 期。

⑤ 王艳、李玉斌：《虚拟社区学习动力机制研究——以新浪 UC 网络社区为例》，载《中国电化教育》2011 年第 1 期。

⑥ 罗丹：《校园教育辅助类虚拟学习社区知识共享的社会网络分析》，载《西昌学院学报》（自然科学版）2017 年第 1 期。

⑦ 袁华文：《虚拟学习社区中网络互动影响因素及策略研究》，载《中国教育信息化》2016 年第 24 期。

析虚拟学习社区中网络互动的影响因素并提出相应的策略，从而提高虚拟学习社区中的网络互动参与度与活跃度。在梳理已有研究的基础上，本书将结合具体实际案例来更好地帮助理解社会网络分析方法在教育领域中的应用。

本书主要以某高校教育学院《量化研究方法》这门课程选课的学生作为研究对象，这门课的学生包括现代教育技术、教育学、教育经济与管理专业的部分学生（男生 3 人、女生 27 人，共 30 人）。在上课期间，学习者按照学习需求登录平台浏览课程、参与线上讨论、完成相关作业，并通过微信群进行交互讨论，任课教师以及助教将根据参与情况给予分数。班级微信群以及教学平台上的数据为两大主要来源渠道，在数据统计时，用 1、2、3 等数字代表学生的姓名，采用 2 - 模有向矩阵方式来研究，将该课程的相关数据汇总到 Excel 表格中，并借助前文详细介绍过的 UCINET 软件对相关数据进行分析。在 UCINET 软件中选择"数据"—"输入"—"Excel 矩阵"得到数据矩阵，如图 9 - 4 所示，保存为"数据分析"。

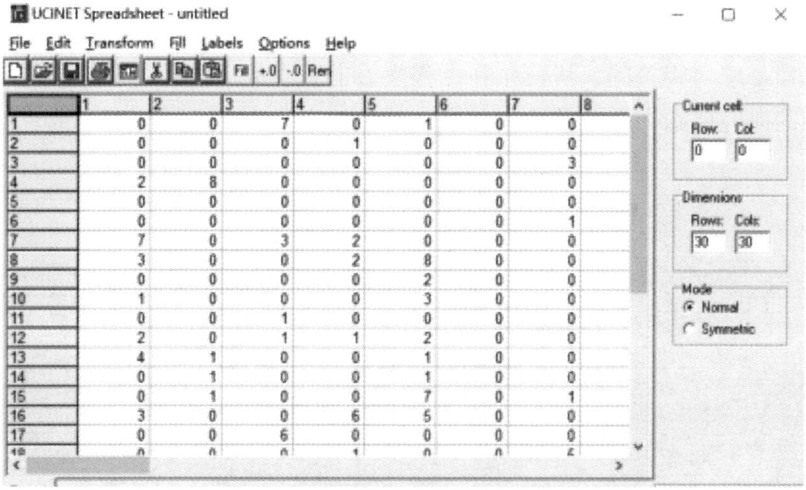

图 9 - 4　数据矩阵

为了解该课程中学生联系的紧密程度，是否存在明显小团体分布的可能性，首先对该课程整体网络的网络密度进行分析。整体网密度是衡量网络内学生间交互程度的指标，网络密度越大，学生之间的交往越密集。基于该课程的社会网数据矩阵，运用 UCINET6.0 软件，选取"Network"—"Cohesion"—"Density"—"Density Overall"以及"Distance"分析，在弹出的对话框中保存好"数据分析"矩阵，得出属性值如表 9 - 3 所示。

表 9 - 3   网络密度

属性名称	density（matrix average）	average distance
属性值	0.7402	2.504

密度取值范围在 0 ~ 1 之间（0 代表网络成员间没有任何交往，1 代表网络中每两个成员间都有交往），由表 9 - 3 可知，该课程密度属性值为 0.7402，表示群成员整体交互程度尚可。平均距离为 2.504，说明每两个节点间平均要经过 2.504 个成员，才能将信息传达给另一个节点的成员，在这个网络中属于较远距离范围。综合分析表明，该班整体联系程度不算太紧密。

由于本实证研究的关系数据是有向图数据，因此，生成的整体网络关系图也分为交互的主动者与被动者，事实上，此群体中的任何一个学习者都存在两种角色的可能性。从图 9 - 5 中，我们可以直观地看到，该课程中的学习者的交互并不是非常紧密，只有个别同学之间的交互比较频繁，这与该课程为研究生的课程是密切相关的，研究生在课程学习上之间的交流并不频繁，课下专注于各自的研究课题，针对课程上的交流就比较少。

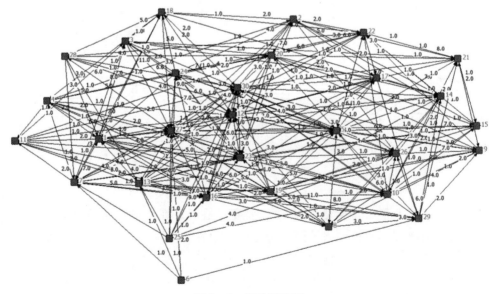

图 9 - 5　整体网络图

9.4.2　基于小群体分析的同伴协作学习的探索

计算机支持的协作学习（CSCL），研究计算机网络支持下的小组内部的交互过程，从横向和纵向两个维度进行分析，横向的关系构成和纵向的关系演化[①]。混合学习社群（blended learning communities）是指恰当选择与混合运用各种学习理论、学习资源、学习环境、学习策略中的有利因素，使学习者结成学习社群，学习者通过现实时空与网络虚拟时空的群体互动，以促进学习绩效的最优化[②]。社会网络分析在中观层次上可以通过凝聚子群分析，划分学习者之间的群体，找出学习小团队，可以用来有效分析协作学习如计算机支持下的协作学习或混合学习社群中的协作学习，通过建立行动者之间交往关系的模型，分析协作学习中的社会网络结构，来描述群体关系的结构，并分析它对群体功能或群体内部个体的影响。在中观层次上，若干凝聚子群的互动关系形成的社会网络构建成虚拟学习社区，通过分析可以找到参与度最高、最活跃的成员群。同伴支持推荐通过社会网络分析中的凝聚子群分析，通过对学习者之间的交互行为分析找出学习者所在的学习群体，当学习者遇到困难时，可以为学习者推荐伙伴，以寻求同伴支持，从而解决面临的问题[③]。根据学习者在论坛中的讨论内容信息和社会网络信息，分析学习者之间关系强弱、行为特征为学习者推荐伙伴，以解决在线学习低完成率问题[④]。

社会网络分析认为一个群体是由更小子群（小团体）组成的，这些子群是个体间具有较强的、紧密的、积极关系的小集合。凝聚子群分析是一种最典型的社会网络子结构分析方法，其优点是能够简化复杂的整体社会网络结构，使研究者找到相互联系比较紧密的、具有凝聚力的小团体及其相互关系，从而更有力和更简洁地可视化表征网络结构。根据前文选取的研究数据，进一步对该社区中的同伴学习分析进行研究。在此主要采用的是派系分析，派系是最基本的凝聚子群概念，其成员之间的关系都是互惠的。基于之前建好的数据矩阵，

①　马志强、管秀：《面向多维关联的社会认知网络分析——协作学习交互研究的新进展》，载《远程教育杂志》2020 年第 6 期。

②　林晓凡、胡钦太：《社会网络分析视角下的混合学习社群协作策略研究》，载《现代教育技术》2014 年第 24 期。

③　刘三女牙、石月凤、刘智、彭晛、孙建文：《网络环境下群体互动学习分析的应用研究——基于社会网络分析的视角》，载《中国电化教育》2017 年第 2 期。

④　Bin Xu and Dan Yang. Study Partners Recommendation for x MOOCs Learn ers［DB/OL］. https：//www. hindawi. com/journals/cin/2015/832093/，2015－01－12.

利用 UCINET，选取 "Network" — "Subgroups" — "Cliques" 分析。

从图 9-6 派系图中可以看出，该课程形成了两大部分，一部分联系紧密，另一部分比较分散。其中 1 号、6 号、10 号、13 号、14 号、15 号、17 号、19 号、21 号、24 号、25 号、27 号、28 号、29 号同学是属于同一类的。这 14 名同学是同一个专业，平时交流比较多，对问题的看法很相似，经常互相交流。这与该课程中包含多个专业的学生相关，同专业的人联系是比较紧密的，不同专业之间联系较分散。

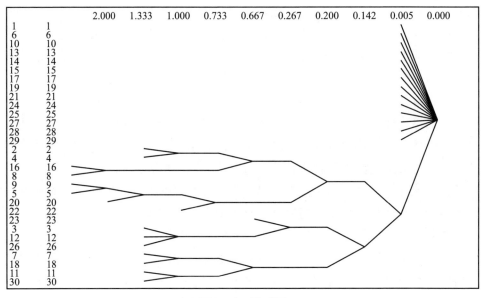

图 9-6 派系图

图 9-7 派系图中显示该网络中存在十个派系。每个派系代表关系特别紧密的一小群人，可以结合成一个次级协作团体，它反映了小组协作学习的兴趣差别。其中可以看到成员 5 隶属于多个派系，表明他与多名成员都建立了良好的互惠关系，在整个课程学习中占了主导地位，可以担任小组不同任务的负责人，在良好的沟通协作基础之上大大提升了小组的整体学习效率。另外，图 9-7 中还展示出不同成员之间共同隶属的派系，他们在日常学习中沟通较多。

10 cliques found.

1: 5 9 16
2: 5 9 20
3: 5 8 16
4: 5 12 23
5: 5 20 22
6: 2 4 20
7: 3 12 26
8: 4 8 16
9: 7 18 30
10: 11 12 30

图9-7 派系

9.4.3 基于中心性的学习行为分析

信息技术和教育的融合不断加速教育的变革，在线教育已成为当今教育发展的研究热点，在线学习为学习者之间、学习者与教师之间、学习者与学习资源之间的深度交互提供了可行性，学习者会依据学习需求通过在线学习系统，形成一个学习网络，每一个学习者都是学习网络中的一个节点，学习者之间的交互行为能够反映出学习者、教师、学习资源相互之间的关系，关系又是社会网络分析的研究基础。网络学习是依靠学习者之间的互动来维持和发展的，并在交流互动中建立各种社会交往关系，因而，可以把网络学习看成是某种形式的交互或者参与的过程①。因此，在在线学习环境下，以学生的交互行为数据为基础，运用社会网络分析技术，对学习要素之间形成的社会网络结构特征的演化，以及学习者在网络中所处的位置对学习成效的影响进行研究，对改进我们的教育教学方式、优化学习效果有着重要的意义。

在学习分析领域，基于社会网络分析方法在微观层次上聚焦学习者，研究学习者交互行为，分析学习者的中心性、声望、影响力等，可以评估学习者在网络中的显著性和重要性。石月凤等学者运用社会网络分析方法进行实证研究，揭示在线学习环境中学习者在论坛交互中社会网络的形成和演变，以及学

---

① 胡勇、王陆：《网络协作学习中的社会网络分析个案研究》，载《开放教育研究》2006年第5期。

习者在论坛交互网络中的位置与学习成效之间的具体关系①。学习成效监控与干预是社会网络分析在在线学习行为分析中的另一个应用，将学习交互行为作为评估学习成效的一个指标，对学习者之间的社会网络进行可视化，可以将学习者的学习状态可视化，实现对整个学习过程的实时监控，通过分析社会网络结构能够识别学习活跃者和处于边缘的、潜在辍学风险的学生，老师能进行过程性评价，也能给予实时干预，这些分析结果能够帮助教师提升教学质量，帮助学生提升学习效果②。

通过收集在线学习者之间的交互数据，利用社会网络分析方法分析协作学习过程中学习者之间的交互模式，能有效地评估学习共同体的协作学习水平。捷克奥斯特拉瓦技术大学的研究学者提出了一个评估在线协作学习交互的分层框架，其中，社会网络分析作为一个核心层次通过测量网络密度、个体度中心性、网络度中心性等评估小组交互和参与行为，这不仅能为教师提供一个更好的监控，识别协作学习群体中的活跃者或边缘者，及时给予相应的干预，而且促使学习者对自身的学习活动做出自我调控。

基于前文的研究数据，在前文的基础上进一步地深入分析学习者的学习行为。中心度（centrality）是测量行动者在整个网络中影响力的指标。它用来描述图中任何一点在网络中占据的核心性。当网络中的节点关系建立后，对应的行动者与很多其他行动者之间存在直接联系，那么该行动者就处于中心地位。如果一个点与其他许多点直接相连，就说该点具有较高的点度中心性。运用UCINET6.0软件选择"Network"—"Centrality"—"Degree"，在弹出的对话框中选择"数据分析"矩阵，单击"确定"，即该课程网络中心度分析结果如图9-8所示。

从图9-8中可以看出，5号同学的中心度为63.00，是最高的，而越往下越低。在该课程中5号同学是该课程的课程负责人、主要课程老师与学生之间的主要联系人，提出的问题被其他同学重点关注，也较多发表观点，在整个课程中拥有最多的协作学习关系，在网络中处于中心地位。27号同学的中心度是59.00，位居第二，该同学课上非常积极，与其他同学交流非常多。9号同学和6号同学的中心度均低于20.00，在整个网络中处于边缘地带，

---

① 石月凤、刘三女牙、刘智、韩继辉、彭晛：《基于社会网络分析的在线学习行为分析实证研究》，载《中国教育信息化》2019年第1期。
② 秦婷、徐亚倩、郑勤华：《网络分析方法在网络教育中的应用研究综述》，载《开放学习研究》2020年第2期。

平日学习并不积极。从中心度分析中可以看出，前五名同学在该网络中处于重要位置，是该课程中学习比较活跃的同学，后两名同学存在潜在的学习风险，通过中心度分析，教师可以对学生进行过程性评价。一个人的沟通在整个网络中的中心度值影响这个人在整个网络中的影响力，中心度越高，在群体中的影响力就越大，前五名同学在日常的学习生活中可以去帮助处于边缘地带的同学。

	Degree	NrmDegree	Share
5 5	63.000	19.749	0.057
27 27	59.000	18.495	0.053
30 30	57.000	17.868	0.051
1 1	52.000	16.301	0.047
3 3	50.000	15.674	0.045
24 24	48.000	15.047	0.043
12 12	48.000	15.047	0.043
7 7	45.000	14.107	0.041
16 16	45.000	14.107	0.041
23 23	44.000	13.793	0.040
20 20	43.000	13.480	0.039
22 22	43.000	13.480	0.039
2 2	41.000	12.853	0.037
8 8	38.000	11.912	0.034
4 4	38.000	11.912	0.034
26 26	36.000	11.285	0.032
29 29	34.000	10.658	0.031
19 19	34.000	10.658	0.031
10 10	31.000	9.718	0.028
13 13	30.000	9.404	0.027
11 11	30.000	9.404	0.027
14 14	29.000	9.091	0.026
18 18	27.000	8.464	0.024
28 28	26.000	8.150	0.023
17 17	25.000	7.837	0.023
15 15	24.000	7.524	0.022
25 25	24.000	7.524	0.022
21 21	23.000	7.210	0.021
9 9	18.000	5.643	0.016
6 6	5.000	1.567	0.005

图 9 - 8　点度中心度

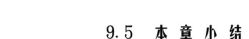

9.5　本章小结

　　社会网络分析是对社会关系进行量化研究的一门学科，是教育学中的一种非常重要的分析方法。本章介绍了社会网络分析的相关概念、相关理论、网络类型以及表示方法，通过这些方面可以帮助读者从整体上认识社会网络分析方法，认识到社会网络分析的方法论原理和研究特点，如在社会网络分析的两种表示方法中，社群图法可以表示社会关系的结构、特征等属性，矩阵法可以对群体关系进行具体分析。本章还介绍了三个层次上社会网络分析的分析指标，其中，整体上借助网络密度可以分析该社会网络中各个行动者之间联系的密切程度；利用凝聚子群分析方法可以将复杂的整体网络分割成多个小团体进行分析，可以用来揭示和刻画群体内部的结构状态，常用的凝聚子群分析方法有派系、k－丛、k－核、块模型；中心性则可以帮助我们认识到社会网络中行动者的位置及其关系，中心性分析包括个体的中心度和网络的中心势，根据计算方法的不同，中心度和中心势都可以分为三种——点度中心度（点度中心势）、中间中心度（中间中心势）、接近中心度（接近中心势）。简单介绍了目前常用于社会网络分析的计算机辅助工具有 UCINET、Pajek、Gephi、SNAPP、NET-DRAW、Node XL、Net－Miner 等，重点介绍了 UCINET。最后本章总结了社会网络分析在教育领域中常见的应用，包括虚拟学习社区构建、同伴协作学习、学习行为分析，并结合案例进行了详细的阐述。

第 10 章

教育数据挖掘的研究前沿与展望

教育数据挖掘在教育领域中的应用将随着各类信息技术与教育教学的融合发展变得更加深入和普遍。各种数据挖掘的技术和方法在持续不断的发展，数据挖掘未来的走向应该引起更多教育领域的有关人员的重视。为了更好地判断教育数据挖掘的方向，有必要对目前教育数据挖掘的研究热点进行分析和掌握。因此，本章将基于前面章节中介绍的有关研究方法，通过对国内外有关教育数据挖掘的研究进行分析，总结出教育数据挖掘的研究前沿与热点。

10.1 教育数据挖掘前沿热点的发现

通过文献计量分析去探究某一领域或某个话题的研究发展的脉络、识别研究热点已经成为目前常用的研究方法。基于国内常用的大型数据库 CNKI 和国际常用的 Web of Science 设置有关的检索表达式，进行数据的收集。本章采用的检索策略在第 4 章中已经进行了详细的介绍，在此呈现的是有关方法的具体应用。此外，本章使用的具体文献数据处理方法，如 TF – IDF 算法、DTM 主题模型等，在前面的有关章节中均已提及，故关于方法的介绍在此不进行过多的赘述。

10.1.1 国内的文献计量分析

信息技术的发展为教育数据挖掘带来了技术上的支持，丰富了教育数据挖掘的实际应用领域和应用场景，随着教育数据挖掘研究的纵深发展，相关研究成果也不断地得到丰富。2012 年被称为 MOOC 元年，MOOC 的兴起在较大程度上促进了教育数据挖掘的发展，使得教育数据挖掘领域的研究走向快速发展期，为了透视国内教育数据挖掘领域的研究动态，将"大数据+教育""数据挖掘+教育""机器学习+教育"为关键词检索条件，在 CNKI 中进行检索，检索时间设定为 2012～2020 年。通过去除重复文献后，最终经筛选后检索到文献共计 3702 篇，有关分析结论如下所示。

10.1.1.1 发文量年度变化趋势

对检索到的数据进行统计分析，得到如图 10－1 所示的结果。由图 10－1 可以看出，2012～2020 年这 9 年间，教育数据挖掘领域的相关文献剧增，且仍处于持续升温的状态，说明教育数据挖掘近年来受到的关注和重视程度越来越高。在 2012 年，有关文献仅有 23 篇，次年便已增加至 72 篇，相关研究以倍数的形式增长，到 2020 年，发表的文献则是 2012 年的 33 倍，反映出国内关于教育数据挖掘的研究在最近几年呈现井喷之势。从趋势上看，2012～2016 年期间，教育数据挖掘的研究数目呈现快速增长的趋势，此后的 2017～2020 年相对之前增长稍微缓慢，但仍呈现逐年递增的趋势，说明教育数据挖掘在国内的发展仍然处于持续不断的上升阶段，未来的教育数据挖掘依旧是当下教育领域十分重要的研究主题。

图 10－1　CNKI 教育数据挖掘相关论文历年分布

资料来源：中国知网（https：//www.cnki.net/）。

10.1.1.2 教育数据挖掘研究热点分析

在以上文献检索结果的基础上，通过对检索文献的摘要进行分词，并采用 TF－IDF 算法对摘要中出现的高频关键词进行统计。如果一个关键词出现的词频权重越高，说明该词语在文献摘要中出现的次数越多，那么该关键词涉及的研究方向则很可能是研究的热点问题。通过分析后得到如表 10 - 1 所示的结果，表 10 - 1 呈现了在国内与教育数据挖掘相关的文献摘要中前 20 个高频关键词的统计结果。

表 10 - 1　　　　　　　　　教育数据挖掘研究高频关键词统计

序号	关键词	词频权重	序号	关键词	词频权重
1	人工智能	0.380	11	应用型	0.023
2	教学模式	0.098	12	网络空间	0.023
3	在线教育	0.061	13	数据处理	0.020
4	远程教育	0.058	14	学习效果	0.020
5	MOOC	0.051	15	分析方法	0.019
6	区块链	0.038	16	职业院校	0.019
7	数据管理	0.037	17	信息时代	0.018
8	思政	0.035	18	数据安全	0.018
9	混合式	0.024	19	教师队伍	0.018
10	党建	0.023	20	信息管理	0.017

从表 10 - 1 中可以看出，首先，关键词"人工智能"的词频权重为 0.380，远高于位于第二的"教学模式"，其词频权重为 0.098，反映出人工智能等信息技术是教育数据挖掘的重要支撑，人工智能技术对教育领域产生深远影响且最受关注。其次，"教学模式""在线教育""远程教育"等关键词的频次相对较高，这些关键词一方面反映出教育数据挖掘所重点关注的相关领域和场景，另一方面也说明信息技术对教育实践中的教学模式确实产生了不可忽视的影响。此外，"数据处理""学习效果""分析方法"等关键词涉及的对海量的教育数据如何处理，涉及的数据分析方法有哪些，对学习效果有着怎样的影响，也是教育数据挖掘领域感兴趣的核心问题。

10.1.1.3　研究趋势与演进脉络分析

对教育数据挖掘领域的研究趋势与演进脉络进行分析，有助于把握该领域研究的发展趋势和前沿热点。通过对摘要中高频关键词的年度变化进行分析，梳理教育数据挖掘领域的研究演进脉络，从而发掘出研究的发展轨迹。分年度高频关键词列表如表 10 - 2 所示。

表 10 - 2　　　　　　　　　　　分年度高频关键词统计

年份	高频关键词	词频权重	年份	高频关键词	词频权重
2012	远程教育	0.384	2017	人工智能	0.211
	学习效果	0.199		教学模式	0.137
	网络资源	0.180		远程教育	0.119
	信息检索	0.173		扶贫	0.082
	分析方法	0.142		MOOC	0.067
2013	学习分析（LA）	0.127	2018	人工智能	0.541
	远程教育	0.103		教学模式	0.085
	教学模式	0.102		扶贫	0.075
	职业院校	0.089		在线教育	0.039
	实验教学	0.089		党建	0.039
2014	MOOC	0.259	2019	人工智能	0.585
	教学模式	0.172		教学模式	0.103
	在线教育	0.163		应用型	0.046
	远程教育	0.107		远程教育	0.041
	网络课堂	0.086		扶贫	0.041
2015	MOOC	0.191	2020	人工智能	0.497
	在线教育	0.098		扶贫	0.086
	教学模式	0.093		区块链	0.067
	本科专业	0.060		思政	0.067
	数据管理	0.057		教学模式	0.055
2016	教学模式	0.123			
	远程教育	0.108			
	在线教育	0.093			
	MOOC	0.067			
	数据管理	0.040			

根据教育数据挖掘每年发文数量的变化与各年度高频关键词的变动，可将教育数据挖掘领域的研究大致分为以下三个阶段：

1. 萌芽阶段（2012～2013 年）。

在教育数据挖掘萌芽阶段，重点关注的内容在"远程教育""网络资源""学习效果""学习分析"等方面，其中，"远程教育"一词自 2012 年起就被频繁关注，直至 2019 年仍为较重要的高频关键词，可见，远程教育一直是教育数据挖掘领域学者们高度关注的研究主题；学习分析（learning analysis）在2013 年突现，表明随着教育大数据的研究兴起，学习分析也成为与教育数据挖掘重点关注的领域。随着教育大数据的继续发展与积累，教育数据挖掘与学习科学两个学术群体也将进一步展开交流与合作，以解决实践中出现的具体问题①。此外，随着大数据时代的到来，"网络资源""信息检索"等词语的出现促进了有关研究的交流合作，由此可见，学者们针对新技术是否能颠覆传统教育以及大数据对教学改革的推进展开初步探讨。

2. 兴起阶段（2014～2016 年）。

在教育数据挖掘的兴起阶段，"MOOC""在线教育"等关键词均于 2014 年出现，且连续几年成为教育数据挖掘领域关注的热点问题。在这段时期中，在线学习发展迅速，其中离不开 MOOC 的兴起和推广。但随着在线学习的发展，其高辍学率、低学生参与度、存在学习孤独感与焦虑感等问题也开始凸显。这些问题的出现，促使研究者应用不同的教育数据挖掘方法寻求解决措施，与其相似的词语有"网络课堂"等。而从"数据管理"一词可以看出，在教育数据挖掘领域，数据管理也是大数据背景下教育数据挖掘需要重点关注的内容。美国统计学会于2014 年 11 月发布了统计学本科专业指导性教学纲要，因此，"本科专业"一词也成为 2015 年的高频关键词，可见大数据时代对人才培养提出了新的要求。

3. 发展阶段（2017 年至今）。

在教育数据挖掘的发展阶段，"人工智能"于 2017 年出现在高频关键词中，并成为 2017～2020 年连续 4 年的研究热点，"区块链"也成为 2020 年的热点话题，可见，在教育数据挖掘领域走向快速发展的时期，学者们着重关注了新技术在教育领域的应用。值得关注的是，信息技术对教育实践的影响与国家的政策息息相关，"扶贫"一词在此主要解释了教育扶贫，信息技术为教育

---

① Linan, L. C., Perez, AAJ. Educational Data Mining and Learning Analytics: Differences, Similarities, and Time Evolution. *International Journal of Educational Technology in Higher Education*, Vol. 12, No. 3, July 2015, pp. 98 - 112.

扶贫带来了更多的机会，为建设公平而有质量的教育提供新的支撑。另外，"党建""思政"等词也反映出在互联网发展背景下，网络技术为"党建"和"思政"教育提供了传播方式创新和教育形式创新。

10.1.1.4 主题聚类及其演化态势分析

动态主题模型（dynamic topic model）是主题模型中常见的一种形式，该模型引入时间维度，使得按时间追踪主题的动态变化情况变为可能[①]。例如，有研究基于DTM对国内外智慧教育研究的热点与主题进行演进比较，得出国内智慧教育研究主题的演化较为分散，国外的体现出了交叉性[②]。采用动态主题模型（DTM），对检索到的教育数据挖掘领域文献其摘要文本进行主题聚类，聚类结果表明，教育数据挖掘领域关心的主题主要包括资源建设、学习分析、辅助教学、远程教育四个方面，如表 10-3 所示。

表 10-3　　　　　　　　　　　　主题聚类结果

资源建设	学习分析	辅助教学	远程教育
服务体系	分析方法	人工智能	MOOC
资源管理	追踪	技术手段	在线教育
信息	演化	Web	远程教育
发展性	聚类	大数据	教学模式
学科建设	统计分析	融合	网络空间
认识论	数据处理	网络化	学习效果
信息安全	计算技术	多模态	实效性
数据	学习	虚拟现实	教育网络
个性化	评估	工具理性	学习效果
模式	优化	教学	信息时代

第一，在资源建设方面，代表关键词有"服务体系""资源管理""信息""发展性""学科建设""认识论""信息安全""数据""个性化""模式"等。该类的关键词主要体现了大数据时代信息与数据呈现出井喷式爆发，与此同时，信息资源的建设与发展成为要点。在发展的同时，也伴生出了"个性

---

① Blei D. M., Lafferty J. D. Dynamic Topic Models. Proceedings of the 23rd International Conference on Machine Learning. ACM. June 25 2006.

② 董伟、陶金虎：《基于DTM的国内外智慧教育热点和主题演进比较》，载《现代教育技术》2019年第7期。

化""信息安全"等新的需求。

第二，在学习分析方面，代表关键词有"分析方法""追踪""演化""聚类""统计分析""数据处理""计算技术""学习""评估""优化"等。该类关键词反映出教育数据挖掘、机器学习等技术在学习分析中发挥着巨大作用，预示着在追踪海量数据的基础上，通过教育数据挖掘手段进行统计分析，从而实现智能化成为可能。这些学习分析方法可应用于教育评估、教学效果优化、教学模式改革中，可能代表着未来教育的潜在模式。

第三，在辅助教学方面，该方面的关键词有"人工智能""技术手段""Web""大数据""融合""网络化""多模态""虚拟现实""工具理性""教学"等。基于大数据技术、人工智能、虚拟现实等新技术带来的学习模式给教育带来的巨大变革，推进教育与技术的融合，以及在融合过程中对工具理性与价值理性的探讨。

第四，在远程教育方面，该方面的关键词有"MOOC""在线教育""远程教育""教学模式""网络空间""学习效果""实效性""教育网络""学习效果""信息时代"等。该方面包含了远程教育领域的各类研究热点，包括MOOCs及其应用、远程教育技术与媒体、远程教育教学模式的改革与创新等。

基于上述四类主题特征，绘制了各类主题关键词在各年份的趋势图，如图 10-2 所示。横轴表示时间，纵轴表示主题强度，主题强度指每个主题在某时刻被生成的概率，一般被用于描述主题的受关注度或活跃度。从图 10-2 中可以看出，资源建设方面的主题受关注度较为稳定，但活跃度不高，各年数值较为均衡。辅助教学方面的主题关注度始终在上升，其原因是人工智能和大数

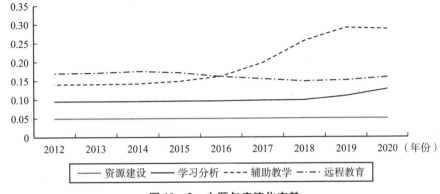

图 10-2　主题年度演化态势

据等技术的迅速发展，对于智慧课堂和智能教育相关技术产生持续而深远的影响。在外部相关技术变革的引导下，辅助教学主题的关注度快速增长，并于2019年到达巅峰。学习分析方面的关注度较资源建设而言较高，且在近两年呈现上升趋势。远程教育领域的主题也较为稳定，且关注度各年均较高。学习分析与远程教育主题均在2020年呈现小幅上升。

根据以上对教育数据挖掘领域文献的梳理，结合近年来人工智能技术、VR技术、自适应学习等方面的发展，进一步对今后教育数据挖掘的研究趋势进行探讨。主要分为两个方面，一方面，从主题聚类结果而言，计算机辅助教学将是近年来教育数据挖掘的研究热点。大数据技术、人工智能、虚拟现实等技术与教育的融合是学者最关注的研究方向。而远程教育与学习分析领域的研究也呈现上升趋势。资源建设方面，学者也更加关心大数据时代下"个性化""信息安全"等新的需求。另一方面，从关键词分析结果来看，人工智能与区块链成为近年来的热点。此外，除去学者们持续关注的远程教育相关研究热点以外，从"职业院校""就业"等词语可以看出，国内的学者也关注到了在大数据时代数据挖掘相关人才短缺的情况下，如何充分发挥职业教育培养技术型人才的功能。

10.1.2　国外文献计量分析

在检索方法上，与国内分析教育数据挖掘研究前沿热点保持一致，在 Web of Science（WOS）平台上以"Big Data + Education""Data Mining + Education""Machine Learning + Education"为检索词进行文献检索，检索时间区间为 2012 ~ 2020 年，共检索到 8640 篇文献，基于同样的分析方法得出的有关分析结论如下所示。

10.1.2.1　发文量年度变化趋势

某一领域的发文数量可以显示该领域的受关注程度，对教育数据挖掘领域的发文量进行逐年统计分析，可以了解该领域受关注程度的变化情况，2012 ~ 2019 年发文量趋势变化如图 10 - 3 所示。可以发现，2012 ~ 2019 年，教育数据挖掘领域的有关研究成果在逐步递增，但 2018 年的增长较为快速，呈现拐点式增长，且从整体研究成果的发展趋势可以预见，在未来几年中，随着大数据、人工智能、在线教育的发展，教育数据挖掘领域会持续受到关注。

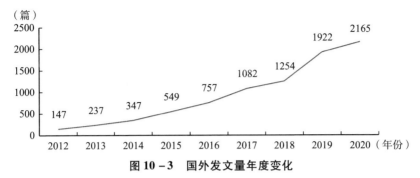

图 10 - 3　国外发文量年度变化

资料来源：web of science（https：//www. web of science. com/）。

10. 1. 2. 2　教育数据挖掘研究热点分析

借助 jieba 分词技术和 TF - IDF 算法对国外文献摘要热点关键词进行统计分析，研究结果如表 10 - 4 所示，该表展示了前 20 个高频词。可以发现，"education" 和 "mining" 作为必备的检索词，其频率排在前两位，"learning" "information" "results" "performance" "teaching" "knowledge" 等与教学、学习、学生表现相关的词出现的频率较高，这反映出教育数据挖掘主要可以从多个维度进行数据的获取，并可以在多个实践方面进行改进和创新。另外，"model" "machine" "algorithm" "method" "technology" "techniques" 等与技术、方法相关的词出现的频率也相对较高，这说明教育数据挖掘的相关技术与方法的应用也是学者们关注的重点。

表 10 - 4　　　　　　　　　　教育数据挖掘高频词统计结果

序号	关键词	词频权重	序号	关键词	词频权重
1	education	0. 121172488	11	machine	0. 043937238
2	mining	0. 112910727	12	mining	0. 043347554
3	information	0. 101895047	13	teaching	0. 038479771
4	learning	0. 093633286	14	method	0. 037693525
5	system	0. 089043419	15	knowledge	0. 034086047
6	results	0. 069765978	16	process	0. 033022303
7	research	0. 064258138	17	technology	0. 032062621
8	model	0. 05691435	18	training	0. 031704186
9	algorithm	0. 050488537	19	online	0. 027946396
10	techniques	0. 04589867	20	proposed	0. 027807647

10.1.2.3 研究趋势与演进脉络分析

对国外教育数据挖掘领域的相关文献进行研究趋势与演进脉络的分析可以把握国外该领域研究的发展趋势和前沿热点，分年度高频关键词列表如表 10－5 所示。

表 10－5　　　　　　　　　　　　分年度高频关键词统计

年份	高频关键词	词频权重	年份	高频关键词	词频权重
2012	mining	0.113	2017	method	0.0384
	model	0.057		teaching	0.0382
	algorithm	0.050		knowledge	0.0374
	techniques	0.046		machine	0.0336
	knowledge	0.039		management	0.0329
2013	mining	0.092	2018	big data	0.0602
	information	0.072		results	0.0513
	results	0.054		mining	0.0489
	performance	0.052		machine	0.0408
	knowledge	0.043		teaching	0.0351
2014	learning	0.141	2019	model	0.0578
	mining	0.077		results	0.0558
	results	0.055		performance	0.0495
	performance	0.052		machine	0.0484
	model	0.044		evaluation	0.0221
2015	mining	0.067	2020	proposed	0.0287
	model	0.064		online	0.0273
	information	0.062		intelligence	0.0271
	performance	0.051		mining	0.0263
	educational	0.049		management	0.0253
2016	big data	0.066			
	results	0.054			
	performance	0.049			
	teaching	0.040			
	technology	0.038			

结合发文量年度变化趋势与各年度高频关键词的变动，将教育数据挖掘领域的研究大致分为以下三个阶段。

1. 初步发展阶段（2012 年）。

2012 年的高频关键词中，"mining""model""algorithm""techniques" 等与技术相关的词出现的频次较高，这说明在该阶段，国外的教育数据挖掘领域的学者比较关注数据处理技术在教育领域的应用，着重研究数据挖掘技术在教育领域的可行性。早期国外的学者们将数据挖掘技术应用在教育领域的尝试为教育数据挖掘研究的发展奠定了基础，使得未来学者进行与教育数据挖掘技术促进教学活动开展的相关研究成为可能。

2. 深入发展阶段（2013 ~ 2016 年）。

2013 ~ 2016 年这五年间，"information""results""performance""knowledge""teaching" 等与实际教学活动相关的词成为高频词，说明在这一阶段，国外学者们不再纯粹关注数据处理技术在教育领域的应用，而是将研究的重心放在教育数据挖掘技术在改善教师教学、提升学生学业表现等实际应用价值层面。教育数据挖掘技术的实践价值是教育数据挖掘研究的动力，例如，利用教育数据挖掘技术可以对学生学习进行诊断、评估，并生成个性化的学习方案。

3. 多元化发展阶段（2017 ~ 2020 年）。

从 2017 年起，出现了很多新兴词汇，如"machine""management""evaluation""proposed""intelligence""online" 等，说明教育数据挖掘研究在国际上自 2017 年以后呈现多元化的发展趋势。此外，随着机器学习、人工智能的兴起，教育数据挖掘应用的场景也更加广泛，例如，国外学者们在教育数据挖掘技术应用于课程资源管理与推荐、智能评价、教育决策等方面均有研究。随着数据挖掘技术的成熟，教育数据挖掘应用的场景将越来越广泛，教育数据挖掘技术发挥的作用也将日益显著，该领域的蓬勃发展也需要相关学者进行深入的研究。总体来说，教育技术挖掘领域的研究前景广阔。

10.1.2.4　主题聚类及其演化态势分析

如前文所介绍，DTM 主题模型能够对文本进行降维处理，以此来发现大规模文本中隐含的主题类别，使得理解文本集中讨论的内容变得容易。本书运用 DTM 对 2012 ~ 2020 年教育数据挖掘领域文献的摘要部分进行主题聚类，研究结果如表 10 - 6 所示。表 10 - 6 展示了各主题词下的词频前十位的词语，可以发现，国外教育数据挖掘研究可以分为三个主题："学习过程分析""智能评价""资源开发与管理"。其中，"学习过程分析"主题包含的词语主要有"education""learning""process""big""data""teaching""learners"等，这表明"学习过程分析"研究主题下的学者们主要关注数据挖掘在教学实践活动中的应用，将数据挖掘与实际的教育场景相结合，让技术辅助教学，改善学生的学习体验。"智能评价"主题下的词语主要有"intelligence""evaluation""user""algorithms""platform""performance"等，这反映国外学者对智能评价的关注主要集中在用智能技术实现教育数据的收集、处理与分析，使得教育评价走向智能化、综合化、客观化。"资源开发与管理"主题下的词语主要有"resource""services""management""sharing""development""material"等，这说明研究该主题的学者们关注在线教育和智慧教育资源的开发、管理、服务与共享，数智时代，教学形式的多元化，不同教育情境下资源的建设以及相关数据获取与分析已经成为数据挖掘相关研究者们关注的重点。

表 10 - 6   主题聚类结果

学习过程分析	智能评价	资源开发与管理
education	intelligence	resource
learning	evaluation	services
process	user	management
big	algorithms	sharing
analysis	platform	development
information	performance	material
teaching	guidance	video
design	classification	models
data	indicators	techniques
learners	machine	library

基于主题聚类的结果，绘制了各主题词的主题强度随时间的变化情况，如图 10 - 4 所示。可以看出，与学生表现相关的"智能评价"主题的关注度最高，并有缓慢上升趋势，这说明智能技术赋能教育评价是国外教育数据挖掘领域学者最为关注的方面，并且受到的关注在逐渐增多。例如，美国先后发布六个国家教育技术计划（national education technology plan，NETP），均强调将信

息技术作为教育评价的技术支撑，改变传统教育评价平面化的状态，使得教育评价向科学化、多元化、综合化发展。另外，"学习过程分析"主题与"资源开发与管理"的热度均低于"智能评价"主题，"资源开发与管理"的关注度随时间无明显变化，而"学习过程分析"主题的关注度在 2013 年和 2020 年出现大幅增加。

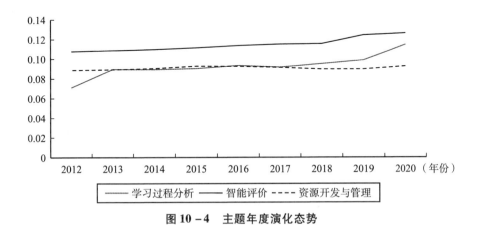

图 10-4　主题年度演化态势

总体来看，国外对教育数据挖掘的研究热度呈上升趋势，研究的重点在"智能评价""学习过程分析""资源开发与管理"等方面。其中，"智能评价"是主要方面，一直保持较高的研究热度，"资源开发与管理"是常态关注点，虽然总体上没有较强的研究热度，但也一直是学者们关注的重点。此外，"学习过程分析"的重要性在日益增加。由此可见，"智能评价""学习过程分析""资源开发与管理"在国外都受到了较大关注。

10.1.3　国内外比较分析

10.1.3.1　整体特点分析

结合国内外文献计量结果对比来看，总结出国内外教育数据挖掘整体上呈现以下几个特点：第一，从发文量年度变化趋势来看，由于国内外发文基数以及研究方向具有差异性，因此，发文量比较上不以绝对数值作为评价标准。但从总体来看，国内外相关研究都呈现了稳步上升趋势，这说明近些年国内外学者都较为关注信息时代下的大数据教育、数据挖掘等研究内容。第二，从数据挖掘研究热点分析来看，国内外都较为重视采用智能技术或算法对教学过程的分析，但关注点有所不同，国内研究更加关注理论的创新，国外研究更加关注技术在实践中的应用。第三，从主题聚类与演化态势分析来看，国内研究文本聚类主题主要表现为资源建设、学习分析、辅助教学以及远程教育等方面，而国外研究文本聚类主题主要表现为学习过程分析、智能评价以及资源开发与管理等方面。

10.1.3.2 研究主题特点分析

在国内外教育数据挖掘关注主题有一定的共性和差异性，具体如下。

首先，从主题分布来看，国内外都较为关注资源建设主题，但侧重点有所不同。但从主体强度来看，其存在一定的差异性。如从主题强度来看，国内对资源建设主题的关注强度平均在 0.05 水平，而国外大致在 0.09 水平上下，这说明国外更加重视大数据时代下数字资源建设问题，国内对资源建设问题关注相对不足，例如，在高等工程教育领域，国外较多学者已经着力利用虚拟现实VR、虚拟增强现实 VAR 等技术打造学生教育课件，组建各类课程配套实验室资源等。从整体变化趋势来看，国内外对资源建设主题的关注都较为常态，并无显著增长或衰减趋势，近些年都呈现了增长态势。从具体内容来看，国内资源建设较为重视服务体系、发展性、学科建设等理论性内容，而国外更倾向services、sharing、development、material、video 等在具体教学实践中的应用与建设。

其次，国内外教育数据挖掘关注的主题存在较为明显的差异性。国内较为强调技术赋能教育，即辅助教学。从纵轴数值来看，辅助教学主题近些年有了较为快速的增长，特别是 2015 年人工智能较为成熟，被较多学者引入学科建设中以后，各类技术被广泛应用。从国内研究主题来看，国内学者较为注重利用人工智能技术、大数据、多模态数据辅助教学过程，并强调该些技术作为工具的价值所在。另外，与国外不同，远程教育也是国内研究领域所关注的，从历史发展脉络上来看，远程教育是移动教育的后续发展，特别是在 2012 年以后 MOOC、SPOC 等在国内较为主流，成为较多学者研究的重点，这也使得其初始主题强度相对较高。然而，随着辅助教学主题中相关智能技术的增长，近些年远程教育热度有所平缓。

而从主题分布来看，国外较为强调智能评价，从主题强度的时间纵轴变化来看，智能评价始终占据优势地位，在三大主题中的主题强度最高，而进一步从该主题的关键词内容来看，国外的智能评价主题的研究主要依托于人工智能、算法等相关的智能技术，且更加注重实际的应用。

10.2　教育数据挖掘的挑战

教育数据挖掘为教育领域带来了一系列的优势。首先，相较传统教育核心内容挖掘方法，智能时代的教育数据挖掘更具"智慧"和"便捷"，较大程度上减少了科研工作者的数据分析过程；其次，智能时代的教育数据挖掘可以处理规模更大的数据，更易于发掘特征或特征间的潜在关系规律；再次，智能时代的教育数据挖掘突破了"自上而下"的传统研究束缚，进一步推动了"自下而上"的新范式；最后，智能时代的教育数据挖掘更具灵活性，并与大数据、5G、物联网等技术形成了一套相互兼容的体系。尽管教育数据挖掘存在诸多有益之处，同时，也给教育主体和相关研究者带来了许多挑战，本节从技术与思想融合、数据挖掘伦理和信息素养三个方面来进行阐释。

10.2.1　技术与思想融合

教育数据挖掘在教育中的运用面临着诸多的挑战，其中，最大的挑战就是技术与思想的融合。教育是教师与学生之间相互影响、促进学生获得知识的过程。教育活动中包含了诸多要素，在传统的教育领域，不应该过分地将教育数据化、技术化、浅层化和片面化，教育数据挖掘尽管为揭示学习发生的规律提供许多新的可能，但是这样会容易让人将技术过度放大，而忽视其他要素在教育过程中的作用。此外，教育数据挖掘作为新兴领域，其涉及的技术、工具与方法需要一定领域的计算机科学领域的专业知识，这对于教育工作者具有一定的挑战性，教育领域从事不同研究方向的人其接受度和熟悉度也不一样，其合理性、有效性和科学性容易受到传统教育质疑。具体来说，技术与思想的融合挑战体现在以下两个方面。

一是传统教育思想应对数据技术及工具驱动的教育冲击时，其认同及接纳的程度。传统教育思想主张"以人为本"，这一点毋庸置疑，但也不能否认对教育数据进行挖掘的价值和意义。在数据科学时代，数据已经不再是单纯的

"冰冷"数字，而是时刻反映教学状况的行为数据。教学者可以积极使用最新数据挖掘工具来监测教学和学生的学习状况、预测学生发展动向、改善教育实践，还可以根据教学需求，发掘数据背后潜在的关系规律；研究者则不仅可以依赖智能算法对需求研究做数据挖掘，如通过各类人工智能算法对海量数据的一般性特征做个体分析，并对个体特征的一般性规律做进一步整理、抽象或升华，进而形成理论或实践层面的具有指导价值的模型或依据，还可以借助脑电波监测工具、物联网等先进机械实现设备的一体化和过程的实时捕捉分析。随着技术及工具的发展和不断完善，教育数据挖掘已经具备了一定的科学性，在这一发展过程中，就面临着传统教育教学者和研究者对其认同与接纳程度的挑战。

二是来自价值理性与工具理性融合的挑战。所谓价值理性，即在人文主义的指导下，倡导人道主义，对学生应该是充满理解与尊重的；而工具理性，则是侧重强调通过科学步骤得到的数据结果来指导管理和决策，因此，对于学生的行为分析要求有据可依、客观处理。教育数据挖掘的主要应用之一就是用于分析和预测学生的学习行为，这些模型由于包含的信息范围广泛，因而，存在分析结果过度简化的危险。因此，在使用数据挖掘技术进行教育数据分析时，要注意价值理性与工具理性的融合，即人文主义与科学主义的融合，不仅要借鉴教育数据挖掘所发现的可能事实，也要结合对学生人身的思考与理解，在使用工具的同时，要注意传统教育思想的渗透，充分理解学生、包容学生，全面地看待学生的学习过程。

10.2.2 数据挖掘伦理

在教育数据挖掘过程中，用户的个人数据隐私、数据安全成为需要重点关注的问题。对于从事教育数据挖掘领域的工作者而言，要对到底哪些数据能爬，哪些数据不能爬，对于爬取到的数据怎样处理以及如何做好保密工作等要有一个清晰的认知。对于师生而言，在各种学习平台上学习时，一方面是要意识到自己学习数据的有用性和价值性；另一方面要注意保护好自己的数据隐私，提高对信息的敏感力和判断力。教育数据挖掘向科研伦理提出了更大的挑战。

首先，数据的隐私问题。就其本质而言，大数据收集、存储、分析和使用大量的个人数据，随着收集的数据越来越多，其中一些数据可能会被不当使用，无意泄露或故意侵犯个人隐私的风险非常大。被下载、存储的教育数据记录，以及每次登录使用时于何时、何地点击，都可能会被恶意人员利用。而在个人隐私和目标利益之间找到适当的平衡是具有一定困难的，一定程度上是因为大数据集中有大量的数据，即使删除了所有的直接标识符，也很难防止去标识数据的"重新标识"。因此，不可能将最大隐私与最大效用结合起来。所以教育研究人员将会面临这样一个选择：要么最大化隐私，限制数据集的效用；要么最大化效用，但让数据被充分的重新识别①。

其次，数据的安全问题。教育数据的收集和使用不受任何正式的伦理审查程序的约束，即没有严格的法律限制。虽然越来越多的教师、学生及研究者们逐渐认可教育数据挖掘的重要价值，通过数据挖掘来监测和影响教育行为的做法也越来越普遍，但并不清楚这些教育大数据被应用的程度，即会普遍存在谁在收集数据、为了什么目的、谁可以使用数据、谁是最终受益者等一系列问题。② 坎贝尔（Campbell）等③在研究中曾发现，有利益相关体出于非教育目的而使用教育大数据，包括一些商业行为如开发产品、营销、筹款等。目前，我国教育数据挖掘的相关研究领域还处于初期发展的阶段，在教育数据的挖掘工具、存储平台以及使用分析权限上的管理并不完善，缺乏严格的政策与规章制度，因而，其安全性也是主要存在的问题之一。

10.2.3　信息素养

随着教育数据挖掘在教育领域运用的不断深入，相应地也对方法和技术使用者的信息素养提出了更高要求。教育数据挖掘中不同的方法基本都有自身一套研究体系，例如，时间序列数据要求研究者对数据平稳性和残差序列做事前事后分析；面板数据要求研究者对单位根、协整关系等做出检验。而智能时代的教育数据挖掘算法同样存在相应问题，大数据的典型特征是类型和模式多样化、相互关系复杂、数据质量差异较大，大数据固有的复杂性（包括复杂类型、复杂结构、复杂模式等）让使用者对其感知、表示、理解和计算都更具挑

　　① Nelson G. S. Practical Implications of Sharing Data：A Primer on Data Privacy，Anonymization，and De - Identification. SAS Global Users Group. April 4，2015.

　　② Slade S.，Prinsloo P. Learning Analytics：Ethical Issues and Dilemmas. *American Behavioral Scientist*，Vol. 57，No. 10，March 2013，pp. 1510 - 1529.

　　③ Campbell J. P.，Deblois P. B. Oblinger D. Academic Analytics：A New Tool for a New Era. *Education Review*，Vol. 42，No. 4，December 2007，P. 11.

战性，与传统计算模型相比，计算复杂度急剧增加，因此，也向现有研究者提出了新的挑战，既不仅要了解算法数据的一般理念，同时也要尽可能整体了解算法乃至算法"超参数"的设置，否则其数据结果可靠性就会出现一定的问题。而可以高效、有效地捕获数据，掌握用于数据科学的主要编程语言的教育研究人员仍然处于少数。

除研究人员以外，教育数据挖掘分析结果的重要使用主体是教师，智能时代的教育数据挖掘对教师的信息素养也提出了更高要求，教师的数据意识、收集数据并整理数据的能力、科学分析数据的能力、合理使用数据、将数据工具与学科教学法融合的能力等是实现智慧教学、精准教学、个性化教学的重要保障①。教育数据挖掘作为教育发展未来的重要走向，教师和学生都应该加强自身的信息素养，提高对数据获取与处理的能力，但目前教育数据挖掘门槛相对来说较高，对于大部分教育工作者并不友好，感受不到数据的有用性。因此，无论是教师还是学生，在平时的学习生活中应尝试对自己的行为数据进行有意识的整理和分析，并将其转化成为自己所用，通过从自身的数据记录和使用发现数据的价值和意义，进而提高信息素养。

10.3 本章小结

本章通过选取国内外教育数据挖掘领域的相关文献，综合运用多种研究方法从发文量年度变化趋势分析、教育数据挖掘研究热点分析、研究趋势与演进脉络分析及主题聚类及其演化态势分析四个方面揭示了近年来教育数据挖掘的研究前沿热点。并对国内外教育数据挖掘的特点进行对比分析，分别从整体分析和研究主题特点分析两个方面讨论了国内外关于教育数据挖掘的共性与特性。在教育数据挖掘的挑战与展望部分，叙述了智能数据挖掘算法在教育乃至其他领域中存在的一些挑战或问题，主要集中在诸如数据处理、数据存储、数据分析和数据跟踪等方面。但作为大数据时代的主要分析方法与工具，其价值与带来的优势也是不可忽略的。鉴于大数据挖掘在教育领域的价值与意义，在未来发展中有必要努力积极地应对这些挑战。

---

① 刘三女牙、杨宗凯、李卿：《教育数据伦理：大数据时代教育的新挑战》，载《教育研究》2017年第4期。

参 考 文 献

［1］郝伟:《大数据时代下信息化教学的实践与应用》，北京工业大学出版社
　　2019 年版。

［2］方巍、郑玉、徐江:《大数据:概念、技术及应用研究综述》，载《南京
　　信息工程大学学报（自然科学版)》2014 年第 10 期。

［3］Manyika J，Chui M，Brown B，et al. Big data: The next frontier for innova-
　　tion，competition，and productivity. McKinsey Global Institute，2011.

［4］冯文全、马星光、张倩:《论我国教育研究范式的转变——基于大数据的
　　视角》，载《教育科学研究》2016 年第 12 期。

［5］LaValle S，Lesser E.，Shockley R，et al，Big data，analytics and the path
　　from insights to value. MIT sloan management review，Vol. 52，No. 2，2011，
　　pp: 21 – 32.

［6］邬贺铨:《大数据时代的机遇与挑战》，载《中国科技奖励》2013 年第 5 期。

［7］Mohammad A，Parthasarati D，Kathleen K. Wheatley. A SWOT analysis of big
　　data. Journal of Education for Business，Vol. 91，No. 5，2016.

［8］习近平:《审时度势精心谋划超前布局力争主动实施国家大数据战略加快
　　建设数字中国》，载《人民日报》2017 年 12 月 10 日。

［9］胡弼成、王祖霖:《"大数据"对教育的作用、挑战及教育变革趋势——
　　大数据时代教育变革的最新研究进展综述》，载《现代大学教育》2015 年
　　第 4 期。

［10］Fischer，Christian，et al. Mining big data in education: Affordances and chal-
　　lenges. Review of Research in Education，Vol. 44，No. 1，2020，pp: 130 –
　　160.

［11］余胜泉、徐刘杰:《大数据时代的教育计算实验研究》，载《电化教育研
　　究》2019 年第 1 期。

［12］Enhancing teaching and learning through educational data mining and learning analytics. [DB/OL]. [2012 – 10 – 12]. https：//tech. ed. gov/wp-content/uploads/2014/03/edm-la-brief. pdf.

[13] Chen，Nian – Shing，et al. Educational big data：extracting meaning from data for smart education. Interactive Learning Environments，Vol. 28，No. 2，2020，pp：142 – 147.

[14] 李馨：《高等教育大数据分析：机遇与挑战》，载《开放教育研究》2016第 4 期。

[15] 朱波、王坦：《大数据之于教育研究范式的价值及其限度》，载《教育发展研究》2019 年第 21 期。

[16] 余胜泉、徐刘杰：《大数据时代的教育计算实验研究》，载《电化教育研究》2019 年第 1 期。

[17] 赵佳丽、罗生全、孙菊：《教育大数据研究范式的内涵、特征及应用限度》，载《现代远程教育研究》2020 年第 4 期。

[18] 李政涛、文娟：《计算教育学：是否可能，如何可能?》，载《远程教育杂志》2019 年第 6 期。

[19] 张生：《构建新时代的计算教育学》，载《中国教育报》2018 年 4 月 7 日。

[20] 祝智庭、沈德梅：《基于大数据的教育技术研究新范式》，载《电化教育研究》2013 年第 10 期。

[21] 王晶莹、杨伊、郑永和、夏惠贤：《从大数据到计算教育学：概念、动因和出路》，载《中国电化教育》2020 年第 1 期。

[22] 马凤岐、谢爱磊：《教育知识的基础与教育研究范式分类》，载《教育研究》2020 年第 5 期。

[23] 彭荣础：《思辨研究方法：历史、困境与前景》，载《大学教育科学》2011 年第 5 期。

[24] 姚计海：《教育实证研究方法的范式问题与反思》，载《华东师范大学学报（教育科学版)》2017 年第 3 期。

[25] 陈明选、俞文韬：《信息化进程中教育研究范式的转型》，载《高等教育研究》2016 年第 12 期。

[26] 邓国民：《大数据和教育研究：认识论和方法论的思考》，载《电化教育研究》2018 年第 6 期。

[27] 王铭玉、张涛：《高校"新文科"建设：概念与行动》，载《中国社会科学报》2019 年 3 月 21 日。

[28] 南钢、夏云峰：《大数据时代的教育科学研究：可能、风险与策略》，载《湖南师范大学教育科学学报》2020 年第 4 期。

[29] 杨现民、郭利明、王东丽、邢蓓蓓：《数据驱动教育治理现代化：实践框架、现实挑战与实施路径》，载《现代远程教育研究》2020 年第 2 期。

[30] 卢正天：《大数据浪潮挑战下的教育回应》，载《当代教育科学》2014 年第 20 期。

[31] 王战军、乔刚：《大数据驱动的教育研究新范式》，载《北京大学教育评论》2018 年第 1 期。

[32] 张燕南、赵中建：《大数据时代思维方式对教育的启示》，载《教育发展研究》2013 年第 21 期。

[33] Daniel, Ben Kei. Big Data and data science：A critical review of issues for educational research. British Journal of Educational Technology, Vol. 50, No. 1, 2019, pp. 101 – 113.

[34] Gray J, Alex S. eScience – A transformed scientific method. presentation to the Computer Science and Technology Board of the National Research Council, 2007.

[35] [英] 安东尼·黑、斯图尔特·坦斯利、克里斯汀·托尔：《第四范式：数据密集型科学发现》，潘教峰、张晓林译，北京科学出版社 2012 年版。

[36] 王晶莹、杨伊、宋倩茹、郑永和：《计算教育学：是什么、做什么及怎么做》，载《现代远程教育研究》2020 年第 4 期。

[37] 王洪岩：《MOOC 中的学习行为挖掘研究》，山东大学硕士论文，2016 年 6 月。

[38] 孟小峰、慈祥：《大数据管理：概念、技术与挑战》，载《计算机研究与发展》2013 年第 1 期。

[39] 刘三女牙、杨宗凯、李卿：《计算教育学：内涵与进路》，载《教育研究》2020 年第 3 期。

[40] 刘宁、王琦、徐刘杰、余胜泉：《教育大数据促进精准教学与实践研究——以"智慧学伴"为例》，载《现代教育技术》2020 年第 4 期。

[41] 张晓阳：《大数据迷潮下的教育研究及其想象力》，载《基础教育》2015 年第 4 期。

[42] 北京师范大学未来教育高精尖创新中心. 中国基础教育大数据发展蓝皮书（2016 ~ 2017）[EB/OL]. 2018. https：//max. book118. com/html/

2019/0403/6054241110002021. shtm.

[43] 中国科学院虚拟经济与数据科学研究中心.2020年中国在线教育网课市场白皮书暨2021年前瞻报告［EB/OL］.2021. http：//www. feds. ac. cn/index. php/zh-cn/xwbd/2870－2020－2021.

[44] 王竹立：《后疫情时代，教育应如何转型?》，载《电化教育研究》2020年第4期。

[45] 王越、杨成：《教育数据挖掘对教育要素的影响研究》，载《中国医学教育技术》2020年第1期。

[46] 黄荣怀：《智慧教育的三重境界：从环境、模式到体制》，载《现代远程教育研究》2014年第6期。

[47] 杨现民：《信息时代智慧教育的内涵与特征》，载《中国电化教育》2014年第1期。

[48] 祝智庭、贺斌：《智慧教育：教育信息化的新境界》，载《电化教育研究》2012年第12期。

[49] 曹培杰：《智慧教育：人工智能时代的教育变革》，载《教育研究》2018年第8期。

[50] 何克抗：《从Blending Learning看教育技术理论的新发展（上）》，载《中国电化教育》2004年第3期。

[51] 赵雪梅、钟绍春：《具身认知视域下促进高阶思维发展的多模态交互机制研究》，载《电化教育研究》2021年第8期。

[52] White，O. R. Precision Teaching－Precision Learning，Exceptional Children，Vol. 52，No. 6 1986，pp. 522－534.

[53] 万力勇、黄志芳、黄焕：《大数据驱动的精准教学：操作框架与实施路径》，载《现代教育技术》2019年第1期。

[54] 张忻忻、牟智佳：《数据化学习环境下面向个性化学习的精准教学模式设计研究》，载《现代远距离教育》2018年第5期。

[55] ［英］托尼·比彻：《保罗·特罗勒尔·学术部落及其领地：知识探索于学科文化》，北京大学出版社2015版。

[56] 牛凤蕊、张紫薇：《"双一流"建设背景下的博士生教育质量——多维评价、互构逻辑与动力机制》，载《研究生教育研究》2021年第2期。

[57] 董伟、陶金虎、郤海霞：《近十年我国高等教育跨学科知识流入路径与演化趋势分析——大数据透视的视角》，载《高教探索》2021年第4期。

［58］曹培杰：《反思与重建：创客教育的实践路径》，载《教育研究》2017年第 10 期。

［59］戴炜栋、胡壮麟、王初明、李宇明、文秋芳等：《新文科背景下的语言学跨学科发展》，载《外语界》2020 年第 4 期。

［60］张雪、张志强：《学科交叉研究系统综述》，载《图书情报工作》2020年第 14 期。

［61］Castellanib，Hafferty FW. Sociology and Complexity Science：A New AreaofInquiry，Berlin：Springer，2009.

［62］Zhu Hongwen. The nature of social science and its relationship with the humanities. Philosophical Researches，No. 12，1998，pp. 29 – 36（in Chinese）.

［63］孟小峰、李勇、祝建华：《社会计算：大数据时代的机遇与挑战》，载《计算机研究与发展》2013 年第 12 期。

［64］刘献君：《学科交叉是建设世界一流学科的重要途径》，载《高校教育管理》2020 年第 1 期。

［65］沈学珺：《大数据对教育意味着什么》，载《上海教育科研》2013 年第 9 期。

［66］陈霜叶、孟浏今、张海燕：《大数据时代的教育政策证据：以证据为本理念对中国教育治理现代化与决策科学化的启示》，载《全球教育展望》2014 年第 2 期。

［67］陆璟：《大数据及其在教育中的应用》，载《上海教育科研》2013 年第 9 期。

［68］于长虹、王运武：《大数据背景下数字校园建设的目标、内容与策略》，载《中国电化教育》2013 年第 10 期。

［69］刘邦奇：《"互联网＋"时代智慧课堂教学设计与实施策略研究》，载《中国电化教育》2016 年第 10 期。

［70］刘邦奇、李鑫：《基于智慧课堂的教育大数据分析与应用研究》，载《远程教育杂志》2018 年第 3 期。

［71］罗俊：《计算·模拟·实验：计算社会科学的三大研究方法》，载《学术论坛》2020 年第 1 期。

［72］Cioffi – Revilla，C. . Computational Social Science. SSRN Electronic Journal，Vol2，No3，May 2010，PP. 259 – 271.

［73］周书恒：《理解社会现象的新进路》，华东师范大学论文，2015。

［74］刘军：《社会网络分析导论》，社科文献出版社 2004 年版。

［75］徐恪、张赛、陈昊、李海涛：《在线社会网络的测量与分析》，载《计算

机学报》2014 年第 1 期。

[76] 李文昊、陈冬敏、李琪、刘洋:《在线学习情感临场感的内部特征与关系模型》,载《现代远程教育研究》2021 年第 4 期。

[77] 周德青、杨现民、李新:《在线开放课程的学习者评价数据分析框架研究——以"中小学教师数据素养"在线开放课程为例》,载《现代教育技术》2021 年第 8 期。

[78] 陈浩、乐国安、李萌、董颖红:《计算社会科学:社会科学与信息科学的共同机遇》,载《西南大学学报(社会科学版)》2013 年第 3 期。

[79] 高文珺:《大数据视野下的社会心态研究——基于复杂性理论与计算模型的探讨》,载《新视野》2017 年第 6 期。

[80] 刘鹏,张艳:《数据挖掘》,电子工业出版社 2018 年版。

[81] 余燕芳:《基于移动学习的 O2O 翻转课堂设计与应用研究》,载《中国电化教育》2015 年第 10 期。

[82] 李宇帆,张会福,刘上力等:《教育数据挖掘研究进展》,载《计算机工程与应用》2019 年第 5 期。

[83] C, Ventura S, Pechenizkiy M, et al. Handbook of educational data mining. CRC Press, 2010.

[84] Office of Educational Technology, Enhancing Teaching and Learning Through Educational Data Mining and Learning Analytics (PDF) [EB/OL] [2021 - 11 - 09] https://tech. ed. gov/.

[85] 武法提、牟智佳:《基于学习者个性行为分析的学习结果预测框架设计研究》,载《中国电化教育》2016 年第 1 期。

[86] 清涛. 什么是教育数据挖掘? [EB/OL]. https://www. cnblogs. com/wanglvtao/p/10253530. html. 2019 - 01 - 10 (2021 - 07 - 05).

[87] 中国综合社会调查 [EB/OL]. 2021. http://cgss. ruc. edu. cn/sjycg/cbyfb. htm.

[88] 姚继军、张新平:《新中国教育均衡发展的测度》,载《华东师范大学学报(教育科学版)》2010 年第 2 期。

[89] 靳振忠、王亮、严斌剑:《高等教育获得的机会不平等:测度与分解》,载《经济评论》2018 年第 4 期。

[90] 吴愈晓:《中国城乡居民教育获得的性别差异研究》,载《社会》2012 年第 4 期。

[91] 张兆曙、陈奇:《高校扩招与高等教育机会的性别平等化——基于中国

综合社会调查（CGSS2008）数据的实证分析》，载《社会学研究》2013年第2期。

[92] 孟凡强、初帅、李庆海：《高等教育规模扩张是否缓解了城乡教育机会不平等?》，载《教育与经济》2017年第4期。

[93] 唐俊超：《输在起跑线——再议中国社会的教育不平等（1978~2008)》，载《社会学研究》2015年第3期。

[94] 赵红霞、高永超：《教育公平视角下我国教育代际流动及其影响因素研究》，载《教育研究与实验》2016年第1期。

[95] 周世军、李清瑶、崔立志：《父母学历与子女教育——基于CGSS微观数据的实证考察》，载《教育与经济》2018第3期。

[96] 张明、张学敏、涂先进：《高等教育能打破社会阶层固化吗?——基于有序probit半参数估计及夏普里值分解的实证分析》，载《财经研究》2016年第8期。

[97] 杜两省、彭竞：《教育回报率的城市差异研究》，载《中国人口科学》2010年第5期。

[98] 彭竞：《高等教育回报率与工资的性别差异》，载《人口与经济》2011年第4期。

[99] 胡咏梅、陈纯槿：《农村职业教育投资回报率的变化：1989~2009年》，载《教育与经济》2013年第1期。

[100] 缪宇环：《我国过度教育现状及其影响因素探究》，载《统计研究》2013年第7期。

[101] 刘璐宁：《大材小用与学以致用：过度教育及非教育影响因素的实证研究——基于2003年和2008年CGSS数据》，载《高教探索》2014年第5期。

[102] 史宇鹏、李新荣：《公共资源与社会信任：以义务教育为例》，载《经济研究》2016年第5期。

[103] 殷金朋、陈永立、倪志良：《公共教育投入、社会阶层与居民幸福感——来自微观混合横截面数据的经验证据》，载《南开经济研究》2019年第2期。

[104] 郑磊、朱志勇：《教育是否促进了中国公民的政治选举投票参与——来自CGSS 2006调查数据的证据》，载《北京大学教育评论》2013年第2期。

[105] 黄嘉文：《教育程度、收入水平与中国城市居民幸福感 一项基于 CGSS2005 的实证分析》，载《社会》2013 年第 5 期。

[106] 薛海平：《从学校教育到影子教育：教育竞争与社会再生产》，载《北京大学教育评论》2015 年第 3 期。

[107] 李静、薛海平：《家庭资本对初中生参加课外补习活动影响实证研究》，载《基础教育》2016 年第 6 期。

[108] 乐志强、杜红红：《家庭背景对学生课外辅导行为选择的影响研究》，载《教育发展研究》2018 年第 10 期。

[109] 杨钋、徐颖：《数字鸿沟与家庭教育投资不平等》，载《北京大学教育评论》2017 年第 4 期。

[110] 丁小浩、翁秋怡：《权力资本与家庭的教育支出模式》，载《北京大学教育评论》2015 年第 3 期。

[111] 刘天元、王志章：《家庭文化资本真的利于孩子形塑良好惯习吗？——家长教育参与和教育期望的中介作用》，载《教育科学研究》2019 年第 11 期。

[112] 刘保中、张月云、李建新：《家庭社会经济地位与青少年教育期望：父母参与的中介作用》，载《北京大学教育评论》2015 年第 3 期。

[113] 姚嘉、张海峰、姚先国：《父母照料缺失对留守儿童教育发展影响的实证分析》，载《教育发展研究》2016 年第 8 期。

[114] 任强、唐启明：《我国留守儿童的情感健康研究》，载《北京大学教育评论》2014 年第 3 期。

[115] 魏晓艳：《大学扩招是否真正推动了高等教育公平——高等教育大众化、扩招与高等教育代际传递》，载《教育发展研究》2017 年第 11 期。

[116] 路晓峰、邓峰、郭建如：《高等教育扩招对入学机会均等化的影响》，载《北京大学教育评论》2016 年第 3 期。

[117] 李德显、陆海霞：《高等教育机会获得与家庭资本的相关性研究——基于中国家庭追踪调查 CFPS 数据的分析》，载《全球教育展望》2015 年第 4 期。

[118] 李晓嘉：《教育能促进脱贫吗——基于 CFPS 农户数据的实证研究》，载《北京大学教育评论》2015 年第 4 期。

[119] 薛海平：《课外补习、学习成绩与社会再生产》，载《教育与经济》2016 年第 2 期。

[120] 薛海平：《家庭资本与教育获得：影子教育的视角》，载《教育科学研究》2017 年第 2 期。

[121] 薛海平：《家庭资本与教育获得：基于影子教育中介效应分析》，载《教育与经济》2018 年第 4 期。

[122] 李佳丽：《谁从影子教育中获益——基于选择假说和理性选择理论》，载《教育发展研究》2016 年第 20 期。

[123] 李佳丽、薛海平：《父母参与、课外补习和中学生学业成绩》，载《教育发展研究》2019 年第 2 期。

[124] 孙伦轩、唐晶晶：《课外补习的有效性——基于中国教育追踪调查的估计》，载《北京大学教育评论》2019 年第 1 期。

[125] 刘冬冬、姚昊：《课外补习对初中学生不同学科成绩的影响研究——基于 CEPS（2013～2014）实证分析》，载《教育学术月刊》2018 年第 10 期。

[126] 梁文艳、叶晓梅、李涛：《父母参与如何影响流动儿童认知能力——基于 CEPS 基线数据的实证研究》，载《教育学报》2018 年第 1 期。

[127] 黄亮：《家长参与学校教育对初中学生认知能力表现影响的实证研究——基于中国教育追踪调查基线数据的分析》，载《教育科学研究》2016 年第 12 期。

[128] 江求川：《家庭背景、学校质量与城乡青少年认知技能差异》，载《教育与经济》2017 年第 6 期。

[129] 周颖、杨天池：《留守、随迁与农村儿童认知能力——基于 CEPS 调查数据的实证检验》，载《教育与经济》2018 年第 1 期。

[130] 宗晓华、杨素红、秦玉友：《追求公平而有质量的教育：新时期城乡义务教育质量差距的影响因素与均衡策略》，载《清华大学教育研究》2018 年第 6 期。

[131] 李丽、赵文龙、边卫军：《家庭背景对非认知能力影响的实证研究》，载《教育发展研究》2017 年第 1 期。

[132] 龚欣、李贞义：《学前教育经历对初中生非认知能力的影响：基于 CEPS 的实证研究》，载《教育与经济》2018 年第 4 期。

[133] 周菲、程天君：《中学生教育期望的性别差异——父母教育卷入的影响效应分析》，载《教育研究与实验》2016 年第 6 期。

[134] 丁百仁、王毅杰：《教育期望的户籍差异——基于四类儿童的比较研究》，载《教育科学》2016 年第 5 期。

[135] 张凌：《中学生的人际关系及其对学业成绩的影响——基于中国教育追踪调查的实证研究》，载《教育学报》2016年第6期。

[136] 魏勇、马欣：《中学生自我教育期望的影响因素研究——基于CEPS的实证分析》，载《教育学术月刊》2017年第10期。

[137] 童星：《初中教师工作时间及其影响因素研究——基于中国教育追踪调查（CEPS）数据的分析》，载《教师教育研究》2017第2期。

[138] 崔盛、吴秋翔：《自主招生、学业表现和就业薪酬》，载《复旦教育论坛》2017年第2期。

[139] 潘昆峰、崔盛：《语言能力与大学毕业生的工资溢价》，载《北京大学教育评论》2016年第2期。

[140] 陈纯槿、郅庭瑾：《教育财政投入能否有效降低教育结果不平等——基于中国教育追踪调查数据的分析》，载《教育研究》2017年第7期。

[141] 龚伯韬：《教育信息化：促进教育结果公平之路——基于学校信息化对学业成就影响的实证分析》，载《教育研究与实验》2019年第1期。

[142] 方超、黄斌：《信息技术促进了学生的学业表现吗？——基于中国教育追踪调查数据的实证研究》，载《开放教育研究》2018年第6期。

[143] 刘文：《高考改革深化期制度公平的现实样态与未来启示——基于中国社会状况综合调查数据的分析》，载《大学教育科学》2021年第5期。

[144] 田志鹏：《少数民族教育获得与就业公平感的分析——基于2017年和2019年中国社会状况综合调查数据》，载《民族教育研究》2020年第5期。

[145] 齐良书：《国有部门劳动工资制度改革对教育收益率的影响——对1988～1999年中国城市教育收益率的实证研究》，载《教育与经济》2005年第4期。

[146] 曹黎娟、颜孝坤：《城乡居民教育收益率的差距——一个分阶段的考察》，载《复旦教育论坛》2016年第5期。

[147] 赵红霞、王文凤：《致贫理论视阈下高等教育阻断贫困代际传递的作用——基于CHNS2015数据库的分析》，载《高等教育研究》2019年第4期。

[148] 周金燕：《教育是中国社会的"平等器"吗？——基于CHNS数据的实证分析》，载《复旦教育论坛》2015年第2期。

[149] 苏群、徐月娥、陈杰：《父母外出务工与留守子女辍学——基于CHNS调查数据的经验分析》，载《教育与经济》2015年第2期。

[150] 陈池、王宇鹏、李超、张勇、邢春晓：《面向在线教育领域的大数据研究及应用》，载《计算机研究与发展》2014 年第 1 期。

[151] Macfadyen, L. P. & Dawson, S. (2010). Mining LMS data to develop an "early warning system" for educators: A proof of concept. Computers& Education, Vol. 54, No. 2, 2010, pp. 588 – 599.

[152] 肖巍、倪传斌、李锐：《国外基于数据挖掘的学习预警研究：回顾与展望》，载《中国远程教育》2018 年第 2 期。

[153] Naur Peter. Concise survey of computer methods. Studentlittera tur AB:, 1974.

[154] 程学旗、梅宏、赵伟、华云生、沈华伟等：《数据科学与计算智能：内涵、范式与机遇》，载《中国科学院院刊》2020 年 12 期。

[155] 朝乐门、卢小宾：《数据科学及其对信息科学的影响》，载《情报学报》2017 年第 8 期。

[156] 朝乐门：《信息资源管理理论的继承与创新：大数据与数据科学视角》，载《中国图书馆学报》2019 年第 2 期。

[157] 朝乐门：《数据科学理论与实践》，清华大学出版社 2017 年版。

[158] 巴志超、李纲、周利琴、毛进：《数据科学及其对情报学变革的影响》，载《情报学报》2018 年第 7 期。

[159] 王怀波、李冀红、孙洪涛、徐鹏飞：《基于模型的教育大数据应用框架设计》，载《现代教育技术》2020 年第 6 期。

[160] 王怀波、李冀红、孙洪涛、徐鹏飞：《基于模型的教育大数据应用框架设计》，载《现代教育技术》2020 年第 6 期。

[161] 彭晓玲、吴忭：《"数据驱动的精准教学"何以可能？——基于培养教师数据智慧的视角》，载《华东师范大学学报（教育科学版）》2021 年第 8 期。

[162] 黄荣怀、周伟、杜静、孙飞鹏、王欢欢等：《面向智能教育的三个基本计算问题》，载《开放教育研究》2019 年第 5 期。

[163] 赵国庆、李欣媛、路通、彭青青：《从认知地图到认知图谱：相似概念的跨学科审视》，载《现代远程教育研究》2021 年第 5 期。

[164] 张进宝：《计算思维教育：概念演变与面临的挑战》，载《现代远程教育研究》2019 年第 6 期。

[165] 郑永和、郑娅峰、吴国政、张兆田：《教育信息科学与技术领域关键科

学问题的分析与思考》，载《中国科学基金》2021 年第 1 期。

[166] 郑永和、王杨春晓、王一岩：《智能时代的教育科学研究：内涵、逻辑框架与实践进路》，载《中国远程教育》2021 年第 6 期。

[167] 李新来、蔡逸蓓、李丹阳：《信息科学研究前沿与热点——2019 年 ASIS&T 年会综述》，载《图书馆论坛》2021 年第 1 期。

[168] LazerD, Pentland A, et al. Computational Social Science. Science, Vol. 323, No. 5915, 2009, pp. 721 –723.

[169] 袁继红：《计算社会科学的生成解释问题》，载《自然辩证法研究》2020 年第 4 期。

[170] GileJ. Computational social science：Making the links. Nature, Vol44, No. 7412, 2012, pp. 448 –450.

[171] Cioffi – Revilta C. Introduction to computational Social Science. Springer London, 2014.

[172] Lazer D, Pentland A, et al. Computational Social Science. Science, Vol. 323, No. 5915, 2009, pp. 721 –723.

[173] 李未：《抓住 MOOC 发展机遇　全面提高高等教育质量》，载《中国大学教学》2014 年第 3 期。

[174] 李政涛、文娟：《计算教育学：是否可能，如何可能?》，载《远程教育杂志》20189 年第 6 期。

[175] 许新华：《计算教育学——一门新兴的交叉融合新学科》，载《湖北师范大学学报（哲学社会科学版)》2019 年第 5 期。

[176] 刘三女牙，杨宗凯，李卿：《计算教育学：内涵与进路》，载《教育研究》2020 年第 41 期。

[177] 杨现民、王榴卉、唐斯斯：《教育大数据的应用模式与政策建议》，载《电化教育研究》2015 年第 9 期。

[178] 冯康：《认知科学的发展及研究方向》，载《计算机工程与科学》2014 年第 5 期。

[179] 李光达、谭章禄：《基于认知科学的知识可视化过程及其影响因素研究》，载《现代教育技术》2017 年第 3 期。

[180] 张方方：《从"离身"到"具身"——认知科学的困境与转向》，载《现代教育科学》2019 年第 11 期。

[181] 张晶晶、吴鹏、曹琪、凌晨：《基于认知科学的社交媒体用户情感建模

研究综述》，载《信息资源管理学报》2021 年第 1 期。

［182］ Valiant L G. Cognitive computation. Proceedings of the IEEE 54th Annual Symphony on Foundations of Computer Science，1995：2.

［183］ 单美贤、张瑞阳、史喆：《"智能 +"教育场域中的认知计算与教育应用研究》，载《远程教育杂志》2021 年第 2 期。

［184］ 刘凤瑞：《行为科学基础》，复旦大学出版社 1991 年版。

［185］ 刘中宇：《周晓．行为科学理论指导下的高校大学生网络学习行为研究》，载《中国电化教育》2008 年第 5 期。

［186］ 任炜、余山、张永清：《计算行为学研究进展》，载《科学通报》2021 年第 1 期。

［187］ 黄荣怀、高博俊、王欢欢、徐晶晶、杜静：《基于教学过程感知的行为计算》，载《电化教育研究》2020 年第 6 期。

［188］ Pianta, R. C. , La Paro, K. M. , & Hamre, B. K. (2008). Classroom assessment scoring system：Manual K – 3. Paul H Brookes Publishing.

［189］ 张文梅、祁彬斌、范文翔：《数据驱动的教学行为分析：现状、逻辑与发展趋向》，载《远程教育杂志》2021 年第 1 期。

［190］ WU C and HUANG Y and HWANG J, Review of affective computing in education/learning：trends and challenges. British journal of educational technology，Vol. 47，No. 6，2016，pp. 1304 – 1323.

［191］ 唐晓波、刘广超：《细粒度情感分析研究综述》，载《图书情报工作》2017 年第 5 期。

［192］ 约翰斯科特：《社会网络分析方法（第 2 版）》，刘军译，重庆大学出版社 2007 版。

［193］ 杨中庆：《基于 R 语言的空间统计分析研究与应用》，暨南大学，2006 年。

［194］ Witten I H Frank E · Data Mining：Practical Machine Learning Tools and Techniques with Java Implementations. Morgan Kaufman，2003.

［195］ 瓦杰·考图（Vijay Kotu）：预测分析与数据挖掘 RapidMiner 实现，严云译，人民邮电出版社，2018 年版。

［196］ 刘鹏、张燕：《数据挖掘》，电子工业出版社 2018 年版。

［197］ 王晶莹、张永和、宋倩茹、马勇军：《计算教育学：研究动态与应用场景》，载《开放教育研究》2020 年第 4 期。

［198］ 夏小娜、戚万学：《以教学行为为关键线索的智慧校园探究》，载《现

代教育技术》2020 年第 1 期。

[199] 谭积斌、罗俊、唐孙茹、陈中全：《虚拟现实技术在医学教育中的研究现状和热点——基于 CNKI 的知识图谱可视化分析》，载《中国医学教育技术》2020 年第 2 期。

[200] Troussas C and Espinosa K J and Virvou M. Affect recognition through Facebook for effective group profiling towards personalized instruction. Informatics in Education, No. 2, 2016, pp. 147 – 161.

[201] Arguedas M and Xhafa F and Casillas L et al. A model for providing emotion awareness and feedback using fuzzy logic in online learning. Soft Computing, No. 3, 2018, pp. 963 – 977.

[202] Ortigosa A and Martín J M and Carro R M. Sentiment analysis in Facebook and its application to e-learning. Computers in Human Behavior, Vol. 31, 2014, pp. 527 – 541.

[203] 刘智、杨重阳、彭晛等：《SPOC 论坛互动中学习者情绪特征及其与学习效果的关系研究》，载《中国电化教育》2018 年第 4 期。

[204] 方旭、韩锡斌：《高校教师教学大数据技术行为意向影响因素研究——基于清华"学堂在线"的调查》，载《远程教育杂志》2017 年第 6 期。

[205] 杨维东、董小玉：《基于多水平模型的教育舆情决策支持系统设计》，载《教育研究》2020 年第 8 期。

[206] 刘清堂、张妮、朱姣姣：《教师工作坊中协作知识建构的社会网络分析》，载《中国远程教育》2018 年第 11 期。

[207] 张琪、李福华、孙基男：《多模态学习分析：走向计算教育时代的学习分析学》，载《中国电化教育》2020 年第 9 期。

[208] 牟智佳、俞显等：《国际教育数据挖掘研究现状的可视化分析：热点与趋势》，载《电化教育研究》2017 年第 4 期。

[209] 赖文华、叶新东：《虚拟学习社区中知识共享的社会网络分析》，载《现代教育技术》2010 年第 10 期。

[210] 王陆：《虚拟学习社区的社会网络分析》，载《中国电化教育》2009 年第 2 期。

[211] 宋佳益：《社会网络分析在教育领域的应用》，载《科技风》2021 年第 8 期。

[212] 张思、刘清堂、雷诗捷、王亚如：《网络学习空间中学习者学习投入的

研究——网络学习行为的大数据分析》载《中国电化教育》2017 年第 4 期。

[213] 黄斌，周一诺：《基于文献计量和社会网络分析的慕课学习者研究综述》载《中国医学教育技术》2021 年第 35 期。

[214] 石月凤、刘三（女牙）、刘智、韩继辉、彭晛：《基于社会网络分析的在线学习行为分析实证研究》，载《中国教育信息化》2019 年第 1 期。

[215] 肖莉：《基于社会网络分析的网络课堂中的交互行为研究》，华中师范大学，2011 年。

[216] 马志强、管秀：《面向多维关联的社会认知网络分析——协作学习交互研究的新进展》，载《远程教育杂志》2020 年第 6 期。

[217] 井世洁、邹利：《"校园欺凌"的网络表达与治理——基于 LDA 主题模型的大数据分析》，载《青少年犯罪问题》2020 年第 6 期。

[218] 单联臣：数据挖掘技术在高校学生成绩管理系统中的应用. 大连交通大学，2015.

[219] 范士青、孙利、张凤娟、汪琼、张红梅：《社会适应、班级人际关系与学生家庭结构：一项社会网络研究》，载《教育研究与实验》2020 年第 6 期。

[220] Tseng C W and Chou J J and Tsai Y C, Text mining analysis of teaching evaluation questionnaires for the selection of outstanding teaching faculty members. IEEE Access, NO. 6, 2018, PP. 72870 – 72879.

[221] Troisi O and Grimaldi M and Loia F et al, Big data and sentiment analysis to highlight decision behaviors：A case study for student population. Behaviour & Information Technology, 2018, pp. 1111 – 1128.

[222] 赵帅、黄晓婷、卢晓东：《情感指数对 MOOC 学生成绩的预测研究》，载《中国大学教学》2019 年第 5 期。

[223] 黄昌勤、俞建慧、王希哲：《学习云空间中基于情感分析的学习推荐研究》，载《中国电化教育》2018 年第 10 期。

[224] Yu L C and Lee C W and Pan H I et al, Improving early prediction of academic failure using sentiment analysis on self-evaluated comments. Journal of Computer Assisted Learning, No. 4, 2018, pp. 358 – 365.

[225] Xing W and Tang H and Pei B, Beyond positive and negative emotions：Looking into the role of achievement emotions in discussion forums of MOOCs. The

Internet and Higher Education, Vol. 43, 2019, pp. 1 – 9.

[226] 马如玉：《基于 CNKI 的产学研合作研究成果分析》，载《科技经济市场》2020 年第 11 期。

[227] 冯博、刘佳：《大学科研团队知识共享的社会网络分析》，载《科学学研究》2007 年第 6 期。

[228] 马秀麟、衷克定、刘立超：《从大数据挖掘的视角分析学生评教的有效性》，载《中国电化教育》2014 年第 10 期。

[229] 朱乐、李秋萍、朱燚丹：《基于深度学习的"教育公平"网络舆情分析》，载《情报探索》2020 年第 6 期。

[230] 罗玉萍、潘庆先、刘丽娜等：《基于情感挖掘的学生评教系统设计及其应用》，载《中国电化教育》2018 年第 4 期。

[231] 王磊、张慧娟：《集成神经网络的高校教学质量评估系统研究》，载《现代电子技术》2021 年第 3 期。

[232] 刘坚、黄钰莹、颜李朝：《课堂教学评价数据挖掘与分析》，载《湖南师范大学教育科学学报》2019 年第 2 期。

[233] Leong C K and Lee Y H and Mak W K, Mining sentiments in SMS texts for teaching evaluation. Expert Systems with Applications, No. 3, 2012, pp. 2584 – 2589.

[234] Pong – Inwong C and Songpan W, Sentiment analysis in teaching evaluations using sentiment phrase pattern matching (SPPM) based on association mining. International Journal of Machine Learning and Cybernetics, No. 8, 2019, pp. 2177 – 2186.

[235] Lin Q and Zhu Y and Zhang S et al, Lexical based automated teaching evaluation via students' short reviews. Computer Applications in Engineering Education, No. 1, 2019, pp. 194 – 205.

[236] 贾维辰、彭俊、任英杰：《计算教育学国内发展现状分析与未来展望——基于语言模型和自然语言生成技术》，载《远程教育杂志》2021 年第 3 期。

[237] 杨炳儒：《知识工程与知识发现》，冶金工业出版社 2000 年版。

[238] 朱玲、聂华、崔海媛、罗鹏程、刘丹等：《北京大学开放研究数据平台建设：探索与实践》，载《图书情报工作》2016 年第 4 期。

[239] 王红霞，张春蕾：《信息资源检索与利用》，机械工业出版社 2020 年版。

[240] 李雪飞：《信息资源检索及利用》，清华大学出版社 2018 年版。

［241］金梅：《网络爬虫性能提升与功能拓展的研究与实现》，吉林大学2012年。

［242］曾晓娟：《基于Python爬虫技术的应用》，载《办公自动化》2018年第20期。

［243］沙金：《精通正则表达式》，人民邮电出版社2008年版。

［244］贾俊平、何晓群、金勇：《统计学》，中国人民大学出版社2018年版。

［245］左喜林、曹霞、何欣、许宁：《计算机应用基础与上机指导》，清华大学出版社2010年版。

［246］王之鹏：《Web文本分类系统中文本预处理技术的研究与实现》，南京理工大学2009年。

［247］吴思竹、钱庆、胡铁军、李丹亚、李军莲等：《词形还原方法及实现工具比较分析》，载《现代图书情报技术》2012年第3期。

［248］张兴会等：《复杂结构数据挖掘》，清华大学出版社2011年版。

［249］曹雪虹：《信息论与信息编码》第2版，清华大学出版社2009年版。

［250］Salton G，Yu C T，On the Construction of Effective Vocabularies for Information Retrieval. Acm Sigplan Notices，Vol. 10，No. 1，1975，pp. 48 – 60.

［251］曹树金，陈桂鸿，陈忆金：《网络舆情主题标引算法与实现》，载《图书情报知识》2012年第1期。

［252］Brin S，Page L. The anatomy of a large-scale social search engine. In：Thistlewaite P，etal.，eds，Peoceedings of the 7th ACM – WWW Internet Conference. Brisbane：ACM Press，1998. 107 – 117.

［253］Mihalcea R，Tarau P. Textrank：Bringing order into text. In：Proc. of the EMNLP. Stroudsburg：ACL，2004. 404 – 411.

［254］Lin D. An Information-theoretic Definition of Similarity. Proceedings of the 15th International Conference on Machine Learning，1998.

［255］王春柳、杨永辉、邓霏、赖辉源：《文本相似度计算方法研究综述》，载《情报科学》2019年第37期。

［256］姜华、韩安琪、王美佳：《基于改进编辑距离的字符串相似度求解算法》，载《计算机工程》2014年第40期。

［257］Liu A X，Shen K，Torng E. Large scale hamming distance query processing［C］. IEEE，International Conference on Data Engineering. IEEE Computer Society，2011. 553 – 564.

［258］Christiani T，Pagh R. Set similarity Search beyond MinHash［C］. ACM Sigact Symposium on Theory of Computing. ACM, 2017. 1094 – 1107.

[259] Feldman R, Dagan I. Knowledge Discovery in Textual Databases//Proceedings of the First International conference on Knowledge Discovery and Data Mining (KDD), Montre.

[260] 李瀚清、房宁、赵群飞、夏泽洋：《利用深度去噪自编码器深度学习的指令意图理解方法》，载《上海交通大学学报》2016 年第 7 期。

[261] 刘华锋、景丽萍、于剑：《融合社交信息的矩阵分解推荐方法研究综述》，载《软件学报》2018 年第 2 期。

[262] 潘峰华、赖志勇、葛岳静：《经贸视角下中国周边地缘环境分析——基于社会网络分析方法》，载《地理研究》2015 年第 4 期。

[263] 陈宏朝、李飞、朱新华、马润聪.：《基于路径和深度的同义词词林词语相似度计算》，载《中文信息学报》2016 年第 5 期。

[264] 于娟、刘强：《主题网络爬虫研究综述》，载《计算机工程与科学》2015 年第 2 期。

[265] Papadimitriou, C. H., Raghavan, P., Tamaki, H. and Vempala, S., Latent Semantic Indexing: A Probabilistic Analysis. Journal of Computer and System Sciences, 2000., Vol. 61, No. 2, pp. 217 – 235.

[266] 徐戈、王厚峰：《自然语言处理中主题模型的发展》，载《计算机学报》2011 年第 34 期。

[267] 周洲、侯开虎、姚洪发、张慧：《基于 TF – IDF 及 LSI 模型的主观题自动评分系统研究》，载《软件》2019 年第 2 期。

[268] 王燕鹏：《国内基于主题模型的科技文献主题发现及演化研究进展》，载《图书情报工作》2016 年第 3 期。

[269] 文健、李舟军：《基于聚类语言模型的生物文献检索技术研究》，载《中文信息学报》2008 年第 1 期。

[270] Thomas Hof mann. Probabilistic latent semantic inde-xing//Proceedings of the 22nd Annual Internation-al ACM SIGIR Conference on Research and Development in Information Retrieval. Berkeley, CA, USA, 1999, 50 – 57.

[271] Mblei D, Ng A Y, Jordan M I. Latent Dirichlet Allocation [J]. Journal of Machine Learning Research, 2003 (3): 993 – 1022.

[272] 王仲远、程健鹏、王海勋、文继荣：《短文本理解研究》，载《计算机研究与发展》2016 第 2 期。

[273] 吕超镇、姬东鸿、吴飞飞：《基于 LDA 特征扩展的短文本分类》载《计算机工程与应用》2015 年第 4 期。

[274] Blei D M，Ng A Y，Jordan M I. Latent Dirichlet Allocation. The Annals of Applied Statistics，2001.

[275] Rosen－Zvi M，Griffiths T，Steyvers M，et al. ，The Author-topic Model for Authors and Documents. Proceedings of the 20th Conference on Uncertainty in Artificial Intelligence，2012.

[276] 李威耀、范国梅、马俊才：《基于微生物分类的信息推荐模型》，载《计算机应用研究》2020 年 S1 期。

[277] 朱茂然、王奕磊、高松、王洪伟、张晓鹏：《基于 LDA 模型的主题演化分析：以情报学文献为例》，载《北京工业大学学报》2018 年第 7 期。

[278] Michal Rosen－Zvi，Thomas Griffiths，Mark Steyvers，et al. The Author－Topic Model for Authors and Documents. Twentieth Conference on Uncertainty in Artificial Intelligence（UAI－2004），2004.

[279] Rosen－Zvi M，Griffiths T，Steyvers M，et al，The Author-topic Model for Authors and Documents. Proceedings of the 20th Conference on Uncertainty in Artificial Intelligence，2012.

[280] 钱晨嗣、陈伟鹤：《基于转发关系和单词特征的微博话题识别模型》，载《信息技术》2018 第 9 期。

[281] 周笛：《基于文档主题相关性的 LDA 有监督模型》，哈尔滨工业大学 2011 年。

[282] 赵华、章成志：《利用作者主题模型进行图书馆 UGC 的主题发现与演化研究》，载《图书馆论坛》2016 年第 36 期。

[283] 张涛、马海群：《基于文本相似度计算的我国人工智能政策比较研究》，载《情报杂志》2021 第 1 期。

[284] Nasukawa T，Yi J. Sentiment analysis：Capturing favorability using natural language processing. International Conference on Knowledge Capture. DBLP，2003.

[285] Liu，Bing. Sentiment analysis and opinion mining. Synthesis Lectures on Human Language Technologies. Synthesis Lectures on Human Language Technologies，Vol. 5，No. 1，2012，pp. 1－167.

［286］［美］刘兵：《情感分析：挖掘观点、情感和情绪》，刘康译，北京机械
工业出版社 2018 年版。

［287］戴敏、朱珠、李寿山：《面向中文文本的情感信息抽取语料库构建》，
载《中文信息学报》2015 第 29 期。

［288］Baccianella, S, Esuli, Sebastiani, F. Sentiwordnet 3. 0：An enhanced lexi-
cal resource forsentiment analysis and opinion mining. Proceedings of the Sev-
enth conference on International Language Resources and Evaluation, 2010.

［289］Ding XW, Liu B, Yu A holistic lexicon-based aproach to opinion mining//
Proceedings of the 2008 International Conference on Web Search and Data
Mining. 2008：231 – 240.

［290］董振东、董强：《知网和汉语研究》，载《当代语言学》2001 第 3 期。

［291］王昌厚、王菲：《使用基于模式的 Bootstrapping 方法抽取情感词》，载
《计算机工程与应用》2014 第 50 期。

［292］Wang L Y, Xia R. Sentiment Lexicon Construction with Representation Learn-
ing Based on Hierarchical Sentiment Supervision. Proceedings of the 2017
Conference on Empirical Methods in Natural Language Processing, 2017.

［293］Wiebe. Learning Subjective Adjectives from Corpora. Proceedings of the 17th
Conference of the American Association for Artificial Intelligence, 2000.

［294］E Riloff, J Wiebe. Learning Extraction Patterns for Subjective Expressions
Clues and Class. Prceedings of the 2003 Conference on Emprical Methods in
Natural Language processing, 2003.

［295］Ni M, Lin H. Mining product reviews based association rule and polar analy-
sis. the NCIRCS – 2007, 2007.

［296］Popeseu AM, Etzioni O. Extracting product features and opinions from re-
views. Proceedings of the conference on Human Language Technology and Em-
pirical Methods in Natural Language, 2005.

［297］Mukherjee A, Liu B. Aspect extraction through semi-supervised model-
ing. Proceedings of Annual Meeting of Association for Computational Linguis-
tics, 2010.

［298］Liu P F, Joty S, Meng H. Fine-grained Opinion Mining with Recurrent Neu-
ral Networks and Word Embeddings. Proceedings of the 2015 Conference on
Empirical Methods in Natural Language Processing, 2015.

［299］ Kim S M. Determing the sentiment of opinions. Proceeding of Conference on Computational Lin – guistics，2004.

［300］ Kim S M. Extracting Opinions，Opinion Holders，and Topics Expressed in Online News Media Tex. Proceedings of the ACL Workshop on Sentiment and Subjectivity in Text，2006.

［301］ Choi Y，Cardie C，Riloff E，et al. Identifying Sources of Opinions with Con-ditional Random Fields and Extraction Patterns. the conference Association for Computational Linguistics，2005.

［302］ Bethard S，Yu H，Thornton A，et al. Automatic Extraction of Opinion Propo-sitions and their Holders. In 2004 AAAI Spring Symposium on exploring atl-tude and affectin text，2004.

［303］ Baccianella，S，Esuli，Sebastiani，F. Sentiwordnet 3. 0：An enhanced lexi-cal resource forsentiment analysis and opinion mining. Proceedings of the Sev-enth conference on International Language Resources and Evaluation，2010.

［304］ Pennebaker J W，Booth R J，Francis M E. Operator´s Manual Linguistic In-quiry and Word Count. LIWC，2007.

［305］ 杨奎、段琼瑾：《基于情感词典方法的情感倾向性分析》，载《计算机时代》2017 第 3 期。

［306］ http：//ir. dlut. edu. cn/EmotionOntologyDownload.

［307］ 葛霓琳、凡甲甲：《基于朴素贝叶斯和支持向量机的评论情感分析》，载《计算机与数字工程》2020 年第 48 期。

［308］ Xue B，Fu C，Zhan S. A Study on Sentiment Computing and Classification of Sina Weibo with Word2vec. IEEE International Congress on Big Data，2014.

［309］ Cao Y，Xu R，Tao C. Combining Convolutional Neural Network and Support Vector Machine for Sentiment Classification. Chinese National Conference on Social Media Processing，Vol. 568，No. 12，November2015，pp. 144 – 155.

［310］ Xiao S，Fei G，Li C，et al. Chinese microblog sentiment classification based on convolution neural network with content extension method. 2015 Interna-tional Conference on Affective Computing and Intelligent Interaction（ACII）. IEEE Computer Society，2015.

［311］ Bisong，E. Regularization for Deep Learning. In Building Machine Learning and Deep Learning Models on Google Cloud Platform, 2019, pp. 415 – 421.

[312] Tong Y, Zhang Y, Jiang Y. Study of Sentiment Classification for Chinese Microblog Based on Recurrent Neural Network. Chinese Journal of Electronics, Vol. 25, No. 4, 2016, pp. 601 – 607.

[313] Tang D, Qin B, Liu T. Document Modeling with Gated Recurrent Neural Network for Sentiment Classification. Conference on Empirical Methods in Natural Language Processing, 2015.

[314] Yanmei L, Yuda C. Research on Chinese Micro – Blog Sentiment Analysis Based on Deep Learning. 2015 8th International Symposium on Computational Intelligence and Design (ISCID). IEEE, 2015.

[315] 欧阳元新、王乐天、李想等:《教育领域反馈文本情感分析方法及应用研究》,载《计算机教育》2020 第 6 期。

[316] 王琳:《基于学习者学业情绪的 MOOC 评价与改进研究》,载《西安电子科技大学》2019 年。

[317] 刘智、杨重阳、彭晛等:《SPOC 论坛互动中学习者情绪特征及其与学习效果的关系研究》,载《中国电化教育》2018 年第 4 期。

[318] 赵帅、黄晓婷、卢晓东:《情感指数对 MOOC 学生成绩的预测研究》,载《中国大学教学》2019 年第 5 期。

[319] 朱小栋、王亚非、邓光辉等:《MOOC 持续使用意愿的影响因素研究》,载《中国教育信息化》2019 年第 19 期。

[320] Valakunde N D, Patwardhan M S. Multi-aspect and Multi-class Based Document Sentiment Analysis of Educational Data Catering Accreditation Process. International Conference on Cloud & Ubiquitous Computing & Emerging Technologies. IEEE, 2014.

[321] Xing W, Tang H, Pei B. Beyond positive and negative emotions: Looking into the role of achievement emotions in discussion forums of MOOCs. The internet and higher education, Vol. 43, 2019, pp. 100690. 1 – 100690. 9.

[322] Altrabsheh N, Cocea M, Fallahkhair S. Predicting learning-related emotions from students´ textual classroom feedback via Twitter. The 8th International Conference on Educational Data Mining, 2015.

[323] Zhu M, Sari A, Lee M M. A systematic review of research methods and topics of the empirical MOOC literature (2014 – 2016). The Internet and High-

er Education，Vol. 37，2018，pp. 31 – 39.

[324] Adinolfi P，D′Avanzo E，Lytras M D，et al. Sentiment Analysis to Evaluate Teaching Performance. International Journal of Knowledge Society Research，Vol. 7，No. 4，2016，pp. 86 – 107.

[325] Elia G，Solazzo G，Lorenzo G，et al. Assessing Learners′Satisfaction in Collaborative Online Courses through a Big Data approach. Computers in Human Behavior，Vol. 92，March 2019，pp. 589 – 599.

[326] 左明章、赵蓉、王志锋等：《基于论坛文本的互动话语分析模式构建与实践》，载《电化教育研究》2018 第 9 卷。

[327] 罗玉萍、潘庆先、刘丽娜等：《基于情感挖掘的学生评教系统设计及其应用》，载《中国电化教育》2018 第 4 卷。

[328] Altrabsheh N，Gaber M M，Cocea M. SA – E：Sentiment Analysis for Education. The 5th KES International Conference on Intelligent Decision Technologies（KES – IDT），2013.

[329] 张新香、段燕红：《基于学习者在线评论文本的 MOOC 质量评判——以"中国大学 MOOC"网的在线评论文本为例》，载《现代教育技术》2020 第 30 期。

[330] 侯成琪、徐绪松：《计量经济学方法之时间序列分析》，载《技术经济》2010 年第 8 期。

[331] 刘勇、汪旭晖：《ARIMA 模型在我国能源消费预测中的应用》，载《经济经纬》2007 年第 5 期。

[332] 华鹏、赵学民：《ARIMA 模型在广东省 GDP 预测中的应用》，载《统计与决策》2010 年第 12 期。

[333] 孙梦洁、陈宝峰、温春卉、任金政：《基于 ARIMA 模型的研究生招生规模建模与预测》，载《统计与决策》2010 年第 12 期。

[334] 孟凡强：《ARIMA 模型在空气污染指数预测中的应用》，载《统计与决策》2009 年第 7 期。

[335] 吴家兵、叶临湘、尤尔科：《ARIMA 模型在传染病发病率预测中的应用》，载《数理医药学杂志》2007 年第 1 期。

[336] 张杰、刘小明、贺玉龙、陈永胜：《ARIMA 模型在交通事故预测中的应用》，载《北京工业大学学报》2007 年第 12 期。

[337] Zhao N Z，Liu Y，Jennifer K Vanos（ed. ），Day-of-week and seasonal pat-

terns of PM2. 5 concentrations over the United States: Time-series analyses using the Prophet procedure. Atmospheric Environment, 192: 116 – 127, 2018.

[338] 杨爱超、吴宇、邓小松等:《基于 Prophet 的电子式互感器误差预测方法》,载《自动化与仪器仪表》2020 年第 6 期。

[339] 陆圣芝、金诚、卜广峰、姚奔、徐恒:《基于 Prophet 模型的电量预测技术研究》,载《机电信息》2020 年第 18 期。

[340] 王晓、揣锦华、张立恒:《基于 Prophet 算法的铁路客流量预测研究》,载《计算机技术与发展》2020 年第 6 期。

[341] 赖慧慧:《基于时间序列 Prophet 模型的乘用车消费税预测》,载《税收经济研究》2020 年第 01 期。

[342] 冷天培、马刚、殷彦高、谭瀛、周伟:《基于 Prophet 模型的江坪河水电站面板堆石坝变形预测》,载《水力发电》2020 年第 6 期。

[343] 李娇、刘西林:《基于 Apriori 的电子政务个性化信息服务的实现》,载《情报理论与实践》2010 年第 1 期。

[344] 李昌兵、庞崇鹏、李美平:《基于权重的 Apriori 算法在文本统计特征提取方法中的应用》,载《数据分析与知识发现》2017 年第 1 期。

[345] 王宏、于勇、印璞等:《基于关联规则的 MBD 数据集定义研究与实现》,载《北京航空航天大学学报》2015 年第 12 期。

[346] 赵国昌:《格兰杰因果关系的新发展》,载《统计研究》2008 年第 8 期。

[347] 潘慧峰、袁军:《Granger 因果检验的文献回顾》,载《科学决策》2016 年第 9 期。

[348] 袁绍锋、甄红线:《H 股指数期货对现货市场信息效率影响的实证研究——基于非线性 Granger 检验》,载《财经问题研究》2011 年第 3 期。

[349] 贾欣欣:《格兰杰因果关系在神经科学领域的发展及缺陷》,载《电子科技》2015 年第 8 期。

[350] 曹啸、吴军:《我国金融发展与经济增长关系的格兰杰检验和特征分析》,载《财贸经济》2002 年第 5 期。

[351] 郭燕枝、刘旭:《基于格兰杰因果检验和典型相关的农民收入影响因素研究》,载《农业技术经济》2011 年第 10 期。

[352] 印中华、宋维明:《我国原木进口与木质林产品出口关系的实证分析——基于协整分析和格兰杰因果关系检验》,载《国际贸易问题》2009 年

第 2 期。

［353］ 王伟、刘小伟：《基于格兰杰因果检验的我国旅游业与地区经济增长研究》，载《资源开发与市场》2015 年第 11 期。

［354］ 桑燕芳、王栋、吴吉春、朱庆平：《水文时间序列小波互相关分析方法》，载《水利学报》2010 年第 11 期。

［355］ Imbens，G. and Lemieux，T.，Regression Discontinuity Designs：AGuide to Practice. Journal of Econometrics，2008，142：615 – 635.

［356］ Lee D S，Lemieux T.，Regression discontinuity designs in economics. Journal of Economic Literature，2010，48（2）：281 – 355.

［357］ 谢谦、薛仙玲、付明卫：《断点回归设计方法应用的研究综述》，载《经济与管理评论》2019 年第 2 期。

［358］ 胡祖辉、施佺：《高校学生上网行为分析与数据挖掘研究》，载《中国远程教育》2017 年第 2 期。

［359］ 胡宏兵：《教育人力资本促进经济增长的效应研究——基于抽样面板因果检验方法的实证分析》，载《教育研究》2014 年第 10 期。

［360］ 祁占勇、王志远：《经济发展与职业教育的耦合关系及其协同路径》，载《教育研究》2020 年第 3 期。

［361］ 王丽、桂彩云：《基于 LabVIEW 的实验数据处理方法研究》，载《国外电子测量技术》2018 年第 4 期。

［362］ 陈怡然、廖宁、杨倩等：《机器学习从入门到精通》，西安电子科技大学出版社 2020 年版。

［363］ 李航：《统计学习方法》，清华大学出版社 2019 年版。

［364］ 陈杰、邬春学：《决策树 C4.5 算法改进与应用》载《软件导刊》2018 年第 10 期。

［365］ 赵卫东、董亮：《机器学习》，人民邮电出版社 2019 年版。

［366］ scikit-learn. The Iris Dataset.［EB/OL］.（2021 – 06 – 06）［2020 – 8 – 5］. https：//scikit-learn. org/stable/auto_examples/datasets/plot_iris_dataset. html#sphx-glr-auto-examples-datasets-plot-iris-dataset-py.

［367］ Vapnik，V. N. and Lerner，A. Y，Recognition of patterns with help of generalized portraits. Avtomat. i Telemekh，24（6），1963. pp. 884 – 880.

［368］ 胡航、杜爽、梁佳柔、康忠琳：《学习绩效预测模型构建：源于学习行为大数据分析》，载《中国远程教育》2021 年第 4 期。

［369］孙发勤、冯锐：《基于学习分析的在线学业成就影响因素研究》，载《中国电化教育》2019 年第 3 期。

［370］Simmel G. ：《Conflict and The Web of Group Affiliations》，Free Press，1922.

［371］Simmel G. ：《Sociology——Research on the form of socialization》，Free Press，1908.

［372］Radcliffe – Brown, On social structure. Journal of the Royal Anthropological Institute, 1940, pp. 1 – 12.

［373］Barnes J. A. Class and Committees in a Norwegian Island Parish. Human Relations, 1954, pp. 39 – 58.

［374］Emirbayer, Mustafa and Jeff Goodwin. Network Analysis, Culture, Problem of Agency. American Journal of Sociology. 1994, pp. 1411 – 1154.

［375］张存刚、李明、陆德梅：《社会网络分析——一种重要的社会学研究方法》，载《甘肃社会科学》2004 年第 2 期。

［376］张奥琳：《社会网络应用研究综述》，载《市场周刊》2019 年第 2 期。

［377］徐迪：《社会网络分析的融合视野：一种定性与定量整合的研究趋向》，载《江汉论坛》2019 年第 11 期。

［378］刘军：《社会网络模型研究论析》，载《社会学研究》2004 年第 1 期。

［379］https：//baike. baidu. com/item/社会网络。

［380］https：//wiki. mbalib. com/wiki/社会网络分析。

［381］王宗水、赵红、刘宇、秦续忠：《社会网络研究范式的演化、发展与应用——基于 1998 ~ 2014 年中国社会科学引文数据分析》，载《情报学报》2015 年第 12 期。

［382］Wellman Barry, Structural Analysis：from Method and Metaphor to Theory and Substance. Cambridge：Cambridge University Press, 1988, pp. 19 – 61.

［383］张文宏：《社会网络分析的范式特征——兼论网络结构观与地位结构观的联系和区别》，载《江海学刊》2007 年第 5 期。

［384］李林艳：《社会空间的另一种想象——社会网络分析的结构视野》，载《社会学研究》2004 年第 3 期。

［385］裴雷、马费成：《社会网络分析在情报学中的应用和发展》，载《图书馆论坛》2006 年第 6 期。

［386］陈涛、谢丽莎：《社会枢纽对整体网（络）创新抗拒的影响研究》，载

《中国管理科学》2014 年第 1 期。

[387] 罗家德：《社会网分析讲义》，社会科学文献出版社 2010 年版。

[388] 胡平、石娟、焦阳：《长三角信息服务业集群网络特征及其动态发展》，载《科研管理》2016 年第 2 期。

[389] 吴旻：《基于社会网络分析的公共服务平台建设利益相关方合作机制研究》，山东大学，2014 年。

[390] 马丽君、龙云：《基于社会网络分析法的中国省际入境旅游经济增长空间关联性》，载《地理科学》2017 年第 11 期。

[391] 黄萃、任弢、李江、赵培强、苏竣：《责任与利益：基于政策文献量化分析的中国科技创新政策府际合作关系演进研究》，载《管理世界》2015 年第 12 期。

[392] P. Bourdieu. Handbook of theory and research for the sociology of education. Sociological Research. 1985, pp. 241 – 258.

[393] Coleman J. Foundations of social theory. Cambridge, MA: Harvard University Press. 1990.

[394] 黄锐：《社会资本理论综述》，载《首都经济贸易大学学报》2007 年第 6 期。

[395] Granovetter M. S. The Strength of Weak Ties. American Journal of Sociology. 1973, pp. 1360 – 1380.

[396] 孙立新：《社会网络分析法：理论与应用》，载《管理学家（学术版）》2012 年第 9 期。

[397] Burt R S, Structural holes: The social structure of competition. Cambridge: Harvard University Press, 1992, 8 – 81.

[398] 梁鲁晋：《结构洞理论综述及应用研究探析》，载《管理学家（学术版)》2011 年第 4 期。

[399] 刘军：《整体网分析讲义：UCINET 使用指南》，格致出版社 2009 年版。

[400] 刘军：《社会网络分析导论》，社会科学文献出版社 2004 年版。

[401] 曹德军、陈金丽：《国际政治的关系网络理论：一项新的分析框架》，载《欧洲研究》2011 年第 4 期。

[402] https://blog.csdn.net/NIeson2012/article/details/46514815.

[403] 廖芷源、汤志康、李春英、汤庸、潘家辉：《社交化在线课程平台学习者交互行为研究》，载《计算机与数字工程》2020 年第 12 期。

[404] https：//blog. csdn. net/lyandgh/article/details/78507253.

[405] https：//blog. csdn. net/forever1dreamsxx/article/details/7992356.

[406] 梁银英、王海燕：《虚拟学习社区社会网络构建策略》，载《中国电化教育》2011 年第 10 期。

[407] 王艳、李玉斌：《虚拟社区学习动力机制研究——以新浪 UC 网络社区为例》，载《中国电化教育》2011 年第 1 期。

[408] 罗丹：《校园教育辅助类虚拟学习社区知识共享的社会网络分析》，载《西昌学院学报（自然科学版)》2017 年第 1 期。

[409] 袁华文：《虚拟学习社区中网络互动影响因素及策略研究》，载《中国教育信息化》2016 年第 24 期。

[410] 林晓凡、胡钦太：社会网络分析视角下的混合学习社群协作策略研究. 现代教育技术，2014，24（10）：73 - 80.

[411] 刘三（女牙）、石月凤、刘智、彭晛、孙建文：《网络环境下群体互动学习分析的应用研究——基于社会网络分析的视角》，载《中国电化教育》2017 年第 2 期。

[412] Bin Xu and Dan Yang. Study Partners Recommendation for x MOOCs Learn ers [DB/OL]. https：//www. hindawi. com/journals/cin/2015/832093/，2015 - 01 - 12.

[413] 胡勇、王陆：《网络协作学习中的社会网络分析个案研究》，载《开放教育研究》2006 年第 5 期。

[414] 秦婷、徐亚倩、郑勤华：《网络分析方法在网络教育中的应用研究综述》，载《开放学习研究》2020 年第 2 期。

[415] Linan, L. C. , Perez, AAJ. Educational Data Mining and Learning Analytics：differences, similarities, and time evolution. International Journal of Educational Technology in Higher Education, Vol12, No3, July 2015, pp. 98 - 112.

[416] Blei D. M. , Lafferty J. D. Dynamie Topic Models. Proeedings of the 23rd International Conference on Machine Learning. ACM. June 25, 2006.

[417] 董伟、陶金虎：《基于 DTM 的国内外智慧教育热点和主题演进比较》，载《现代教育技术》2019 年第 7 期。

[418] Nelson G. S. Practical Implications of Sharing Data：A Primer on Data Privacy, Anonymization, and De-Identification. SAS Global Users Group. April 4, 2015.

［419］ Slade S. , Prinsloo P. Learning analytics：Ethical issues and dilemmas. American Behavioral Scientist, Vol57, No10, March 2013, pp. 1510 – 1529.

［420］ Campbell J. P. , Deblois P. B. Oblinger D. Academic Analytics：A New Tool for a New Era. Educause Review, Vol42, No4, December 2007, pp. 11.

［421］ 刘三女牙、杨宗凯、李卿：《教育数据伦理：大数据时代教育的新挑战》，载《教育研究》2017 年第 4 期。